国家社科基金社团资助

部分翻译费由法国驻华大使馆文
化教育合作处资助，特此致谢

2021年学术论文集

主办：中国法国史研究会
承办：华东师范大学历史系
时间：2021年9月24日

TEMPS HISTORIQUES

REGARDS CROISÉS ENTRE FRANCE ET CHINE

时间再认识

中法历史学者的对话

［中］沈 坚　［法］艾蒂安·布尔东　主编
Shen Jian　　Étienne Bourdon

ZHEJIANG UNIVERSITY PRESS
浙江大学出版社
· 杭州 ·

序　言

　　展现在我们眼前的这部作品《时间再认识：中法历史学者的对话》是中法历史学者长期学术交流的结晶。从 2004 年起，中方的学者与法国人文科学之家、巴黎第一大学等机构的历史学家每年都会在中国举办一期"中法历史文化研讨班"，开设研讨班的主要目的是培养中国年轻的史学工作者，加强中法学术界的学术交流。2019 年，在中国法国史研究会名誉会长端木美和格勒诺布尔大学布尔东教授的推动下，第 15 届"中法历史文化研讨班"在中国上海华东师范大学历史系举办，确定以"历史与时间：欧洲与中国之比较研究"为主题。2021 年由于新冠疫情的影响，第 16 届"中法历史文化研讨班"通过线上线下结合的方式举行，并延续了第 15 届研讨班的主题。经过这两届内容丰富的研讨班的研讨，主办方认为可以将学者们在研讨班上的主题发言整理成文，结集出版。随后，我们又陆续收到中方和法方学者对历史上的时间进行讨论的论文，使得这部作品的内容更为丰满。本书的出版计划旋即得到多方支持和响应，其中有中国法国史研究会、中国国家社科基金社团项目、法国驻华使馆文化处，以及法国格勒诺布尔大学、浙江大学出版社等。

　　"历史和时间"是个非常好的主题，一方面它延续了我们以前的成果［我们的研讨班曾经催生了两部作品《时空契阔》（1、2）］，另一方面则以新的视角讨论了历史上的时间问题。

时间，作为一种表征，它既是历史的标尺，也是历史的内容。时间与空间是联系在一起的，时间总是通过物体在空间中的一些变化而得到表现，如日月星辰、日晷、沙漏、钟摆等，时间也只有被处于空间中的主体（人）认知才有意义，而空间的大小、在空间中的活动方式和活动方向均会给人们带来不同的时间感受。中国古代就有"天上一日，人间千年"的说法。人们在不同的历史时期有不同的时间认识和时间感受，有不同的时间观念，并且对时间有不同的态度和心态；时间的间隔造就了历史上的不同空间（或者称为"纵向的空间"）。同时处在世界各地、分属于不同文明的人群也会对时间有不同的计量方式、不同的认知、不同的态度，由此就有了时间表征上的地理空间（横向空间）。对这些不同空间的时间观进行比较研究和重新认识是非常有趣的，这对认识各个时代和各个民族的文化本质非常重要。比如，中国古代的计时就很大程度上反映了中华民族天人合一、阴阳对立统一的世界观：太阳升落为"日"，月亮圆缺为"月"，植物枯荣为"岁"（年），用二十四节气表明季节的变化，采用阴阳合历；同时以天干地支配对纪年，与生肖对应，每 60 年为一轮回；每日以"时辰"计时，一天分为十二个时辰，以十二地支命名，分阴阳五行，由此决定了生活节奏、治病养生、测命知运等。而与欧洲（尤其是法国）时间表征的比较，可以更透彻和深入地认识我们自己。

收录到本书中的文章分属三个分主题，即时间的度量与表述、生活时间的体验和历史时间的再认识，全书的三大部分依次编排。撰写文章的有许多中国和法国的著名历史学家；同时，我们也看到有在日本的瑞士学者参与。各篇文章异彩纷呈，许多都是首次发表，质量很高，可读性也很强，对此，我们倍感欣慰。

最后，诚挚感谢端木美教授和布尔东教授前期所做的大量工作，感谢为本书提供高质量作品的各位专家学者，感谢所有赞助、支持我们研讨班和出版事宜的中外机构和个人（恕不能一一列举）！

希望我们还有后续的成果，希望中法历史学界的学术交流进一步发展！

是为序。

沈坚（中国法国史研究会会长）

2022 年 5 月于杭州

目　录

历史时间的再认识

导言：如何在中法比较视野下思考历史时间

艾蒂安·布尔东（Étienne Bourdon），

（法国格勒诺布尔 – 阿尔卑斯大学）

译者 吴蕙仪（法国国家科研中心）

对比研究中国与法国历史上的"时间"概念，对我们思考文化交流问题是很有意义的。因为"时间"的概念表面上不言自明，但在实际研究中，我们可以看到种种千差万别的对时间的理解，而它们之间又往往相互重叠，密切关联。正如天主教早期教父之一（Pères de l'Église）希波的奥古斯丁（Augustin d'Hippone）在约撰于公元397—400年的《忏悔录》中所写："那么时间究竟是什么？没有人问我，我倒清楚；有人问我，我想说明，便茫然不解了。"[1] 的确，"时间"的概念极难定义，而且人们对历史时间的感知又首先是社会文化的产物。2010年，端木美和于格·戴和特（Hugues Tertrais）共同主编的《时空契阔》（1）一书曾经提出要"为欧洲文明和中国文明真诚深入的交流和沟通架起长久稳定的桥梁"[2]。我们也将在这种视野下，进一步追索"时间"的问题。时间是历史学者看待过去的人（无论是每一个个体的人还是全体的

---

[1] Augustin, *Les Confessions*, XI, 14。引自《忏悔录》，周士良译，商务印书馆2010年版，p.242。

[2] Duanmu Mei et Hugues Tertrais (dir.), *Temps croisés*, I, Paris, Éd. de la Maison des sciences de l'homme, 2010, Préface de Duanmu Mei, p. VII.

人）与社会本质关系的核心。对时间概念的应用在历史学科中如此自然，以至于这个学科常被称为时间的科学：安托万·普罗斯特（Antoine Prost）称之为"un travail sur le temps"（双关语：可以指关于时间的研究，亦可指在时间表面进行的手工艺劳作）[1]，而马克·布洛赫则认为，"历史的时间……之于现象，如同浸没它们的等离子体（plasma）……它们只有被置于其中才能够被理解"[2]。本文旨在继续促进思考，架设沟通中国和欧洲文明之间的跨文化桥梁。近期的历史研究促使我们重新审视"时间"在历史上的复杂性。我们需要找到时间的各种表现形式、流动方式、节奏、错位、各种时间的维度、时间性体制和长短时段的尺度。此外，由于时间常常被比作河流，我们还需要考虑它的河道在哪里呈直线状，又在哪里出现分流、汇流、弯曲、激荡。时间作为一种被内化的感知，可以任意地膨胀、收缩、反复、悬停、波动，在短促和悠长的呼吸节奏之间交替。总而言之，重新思考历史时间的意义，能够帮助我们重新发现涂尔干所说的"社会生活的普遍洪流"（以及政治、文化生活的洪流），拉近中国和西方的一些观念的距离。然而，架桥的工作是复杂的。当我们站在桥上——任举一例，如为我们提供鸟瞰 2010 年世博会平台的卢浦大桥——我们可以更好地看到现实的多样性，或者就本文的主题来说，人与时间关系的多样性。我们所说的"桥"不是一座伸向水面的平台，让从一侧河岸出发的人可以前进一步，从单侧的视角去隔河眺望远处的景色。真正的架桥工作需要考虑到距离和差异，它不否认，并尊重这些距离和

---

[1] Antoine Prost, « Temps », Christian Delacroix, Patrick Garcia, Nicolas Offenstadt et François Dosse (dir.), *Historiographies. Concepts et débats*, Paris, Galimard, 2010, t. 2, p. 903.

[2] Marc Bloch, *Apologie pour l'histoire ou Métier d'historien* ; édition annotée par Étienne Bloch ; préface de Jacques Le Goff, Paris, Armand Colin, 1997 [1944], p. 5.

差异，同时它也看到弥合距离、开启交流的可能性（尤其是人文的、文化的交流），以达到"求同"的目的。架设桥梁，意味着同时脚踏两岸，从而获得一种介乎二者之间，而又超乎二者之上的视角。我们必须认识到这项任务的艰巨性。在西方传统中，我们需要上溯到公元前 5 世纪希罗多德的历史写作。而在中国，则至少要上溯到公元前 9 世纪中叶。我们还不能忘记，中国拥有"人类延续时间最长的行政传统，积累了体量最为巨大的档案材料"①。我们需要相互比照各自的历史、认识论以及哲学思维方式。我们深知，相互理解并非自然而然之事，因而我们必须接受跨文化的思路，必须在一定程度上脱离自身对一些事物的看法，站在高处审视问题。在此基础上，我们将采取比较史学的角度，但不局限于此。某些事件，例如耶稣会入华，必须用一种关联史（histoire connectée）的方法加以解读②。我们必须摒除一些文化上的刻板印象，例如认为中国思想中没有线性时间的观念，甚至认为中国没有关于时间的哲学，而只有由周而复始或首尾相接的无数个时刻构成的循环时间。这是一项很艰巨的任务。我们必须清醒地认识

① Jérôme Bourgon, « Problème de périodisation en histoire chinoise », dans *Périodes : la construction du temps historique*, Paris, Éd. de l'EHESS, Histoire au présent, 1988, p. 71.

② Michela Fontana, *Matteo Ricci. Un jésuite à la cour des Ming, 1552-1610* ; traduction *Matteo Ricci : un gesuita alla corte dei Ming* de l'italien par Robert Kremer, Florence Leroy et Ugo Lumbroso ; préface de Marianne Bastid-Bruguière, Paris, Éditions Tallandier, 2019 ; Wu Huiyi, *Traduire la Chine au XVIIIe siècle. Les jésuites traducteurs de textes chinois et le renouvellement des connaissances européennes sur la Chine, 1687-ca. 1740*, Paris, Honoré Champion éditeur, 2017 ; Antonella Romano, *Impressions de Chine. L'Europe et l'englobement du monde, XVIe-XVIIe siècle*, [Paris], le Grand livre du mois, 2016 ; Isabelle Landry-Deron (dir.), *La Chine des Ming et de Matteo Ricci, 1552-1610. Le premier dialogue des savoirs avec l'Europe*, Paris, les Éd. du Cerf, Institut Ricci, 2013, voir Claudia von Collani, « Les activités scientifiques de Matteo Ricci en Chine », p. 169-183 ; Jean-Claude Martzloff, *Le calendrier chinois*, Paris, Honoré Champion éditeur, 2018.

到，没有任何人可以在上文提到的所有领域拥有足够的学力去独自挑起这项重任。这项研究必然要由一个有着多元文化的国际团队合作进行。而本书所呈现的，正是这样的一个国际学术项目的第一阶段成果①。这篇导言将分为三部分：首先整体介绍这项中法历史时间比较研究的成果；其次提出一些可以在这个领域中引发跨文化思考的问题；然后列出一些未来研究的主题。本书旨在架设从法到中、从中到法的桥梁，无论以哪一侧为出发点，最终都能重新发现历史时间观念的丰富性、复杂性和多元性。我们将以三条大的研究主线作结，它们将对应本书的三个部分。

在着手架设新桥之前，让我们先逐一回顾在历史时间概念的问题上，前人已经做过的架桥工作。我们将主要覆盖中国和西方历史学家以英文和法文发表的著作。我们首先注意到，现有研究大多集中讨论中国哲学中的时间，而不是以历史的眼光分析时间概念②。这种取径很有意义，但主要停留在理论或认识论的层面上。与之相应，关于历史编纂学（即中国过去的历史书写方法）也有众多著作诞生，其中不乏亚洲和欧洲学者合作的结晶③。我们在西方史学界可以看到一种以三十年为一周期的代际更迭④：这

---

① 这项研究由罗讷 – 阿尔卑斯历史研究教研中心（Laboratoire de Recherche Historique Rhône-Alpes）、法国高等教育署（Campus France）、法国驻北京大使馆、格勒诺布尔 – 阿尔卑斯大学（l'université Grenoble Alpes）共同资助支持。

② François Julien, *La propension des choses*, Paris, le seuil, 1992, part. II, 7, « Situation et tendance en histoire », p. 155-194 ; Jacques Gernet, « Space and Time: Science and Religion in the Encounter between China and Europe », *Chinese Science*, n° 11 (1993–1994), p. 93-102 ; Chun-chieh Huang and Erik Zürcher, *Time and Space in Chinese Culture*, Leiden, Brill, 1995 ; François Jullien, *Les transformations silencieuses. Chantiers 1*, Paris, Grasset & Flasquelle, 2009.

③ Chun-chieh Huang and Erik Zürcher, *Time and Space in Chinese Culture*, Leiden, Brill, 1995。该书汇集了七位中国台湾学者和八位欧洲汉学家（包括五位荷兰学者、一位法国学者、一位英国学者和一位挪威学者）的作品。

④ Charles S. Gardner, *Chinese traditional historiography*, Cambridge, Mass., 1938.

个话题早在 20 世纪 30 年代就有学者关注，之后在 20 世纪 60 年代诞生了新的一拨研究 ①。正是在 60 年代，英国生物化学家，同时也是中国科学史领域先驱的李约瑟（Joseph Needham）提出了比较中国和西方时间与知识的设想 ②。这个话题再次引来学界关注是在 80 年代末、90 年代初 ③。到了 21 世纪初，中国的历史编纂学再次进入人们的视野，这当然与中国的迅速发展及其国际地

---

① William Gerald Beasley and E. G. Pulleyblank (ed.), *Historians of China and Japan*, London, Oxford university press, 1961; John Meskill (ed.), *Pattern of Chinese History: Cycles, Development or Stagnation?* (Problems in Asian Civilization), Boston, 1965.

② Joseph Needham, « Time and Knowledge in China and the West », J.T. Fraser (ed.), *The Voices of Time*, New York, 1966, p. 92-135.

③ 参见《远东远西》（*Extrême-Orient Extrême-Occident*）杂志，第九期，《参照历史》（La référence à l'histoire）专刊（1986）。Léon Vandermeersch, « Vérité historique et langage de l'histoire en Chine », *Extrême-Orient Extrême-Occident*, n° 9, La référence à l'histoire (1986), p.13-25, 27-28 ; Julius Thomas Fraser, Nathaniel M Lawrence et F. C. Haber, *Time, Science, and Society in China and the West*, International Society for the Study of Time, 1986 ; Arif Dirlik, *Revolution and history : the origins of Marxist historiography in China, 1919-1937*, Berkeley, Los Angeles, London, University of California press, 1989 ; Dorothea A. L. Martin, *The making of a sino-marxist world view: perceptions and interpretations of world history in the People's Republic of China*, Armonk (N.Y.), London, M.E. Sharpe, 1990 ; Denis Crispin Twitchett (1925-2006), *The writing of official history under the T'ang*, Cambridge, New York, Cambridge university press, 1992 ; Jonathan Unger, *Using the Past to Serve the Present: Historiography and Politics in Contemporary China* (Contemporary China Papers), 1993.

位无可争议的上升有关①。所有这些著作都证明，学界对中国历史的书写方法的兴趣在不断增长。然而我们要注意到这方面法文著作甚少，且都是通论性的著作，只有一章到三章的篇幅论及中国的历史编纂学，而没有将其与西方历史编纂学比较。这还称不上真正的桥梁。而且，与历史时间有关的问题也被冲淡在了对历史编纂学的综合讨论中。我们的确看到，20 世纪 70 年代末以来，有一些学者关注到了历史时间问题的某些侧面，但都只是以几页纸的篇幅带过：1979 年，大卫·博宾顿（David Bebbington）

---

① Dzo Ching-Chuan, *Sseu-ma Ts'ien et l'historiographie chinoise* ; préf. de R. Etiemble, Paris, You-Feng, 1999 ; Q. Edward Wang, *Inventing China Through History: The May Fourth Approach to Historiography*, Albany (N.Y.) : State University of New York Press, 2001 ; David Schaberg, *A patterned past : form and thought in early chinese historiography*, Cambridge (Mass.), Harvard university Asia center, 2001 ; David Schaberg, *A Patterned Past: Form and Thought in Early Chinese Historiography*, Cambridge (Mass.), Harvard East Asian Monographs, 2002 ; Helwig Schmidt-Glintzer, Achim Mittag and Jörn Rüsen (ed.), *Historical truth, historical criticism, and ideology: Chinese historiography and historical culture from a new comparative perspective*, Leiden, Brill, 2005 ; On-cho Ng et Qingjia Edward Wang, *Mirroring the past: the writing and use of history in imperial China*, Honolulu, University of Hawaii Press, 2005 ; Tze-Ki Hon and Robert J. Culp (ed.), *The politics of historical production in late Qing and Republican China*, Leiden : Brill, 2007 ; Wai-yee Li, *The readability of the past in early Chinese historiography*, Cambridge (Mass.), Harvard university Asia center, 2007; Léon Vandermeersch, « La conception chinoise de l'histoire », dans Anne Cheng (dir.), *La pensée en Chine aujourd'hui*, Paris, Gallimard, 2007, p. 47-73 ; Kurt A. Raaflaub (ed.), *Thinking, Recording, and Writing History in the Ancient World*, 2014, chap. 2 « The Task and Ritual of Historical Writing in Early China » ; Nathalie Kouamé (dir.), *Historiographies d'ailleurs : comment écrit-on l'histoire en dehors du monde occidental ?* ; avec la collaboration de Catherine Coquery-Vidrovitch, Éric P. Meyer et Anne Viguier, Paris, Éd. Karthala, 2014 (articles de Damien Chaussende, Vincent Goossaert et Damien Morier-Genoud).

用两页半的篇幅讨论了循环时间观念 ①，巩涛（Jérôme Bourgon）1991 年的文章用九页的篇幅讨论了历史分期问题 ②，汪德迈（Léon Vandermeersch）2007 年的文章有五页半关于中国历史观中的时间概念 ③，而吕森（Jörn Rüsen）则在 2007 年的专著中用了二十页 ④。近十五年来，我们看到不少专门探讨历史时间问题的专著，司徒琳（Lynn A. Struve）、黄俊杰（Chun-chieh Huang）和韩德森（John B. Henderson）、维纶 • 莫西（Viren Murthy）与施耐德（Axel Schneider）撰写或主编的三部著作，都集中讨论了时间、时间性以及线性时间观念 ⑤。然而通读这些著作，我们会发现，他们的取径更偏哲学而非认识论。我们很少看到书中对时间观念和历史书写方法之关系的分析。此外，真正的中西比较研究还是少之又少。

---

① David Bebbington, *Patterns in History: A Christian Perspective on Historical Thought*, 1979, particulièrement chap. 2 "Cyclical history", p. 21-42, sur la Chine, p. 22-24.

② Jérôme Bourgon, « Problème de périodisation en histoire chinoise », dans Olivier Dumoulin et Raphaël Valery (dir.), *Périodes : la construction du temps historique*, actes du Ve colloque d'Histoire au présent [Paris, 1er-2 décembre 1989, 208 pages Numéro spécial de la revue Sources, Travaux historiques, 23-23, 3e-4e trimestres 1990)], Paris, École des hautes études en sciences sociales, Histoire au présent, 1991, p. 71-80.

③ Léon Vandermeersch, « La conception chinoise de l'histoire », dans Anne Cheng (dir.), *La pensée en Chine aujourd'hui*, Paris, Gallimard, 2007, p. 47-73, sur le temps, p. 63-69.

④ Jörn Rüsen, *Time and History: The Variety of Cultures*, 2007, chap. 4, « Time Concepts in China », p. 44-64.

⑤ François Julien, *Du temps*, Paris, Grasset & Fasquelle, 2001 ; Lynn A. Struve, *Time, temporality, and imperial transition: East Asia from Ming to Qing*, Honolulu, Association for Asian Studies and University of Hawai'i Press, 2005 ; Chun-chieh Huang and John B. Henderson (ed.), *Notions of time in chinese historical thinking*, Hong Kong, Chinese university press, 2006 ; Viren Murthy and Axel Schneider (ed.), *The challenge of linear time: nationhood and the politics of history in East Asia*, Leiden ; Boston, Brill, 2014 ; Bart Dessein et Man Li, « Aurelius Augustinus and Seng Zhao on "Time": an interpretation of the confessions and the Zhao lun », *Philosophy East & West*, 2015, 65 (1), p.157-177 ; Zhenzhen Guo, *Pensée chinoise et raison grecque*, Daniel Parrochia (Préfacier), Presses Universitaires de Dijon, 2017.

十几年来，我们还看到了一些中西比较的研究①，而试图比较中国与西方历史编纂学异同的研究则是近十年内才出现的极新现象。更少见、出现也更晚的是真正力图比较西方与中国两种历史书写方法的研究。这些研究或比较古典世界的中国和罗马两大帝国②，或比较希罗多德与司马迁这两位伟大的历史学家③，或探讨中国与西方史家对帝喾（据传说生活在耶稣降生前三千年的中国上古君王）的跨文化书写④。但我们再一次发现，这些研究并非专门关注历史时间及其对历史书写的影响。总而言之，通过对现有研究的回顾，我们发现相关的法语研究稀缺，真正的中西比较仍然罕见，明确从历史认识论与历史编纂学角度而非哲学角度出发并聚焦于历史时间的研究还是空白。我们希望提倡的研究视角仍然很新，目前尚没有得到广泛应用。

历史时间的跨文化视角

收录在本书中的各篇文章及其背后的研究项目的一个特点，是开启了跨文化对话的坚定决心。法兰西公学（Collège de France）"中国思想史"（Histoire intellectuelle de la Chine）讲席教授、汉学

---

① Zhijian Tao, *Drawing the dragon: Western European reinvention of China*, Bern, New York, Peter Lang, 2009 ; Georg Lehner, *China in European encyclopaedias*, 1700-1850, Leiden, Brill, 2011 ; Camille Boullenois, *La Révolution culturelle chinoise sous le regard des Français, 1966-1971*, préface de Marianne Bastid-Bruguière, Paris, l'Harmattan, 2013.

② Fritz-Heiner Mutschler, Achim Mittag (ed.), *Conceiving the empire: China and Rome compared*, Oxford ; New York, Oxford University Press, 2008.

③ Thomas R. Martin, *Herodotus and Sima Qian: The First Great Historians of Greece and China: A Brief History with Documents* (Bedford Series in History & Culture), Boston, Bedford/St. Martin's, 2010.

④ Nicolas Standaert, *The Intercultural Weaving of Historical Texts* [tissage interculturel de textes historiques] *: Chinese and European Stories About Emperor Ku and His Concubines* (Leiden Series in Comparative Historiography), Leiden; Boston, Brill, 2016.

家程艾兰（Anne Cheng）对西方学者治中国思想史常见的短板曾有过精辟总结 ①。她眼中的这些短板会环环相扣，相互叠加，值得我们在进行有关历史时间的跨文化比较研究时引以为戒。首先是一种只关注杰出思想家，而不探讨其相对同时代人的代表性，也不将之置于具体历史现实之中的哲学进路。这里我们看到哲学与历史学看待时间问题的根本差异：历史学家关怀的重点始终是他们所研究的人所处的具体现实，以及有关时间的思想如何具体影响到历史的书写。这二者之间的关系至今很少被作为问题明确提出。

第二个短板是将某个群体与其时间观念之间的关系简单化或本质化。有一种盛行很久的说法：中国文化是出离于历史事件之外的、恒久不变的存在。这当然是对现实简单化、刻板化的印象。我们需要找回历史的复杂性与多样性。孟德斯鸠和黑格尔都曾经认为中国是一成不变的专制国家，这种观念也被马克思承袭，他认为中国是落后国家的典型，被困在"静止的时间"里——或套用他的话说，被禁锢在"时间之颔"中 ②。以此为出发点，中国就永远发展不出有关时间的思想。萨义德的《东方主义》所批判的正是这种本质化的倾向。正如程艾兰提示我们注意的，自从 18 世纪以来，"一个书写着象形文字、被专制传统压制、长时间隔绝于世界的中国形象逐渐建立并稳固了下来，这被认为是中国哲学、政治、科学停滞不前的根源，而西方则恰逢其时地到来，将中国从沉睡

---

① Anne Cheng (dir.), *La pensée en Chine aujourd'hui*, Paris, Gallimard, 2007. Particulièrement, « Introduction. Pour en finir avec le mythe de l'altérité », p. 7-18.

② Karl Marx, « History of the Opium Trade», *The Times*, 27 septembre 1850. Cité d'après K. Marx et F. Engels, Collected Works, New York, vol. 16, p 16. Cité par Arif Dirlik, « Marxisme et histoire chinoise : la globalisation du discours historique et la question de l'hégémonie dans la référence marxiste a l'histoire », *Extrême-Orient Extrême-Occident*, n° 9, *La référence à l'histoire*, 1986, p. 91-109, 111-112, ici p. 91.

中唤醒"。① 中国在这里扮演着一种绝对的他者角色。

所以，我们面临的挑战之一，是如何摆脱绝对他者的概念，因为这不过是自身形象的另一种投射而已。西方与中国之间无疑存在差异，但我们不应就此认为异质性无法逾越，无论是被崇拜还是被贬斥的异质性②，都不应将其绝对化，而应该在承认异质性存在的前提下，将其看作一种不同的思考方式，使我们得以变换角度思考双方共有的问题：过去的人和事件如何在时间中发生。这样一来，自我与他者的思想就在共同的目标中找到了交集。最后，我们需要意识到，异质性不仅仅是相对"自我"而言的"他者"，他者的思想也可以帮助我们反思自身③。举例而言，一些学者很长时间都拒绝承认中国有线性时间的思想，将中国人与时间的关系全部归纳为一个表示"时机"的"时"字。然而，如首都师范大学哲学系教授陈嘉映所说："这一论点是站不住脚的，很容易举出反例：文言文中不少字，如'久'和'宙'都可以对应现代的时间概念，与古汉语的'时'不同。我们必须警惕用这种粗糙的方法所做的历史概念分析④。"其他学者如陈启云的研究也支持了这种观点⑤。

的确，中国和中国文化都是多元的。中国即便没有发展出与亚里士多德哲学一样的理论化的时间概念，也无疑产生了对时间的抽

---

① Anne Cheng (dir.), *La pensée en Chine aujourd'hui*, Paris, Gallimard, 2007, « Introduction. Pour en finir avec le mythe de l'altérité », p. 7.

② *Ibid.*, p. 8-9.

③ Paul Ricœur, *Soi-même comme un autre*, Paris, Éditions du Seuil, 1990, p. 380.

④ Jiaying Chen, « Cerner la notion de temps », *Rue Descartes* 2011/2 (n° 72), p. 30-51, ici n. 4 p. 48-49. 这里的"久"取自《墨子·经上》："久，弥异时也。""宙"取自《淮南子·齐俗训》："往古来今谓之宙。"——译者注。

⑤ Chen Chi-yun, « Immanental human beings in transcendent time: epistemological basis of pristine Chinese historical consciousness », in Chun-chieh Huang and John B. Henderson (ed.), Notions of Time in Chinese Historical Thinking, Hong Kong, Chinese university press, 2006.

象思考(而这是书写编年史所必不可少的)①。而上述那种对中国的本质化解读最大的危害还在于, 它的目的在于抬举西方, 认为是西方的思想和经济活动将中国带出了没有线性时间观念的状态, 帮助中国迈入了现代性的大门。这里真正值得历史学研究的对象, 并非那个实际并不存在的永恒中国, 而是这个在西方历史上发生的本质化过程和建构了这种绝对他者形象的政治文化机制。不过我们也不能认为这种偏颇只发生在西方学者身上。在中国同样有一种将西方现实简单化的倾向。如吴光明(Wu Kuang-ming②)曾将康德哲学推而广之, 看作整个西方哲学的代表: "康德哲学认为基本空间和时间是可以凭直觉感知到的, 而与之相反, 中国思想则从具体经验出发塑造了这两个概念。"③ 对此我们应该作何评价? 尽管康德确实没有从具体经验出发建构这两个概念, 但我们也要警惕地意识到, 这句论断所关联的, 一边是一个 18 世纪末生活在东普鲁士哥尼斯堡(今俄罗斯加里宁格勒)的德国哲学家, 另一边是一个绵延数千年、覆盖近千万平方公里土地和 14 亿人口的文明(14 亿还仅是今天的中国人口, 不包括其祖先)。而即便将西方或欧洲人也作为一个整体来看, 我们也不能认为他们所建构的时间观念就完全与具体经验无关。与之相似, 黄俊杰和许理和(Erik Zürcher)在《中国文化中的时间和空间》(*Time and Space in Chinese Culture*)一书开头便表示, 中西方的时间观念存在根本对立, 西方自古希腊以降, 便只有线性的、有

① Christoph Harbsmeier, "Some notions of time and of history in China and in the West", dans Chun-chieh Huang and Erik Zürcher, *Time and Space in Chinese Culture*, Leiden, Brill, 1995, p. 49-71.

② Wu Kuang-ming, "Spatiotemporal interpenetration in Chinese thinking", dans Chun-chieh Huang and Erik Zürcher, *Time and Space in Chinese Culture*, Leiden, Brill, 1995, p. 17-44.

③ 引自 Françoise Aubin dans *Archives de sciences sociales des religions*, 42e Année, n° 100, Oct. - Dec., 1997, p. 95.

指向性的时间观念①。这显然是只考虑世界的具体物理形态、对西方时间观念删繁就简的看法。我们清楚地看到，古希腊产生过各种指称时间的概念，无论是线性流动的时间（chronos）、因缘际会的时机（kairos）、绝对的时间（aîon，它可以指绝对的永恒，也可以指人一生的时间②）、做出选择的时刻（krisis）③……这些概念都被《圣经》七十士本（Septante）所采纳，成为当时基督教思想的基本框架。思考和在生活中体认时间的方法很多。只要想到基督教的时间观念同时包括上帝所在的永恒时间、指向最终目的的历史时间、天上的耶路撒冷在时间之外的悬隔，就可以理解这一点④。而且，我们还需要定义何为"具体"。在宗教史上乃至经济史上，人们为具体事物赋予抽象意义，限定它们被思考的方式，因而"具体"和"抽象"难分彼此的例子都不计其数。［吕西安·费弗尔（Lucien Febvre）早在1919年不就写道，"钱的历史在根本上是主观的文化史"吗？］

然而，尽管我们相信文明之间的不可通约性（l' incommensurabilité）是一种迷思，但这并不意味着我们认为所有的文明思考时间的方式都全然一致。只不过前者将差异视作绝对化的存在，而后者则认为，当研究对象不同时，其所呈现的文明差异也会不同。不同于结构主义人类学的进路，我们并不试图找到所有文明的共同基础⑤，也不否定空间转移以及时间变迁带来的历史现实的多

① 谢和耐（Jacques Gernet）在他的书评中批评了这种论断。*T'oung Pao*, vol. 84, 1998, 4, p. 415-424, p. 418.

② Louis Foucher, « Aiôn, le Temps absolu », Latomus, t. 55, fasc. 1 (janvier-mars 1996), Société d'Études Latines de Bruxelles, p. 5-30.

③ 此外可参见 Françoise Balibar, Philippe Büttgen, Jean-Pierre Cléro, Jacques Collette et Barbara Cassin, « Moment, instant, occasion », *Trivium*, 15, 2013.

④ Jacques le Goff, *À la recherche du temps sacré. Jacques de Voragine et la légende dorée*, Paris, Perrin, 2011.

⑤ Mircea Eliade, *Le sacré et le profane*, Paris, Gallimard, 1965, chap. II, « Le Temps sacré et les mythes » [1957], p. 63-100.

样性。还需要记住，与时间有关的具体实践（工作时间、郊游时间……）并非一概都是从哲学概念派生而来，其意义也不仅在于为哲学概念提供具体例证。我们希望重新发现历史上人与时间关系的多样性，这必然要求我们预先建立一个哲学和认识论的框架。

我们还需要重新发现时间观念的历史性。康德在《绝对理性批判》中提出的能够凭直觉感知的超验的时空观念，其诞生的背景是这一时期更大范围内欧洲时间观念的变迁。这里不可能对康德哲学的时间概念做全面的历史分析，但不应该忘记的是，这背后有 16 世纪到 19 世纪之间机械钟表和量化时间观念的逐渐深入人心。如守时的观念，即便不像雅克·勒高夫（Jacques le Goff）所认为的，可以上溯到中世纪①，也最晚在 16 世纪已经随着怀表的产生而确立了②。而康德哲学反过来又强化了这种与所谓"科学革命"成果完全吻合的时间观念。正是因为其哲学诞生在这样的背景下，因而康德才成为帮助我们理解绝对时间观念的重要思想家。但这并非欧洲仅有的一种时间观念，而且它也并非自古以来一直存在。这就要求我们以历史的眼光叩问时间、存在，以及西方的概念，同时留意各种和谐并存于同一个时代的多元时间观念。这落实在我们的研究中，就意味着要注意各种思考历史的方式的不同适用场合。仅举一例：文艺复兴时期存在各种并行不悖的时间观念，包括日常生活、四季、宗教节日的循环时间，但同时也有对希腊罗马古典文学、艺术和哲学黄金时代的缅怀；也有对即将到来的末日审判和天上的耶路撒冷的期待，以及赞赏这种期待的"末世

---

① Jacques Le Goff, « Au Moyen Âge : temps de l'Église et temps du marchand », in *Annales. Économies, Sociétés, Civilisations*, 1960, vol. 15, n° 3, p. 417-433. 尤其值得注意的是勒高夫对马克·布洛赫的批评，后者在《封建社会》一书中认为，中世纪人对时间抱有一种"巨大的漠不关心"（*La Société féodale*, t. I, p. 119）。

② Max Engammare, *L'ordre du temps. Invention de la ponctualité au XVIe siècle*, Genève, Droz, 2004.

论"思想；还有一种新出现的，聚焦于人的尊严、人的合理性，以及其时代之存在的合理性的，我们不妨称之为人文主义的当下主义（présentisme humaniste）的态度①。

古代中国对时间的感受也是一样的。鲁唯一（Michael Loewe）的研究表明，古代中国从未有过整齐划一的时间观念，而是一方面有对时间线性流动的感知，另一方面又有一治一乱的循环时间思想、以大同世界为目标的进化论的观点，以及道家的长生不老观念②。中国可能还是世界上第一个在天文领域量化时间的国度。此外，由于政治和行政的需要，中国很早就有了对年份的精确记录。总而言之，无论在西方还是在中国，任何一个时代都有不同的，且彼此互不冲突的思考时间和人类历史的方式。

我们还需要注意，近年来不少学者呼吁，不能只透过西方史的问题意识看待中国，而应当"将西方视作外省"［Provincialiser l'Europe，语出迪佩什·查卡拉巴提（Dipesh Chakrabarty）③］。我们需要站在高处，对中国和法国"等量齐观"（à parts égales④，语出 Romain Bertrand）。改变西方中心的成见，也意味着要记住，尽管长期以来人们都相信中国从来没有线性时间的观念，但当 16 世纪的耶稣会士携带着度量时间的座钟来华传教时，中国人并未大

---

① Étienne Bourdon, « Temporalities and History in the Renaissance », Alessandro Arcangeli and Anu Korhonen (ed.), A Time of Their Own. Experiencing Time and Temporality in the Early Modern World, *Journal of Early Modern Studies*, v. 6, 2017, p. 39-60.

② Michael Loewe, « The Cycle of Cathay », dans Chun-chieh Huang and Erik Zürcher, *Time and Space in Chinese Culture*, Leiden, Brill, 1995, p. 305-328. Tant en Occident qu'en Chine, tant en Occident qu'en Chine

③ Dipesh Chakrabarty, *Provincialiser l'Europe : la pensée postcoloniale et la différence historique*, Paris, Éd. Amsterdam, 2009.

④ Romain Bertrand, *L'histoire à parts égales. Récits d'une rencontre Orient-Occident, XVIe-XVIIe siècle*, Paris, Éd. du Seuil, 2011.

惊小怪 ①。同时，我们也不能落入单纯的相对主义窠臼，而需要学会识别西方，尤其是 19 世纪末以来的西学东渐对中国的种种影响。跨文化的视角正是因此而无比重要。所有曾试图思考法国与中国时间观念的异质性的学者，无论思考的结果如何，都面对过跨文化性的挑战。基督教传教士在翻译与时间有关的宗教概念时已经如此了。例如，如何翻译基督教的时间概念，如创世、"要有光"（*Fiat lux*）这句话所表达的上帝意志在一瞬间的完成、"末世论"、最后审判、炼狱……这些问题都很早就提出了。跨文化视角也需要学者以交叉的方式叩问各种计量时间所用的坐标体系（历法、朝代、帝王的在位期……）：历法的精确度如何，人们在何种场合下会计算年、月、日以及周年纪念？我们的研究还会包括中欧之间天文历算知识的流动，尤其是历法的交流，以及今天侨民（旅法华人或在华法国人）所使用的历法。

这也提出了关于历史时间划分方式的问题。这包括使用朝代（明朝或瓦卢瓦王朝）或帝王在位期（万历年间或路易十四在位时期）划分历史时间的方式，包括政治史、社会史的周期，也包括经济史的周期。1930 年郭沫若在《中国古代社会研究》中还引入了马克思主义的历史分期，尤其强调革命事件对形成统一民族国家的作用。此外，还需注意到不同宗教的分期方式对历史书写的影响。

生活与生命体验的时间也是如此，这构成了本书的第二大主题。我们会关注日常生活与职业活动为时间定下的节奏，对人生不同年龄段划分的体认，工作、休闲、阅读的时间，危机感的时间也都会包含在这一主题之下。于是，每一个时代都会建立属于自己的时间性和历史性体制（régimes de temporalités et d'historicité，

---

① Catherine Jami, « Western devices for measuring time and space: clocks and Euclidian geometry in late Ming and Ch'ing China », dans Chun-chieh Huang and Erik Zürcher, *Time and Space in Chinese Culture*, Leiden, Brill, 1995, p. 169-200.

所谓时间性或历史性体制，指的是人们理解过去、当下、未来这几个范畴之间关系的不同方式[①]）。弗朗索瓦·阿多格（François Hartog）在这方面的研究应当能给我们很多启发，帮助我们分析人们对时间的感知。此外还需要分析不同层面时间之间的协调与错位[②]。上古黄金时代的概念，以及与之相反的历史进步的概念，或对美好未来的希望，在中国和法国都能引发广泛共鸣并塑造了人们的历史时间观念的"革命"的概念，这些都是值得跨文化研究关注的课题。这些不同的时间性体制——线性的、螺旋的、循环的，结合人们对过去、当下、未来的不同态度，在人与时间之间建立了各种不同的关系。

总之，我们的关注点在于从跨文化的角度，理解中法之间词语、概念与知识的流动。

重新发现中国的时间观念

就以上几点观察出发，我们应当如何思考中国的历史时间观念呢？我们首先应当牢记的，是中国历史记录文献的体量之大。根据卫聚贤的统计，隋代至清代之间（公元 581—1911 年）中国史家留下了 137 262 卷史籍[③]，这还没有把 6 世纪之前的文献计算在内。在这汗牛充栋的文献中我们可以看到十分多元的时间观念。如果把所有这些历史文献整合在一起，中国可信的编年史能够不间断地上溯至公元前 841 年。可以利用的史料的数量因而是极为可观的。

当代汉学家的研究指出的关于中国时间观念的第二个特点是，

---

① François Hartog, *Régimes d'historicité. Présentisme et expériences du temps*, Paris, Seuil, 2003.

② Christophe Charle, *Discordance des Temps*, Paris, A. Colin, 2011 ; François Hartog *et al.*, « Discordance des temps », *Revue internationale et stratégique* 2013/3 (n° 91), p. 7-16, ici p. 11-12.

③ Han Yu-Shan, *Elements of Chinese Historiography*, California, W. M. Hawley, 1955, p. 22.

中国对时间的感知是深植在人们的生活经验之中的 [①]。黄俊杰的这个论点与现象学的思路颇有不谋而合之处 [②]。我们知道，19 世纪末以来，中国哲学，包括与时间有关的思想，已经开始受到西方哲学影响。中国哲学也逐渐融入了现象学的思考。20 世纪上半叶为数不多的几位中国学生在德国学习了现象学，如沈有鼎（后任教清华大学）、熊伟（先后任教于国立中央大学和北京大学），以及帮助海德格尔翻译《道德经》的萧师毅 [③]。20 世纪 60 年代开始，一些西方著作有了中译本，尤其是 1963 年中国科学院出版的海德格尔的《存在与时间》节译本。80 年代以来，中国学者在中国和西方都有越来越多的文章和专著发表，如复旦大学刘放桐主编的《现代西方哲学》，其中包括范明生撰写的关于现象学的章节，以及刘放桐撰写的关于存在主义的章节 [④]。1986 年以来，更多现象学著作被译成了中文，如胡塞尔、海德格尔、萨特……

很多中国大学的哲学系都开设了现象学课程：如 20 世纪 80 年代以来介绍了海德格尔的北京大学的熊伟，东南大学的倪梁康，

[①] « Time in China is […] a humanly lived time » (Chun-chieh Huang, « "Time" and "Supertime" in Chinese Historical Thinking », in Chun-Chieh Huang and John B. Henderson (ed.), Notions of Time in Chinese Historical Thinking, Hong Kong, Chinese university press, 2006, p. 19-20).

[②] Bourdon Étienne, « Time is Culture », dans Étienne Bourdon, Ecaterina Lung *et alii* (dir.), *Time and Culture*, Bucarest, Éditions Universitaires de Bucarest, 2017, p. 11-30.

[③] Martin Heidegger, *Time, History, and Dao*, 1919 (voir Edward Q. Wang, « Time, history, and Dao : Zhang Xuecheng, and Martin Heidegger », *Dao : A Journal of Comparative Philosophy*, 1 (2), 2002, p. 251-276。日本早在 20 世纪二三十年代就有学生师从胡塞尔和海德格尔，并筹划将现象学引入日本。(Lester Embree, Elizabeth A. Behnke, David Carr *et alii* (ed.), *Encyclopedia of phenomenology*, Dordrecht, London, Springer, 2011, p. 98.)

[④] 刘放桐等，《现代西方哲学》，人民出版社 1981 版。

北京大学的杜小真[1]和靳希平，复旦大学的张庆熊，研究梅洛－庞蒂的香港中文大学的张灿辉，研究时间观念的首都师范大学的陈嘉映[2]。20世纪的最后十年中，中国举办了全国性的和国际性的现象学大会，前者如1994年的全国现象学研讨会，后者如1996年在香港地区举行的以"交互文化与生活世界"（Lebenswelt）为主题的国际现象学研讨会。如伯尔尼大学的耿宁（Iso Kern）所指出的，中国现象学如此活跃的原因之一，是现象学自身与中国对意识世界分析传统之间的渊源[3]。

的确，如果认为时间观念具有高度文化性和主观性，同时建立在个人经验和人际经验之上的话，学者就会看到中国传统与西方哲学之间某些观念的暗合。换言之，放在跨文化的视野下，一些人眼中的中国对一种完全异质的外来思潮的引进，反映的则是两种地理距离遥远的思考时间方式之间的相遇和相似。也是在这种思路下，黄俊杰强调中国的时间概念与希腊的 *kairos* 之间的近似。

中国的时间思想还有第三个值得一提的特点。尽管长时间以来，中国的时间观念都被认为是严格意义上的循环式的，但现在看来，它其实更像是螺旋形的，也就是循环时间和线性时间的结合。人们对时间的理解并非简单的循环往复，不断回到原点而无进化。陈嘉映提醒我们："通过对不同文化中的时间观念的深入检视，我们将会发现，纯粹循环或纯粹线性的观念都是不存在的。……小尺度上的循环时间观与更高维度上的线性时间观可以完全不矛盾地并存。事实上，我们（中国）的时间意识正是由循

---

[1] Xiaozhen Du, « Y a-t-il une traduction chinoise du mot « être » ? », *Rue Descartes*, 2011/2 (n° 72), p. 17-29.

[2] Jiaying Chen, « Cerner la notion de temps », *Rue Descartes* 2011/2 (n° 72), p. 30-51.

[3] Lester Embree, Elizabeth A. Behnke, David Carr *et alii* (ed.), *Encyclopedia of phenomenology*, Dordrecht ; London, Springer, 2011, p. 100。如佛教唯识宗就是这样一种传统。

环性和线性（不可逆性）交织而成的。"①

中国的宗教和政治观念还带来了一种特殊的历史分期习惯。汪德迈（Léon Vandermeersch）指出，"朝代循环"与"五德始终"理论基于一种涵盖更广，也更哲学的宇宙论，并带来了一种独特的政治史写法。这种理论看重"人道与天道"（社会－政治秩序与宇宙秩序）之间的呼应，并使人倾向于"以'道'为纲，也就是从天地宇宙力量的角度去理解历史的意义"②。五德分别对应的是宇宙的五方（东西南北中）、五季、五行、五脏等等。天子位于这个体系的中心，是宇宙与社会秩序的枢纽和监护。就时间问题而言，他每年通过颁行历法，保障季节正常轮转，礼仪按时得到严格执行③。与这种天人调和的思路相配合的，是历史分期的朝代循环模式④。每一个朝代立国之初都受命于天，从而开启一段国泰民安的盛世期，尔后无可避免地盛极而衰，社会逐渐纲纪弛废，最后天命转授予一个新的朝代。时间因而是一种存在于宇宙万物内部的力量，不可抗拒地定义着政治合法性。我们因此更能理解中国伟大的历史学家司马迁之所以在《报任安书》中说，他著《史记》⑤的目的是"究天人之际，通古今之变"⑥。

---

① Jiaying Chen, « Cerner la notion de temps », *Rue Descartes* 2011/2 (n° 72), p. 30-51, ici p. 38-40.

② Léon Vandermeersch, « Vérité historique et langage de l'histoire en Chine », *Extrême-Orient Extrême-Occident*, n° 9, La référence à l'histoire (1986), p. 22.

③ Jérôme Bourgon, « Problème de périodisation en histoire chinoise », dans *Périodes : la construction du temps historique*, 1991, p. 72.

④ *ibid.*

⑤ 《史记》的法语译本见沙畹译注，Sima Qian, *Les mémoires historiques de Se-Ma Ts'ien*, traduits et annotés par Édouard Chavannes, Max Kaltenmark, Jacques Pimpaneau, Paris, Éditions You Feng libraire & éditeur, 2015.

⑥ Léon Vandermeersch, « Vérité historique et langage de l'histoire en Chine », *Extrême-Orient Extrême-Occident*, n° 9, « La référence à l'histoire », 1986, p. 22.

中国时间观念第四个特点是其与希腊的"*kairos*"概念的可比性。"*kairos*"究其本源有季节的意思，后来发展出因缘际会的时机、机遇的意思。由此出发，历史时间就成了一系列间歇出现的适宜行事的时机（也就恰好是中文的"时—间"）。"时"与"势"结合，就定义了历史事件的意义 ①。按弗朗索瓦·于连（François Jullien）的看法，《易经》就包含着这样一种动态的时间观念：时间是一种节奏快慢交织的、由从眼前小事到长期大势共同构成的"无声的流变" ②。

我们在汉学研究中还看到中国时间观念的第五个特点，即中国天文学家所度量和记录的有刻度的时间。在丰富的简牍文献中我们也可以看到历史学家以同样的严谨逐日逐年记录着历史事件 ③。唐代设立史馆之后，这种意识进一步加强，逐日记录皇帝言行，汇总为起居注，皇帝死后再将之汇编为实录。这个朝代结束后，这些材料会成为新王朝为之纂修正史的基础 ④。此外，司马迁《史记》还创立了不同的历史书写体例 ⑤，以"表"编年纪事，以"书"记录天文、律法、水利等制度，以"传"记人物生平。

我们还需要看到不同宗教思维的差异，尽管不同宗教对历史书写的影响力度并不相同。与佛教和儒教不同，道教的历史和地

---

① François Julien, *La propension des choses*, Paris, le seuil, 1992, voir part. II, 7, « Situation et tendance en histoire », p. 155-194 ; Lin Li-chen, « The notions of time and position in the Book of Change and their development », dans Chun-chieh Huang and Erik Zürcher, *Time and Space in Chinese Culture*, Leiden, Brill, 1995, p. 89-113 ; Léon Vandermeersch, « La conception chinoise de l'histoire », art. cit., p. 65.

② Jullien François, *Les transformations silencieuses. Chantiers 1*, Paris, Grasset & Flasquelle, 2009.

③ Léon Vandermeersch, « Vérité historique et langage de l'histoire en Chine », *Extrême-Orient Extrême-Occident*, n° 9, La référence à l'histoire (1986), p. 22.

④ On-cho Ng et Qingjia Edward Wang, *Mirroring the past: the writing and use of history in imperial China*, Honolulu, University of Hawaii Press, 2005.

⑤ Léon Vandermeersch, « Vérité historique et langage de l'histoire en Chine », *Extrême-Orient Extrême-Occident*, n° 9, La référence à l'histoire (1986), p. 20-21.

理观念都是纯神秘主义的，因为历史和地理，时间和空间，都只能在可见的世界中被认知。因而对不可见的世界，尤其对于带有"末世论"色彩的求仙之路而言，二者的重要性显得微不足道[1]。

最后，重新发现历史时间观念的多样性，还意味着具体地关注每一位对历史书写方法做出了理论化或革新尝试的历史学家。除了司马迁，杜佑 (735—812)、郑樵 (1104—1162)、马端临 (1254—1324) 都曾尝试撰写百科全书式的史志，以考究文明发展的各大阶段。马端临提出跳出朝代循环的框架，因为"窃尝以为理乱兴衰，不相因者也……代各有史，自足以该一代之始终，无以参稽互察为也"[2]。司马光则试图写作编年体的通史，将同时发生的事件，无论性质如何，都纳入其中[3]。袁枢 (1131—1205) 则坚持历史的叙事性，着重解释事件的本末因果。另一些历史学家，从刘知幾 (661—721) 到郑樵、章学诚 (1738—1801)、崔述 (1740—1816)，则对正史进行了考证辨伪。

建造桥梁

在上文中，我们重温了中国历史书写的多元面相，尽管我们并不否认某种主流的存在。基于此，我们应当如何在法国与中国之间设计和架设桥梁，以共同加深对双方历史时间观念的理解？作为总结，我们可以归纳出三大研究取向，这也构成了本书的三大部分。

---

[1] Kristopher Schipper, « The Inner world of the Lao-tzu chung-ching », dans Chun-chieh Huang and Erik Zürcher, *Time and Space in Chinese Culture*, Leiden, Brill, 1995, p. 114-132.

[2] Jérôme Bourgon, « Problème de périodisation en histoire chinoise », dans *Périodes : la construction du temps historique*, 1991, p. 77. 原文出自《文献通考·自序》。——译者注

[3] Léon Vandermeersch, « Vérité historique et langage de l'histoire en Chine », *Extrême-Orient Extrême-Occident*, n° 9, La référence à l'histoire (1986), p. 20-21.

第一，叩问历史时间的度量和表达方式。包括古代中国数学如何试图把握时间的概念（邓志峰），17世纪西方人如何理解中国的时间观念（莎丽达），法国天文学如何在康熙朝的中国传播（韩琦），以及瑞士钟表业从19世纪至今在中国的地位（皮埃尔-伊夫·东泽）。

第二，重建过去人们在生活中体验时间的方式。学者们分析了古代对人生不同年龄段的感知（莫里斯·埃马尔），尤其是古罗马人庆祝生日的方式（米海伊·科尔比耶），以及西方，尤其在近代，如何受到基督教时间观念的深刻影响（伊夫·克鲁默纳克）。由此我们将过渡到旅行的主题，通过对比近代穿越阿尔卑斯山的陆路旅行和前往中国的海路旅行，探讨旅行者对时间的感知（艾蒂安·布尔东、吴蕙仪），再以19世纪若干英国人的中国游记为基础，探讨时间的跨文化性是否可能的问题（萨米娅·乌努齐）。

第三，关注过去人们对历史时间的思考和再认识。这首先包括对时间的理解和表征，无论是古罗马（米海伊·科尔比耶）还是16世纪（弗兰克·莱斯特林刚）。随后我们将进入19世纪人们对现代性和时间错位的思考（克里斯多夫·夏尔勒），以及对历史上时间周期循环、危机和更迭的宏观思考（罗伯特·弗兰克）。最后，我们还将解析两位史学大家——科林伍德与科泽莱克——对历史时间的表述和体察（陈慧本），并作为总结，从历史时间的角度思考时代变革的概念（李宏图）。

时间的度量与表述

《周易》、算术与古代中国的时间观念

邓志峰（复旦大学）

说明：下面的讨论是基于我的两篇论文，一是《易象与时间》，发表于刘梦溪主编《中国文化》，2018 年春季号；一是《观象思维的早期形式：以方位、算术与音律为中心》，未刊稿。该文曾在 2018 年中山大学"现象学与易学"学术研讨会上宣读。关于《周易》的具体解释，可以参考拙作《周易义疏》，上海古籍出版社 2011 年版。

近些年来，观象思维和象思维逐渐为国内学术界所重视，并形成一系列的研究成果。对于"象思维"与"概念思维"的讨论也日趋深入。事实上，这一思维方式的形成与德性主体把握世界的形式有着根本的关联，不仅体现在成熟期的《周易》《诗经》等经典著作之中，也体现在早期中华文明对数学、音乐、天文、历算、医学、语言等所有学科之中。

一般来说，随着人类的实践，思维自身也逐渐得到发展。在对不同事物进行区分，以及对不同环境的应对中，本能的自我意识发展起来，逐渐形成一种稳定的感受体。自我意识是一种与外物分立的生命意识，借助自我意识，人类把自我与外在世界区分开来。隐含的自我意识表现为生物的一种本能，思维的发展则使人类有能力把它变成一种显性的自我意识。这个发展过程是漫长的，大概贯通了人类整个婴儿时代。从考古学的意义上说，基本贯穿了以渔猎经济为主的整个石器时代。在这个时代，直接的生存与繁衍是最为关键的活动。

由于具体生命本身就是时间中的存在，或者从更根本的意义上说，时间基于生命的展开；人类的生存感受首先是与时间有关的，而对时间先后的稳定感受，便构成了因果意识。在古代语言中，因果意识即是所谓的"故"。譬如，条件反射其实是基于许多哺乳动物的智力水平所理解的因果律。条件反射不保证对因果的正确把握，但却意味着对事物发生先后的把握。母系社会时代，古人不知受孕的基本条件是男女的交配，于是"履大人迹""吞玄鸟卵"都可能被理解成感生的缘由，特别是当被生者后来成为英武之人的时候。后世英武之人的超常能力也需要超常性的解释链条。所谓因果，其实已经隐含着生命自身所呈现和蕴含的本末关系。在对因果现象不断的把握中，人类强化了自我意识，形成了各种各样的知识，造成了各种各样的困惑，产生了各种各样的禁忌与希望。

所有这些需要一种超乎寻常但又稳定的解释，既包括对种群和个体，也包括对自然现象及自然力量的理解。这种抽象的理解方式就是观象。观象使人类思维摆脱了混沌状态，在这一过程中，世界开始被意象化，这是人类历史上具有划时代意义的现象。当事物被作为本末关系而观象的时候，人类开始有所"得"，德性的思维开始萌芽了；当事物被作为因果关系而观象的时候，人类开始有所"见"，知性的思维因此而出现。早期人类的生命感受主要是基于本能，因此表现出世界范围内的某种共通性。反映在思维上，也具有一定的同构性。譬如，明晰的逻辑还没有发展出来，对事物先后的变化也还缺少稳定而可靠的认识。物我同一、天人交感、万物互变依然是思维的常态。在西方，这种思维或被称为"原始思维"（列维·布留尔），或被称作"野性思维"（列维·施特劳斯），不具备理性的自明性；相反却表现为具体性与整体性的特征，这是德性思维的表现。不过这种贬低性评价主要基于知性思维在西方近代的发展，因为知性思维的总体模式是由分析走向综合，因此对于事物的整体性理解一开始便抱有偏见。反倒是某些具有后现代主义倾向的思想家，对此保持着较为清醒的认识。

在人类思维中，德性与知性都具有自然的普遍性。因为宗教、艺术以及一切讨论整体统摄下的部分与整体关系的义理思维（譬如生机体、人类社会等等），都自然会有德性思维的参与。但人类无疑在其各自的前经典时代便因不同的文化实践而发生了分化，而表现出或重德性，或重知性的特征。当文明自觉以后，这些被扭结在一起，需要给予稳定理解的事物，就形成了各自文化所谓的天人关系或宇宙图景。那些可以支撑具体而可靠之理解的精神总体便是真理或天道。所有这些都基于各自的观象形式，这同时也是经学讨论的起点。

数与时间

对数与时间的理解首先与对变化的感受有关。在经典时代，人类对变化的理解已经颇为深入。《墨子·经说上》："化，若蛙为鹑。"此时的人类还常常认为一些动物可以相互变化，蛹化为蝶、蛙化为鹑之外，如《大戴礼记·夏小正》所谓"田鼠化为鴽。鴽，鹌也"，也与此相类。虽然这些观察从自然科学角度有对有错，但对事物变化的理解无疑已经较上古更为精密。生命在宇宙中的流转可能形态不同，在今天看来也不过是能量的变化而已。事实上，这种观念在上古神话中是极为常见的，如《述异记》说炎帝女儿在东海中溺死，化为飞鸟精卫；《山海经》也说大禹之父鲧死后三年不腐，后来化为黄龙。都是神话中有名的例子。这些具体的变化在自然科学的理解中固然是无稽的，但就"变化"本身的含义来说却说不上有什么错误。假如不考虑事物的形质，那么宇宙便是太虚之气，所谓"变化"也就是气之聚散，在这个意义上，气的观念与现代人理解的能量观念是相通的。而另一方面，某化为某的意识一旦形成，其实已经在对变化的不同过程的分别命名中，体现出不同名称其所指之物的独立性，已经蕴含了不同形质的意义。

"增减"的概念可能建立在"变化"的观念之上，后者同时也是德性思维看待世界的基本见解。但"增减"与一般的"变化"概念仍然是不同的，假如说"大小"这类的"增减"所指向的是形的问题，那么"多少"其实已经蕴含着对质，即内容或质料的理解。对质料予以表达的尺度便是量，《说文》："量，称轻重也。"古代把称量体积的标准器也叫作量。质的意义在于可以对人或其他事物进行牵引，这就是力的概念。人类早期对力的发现应该有着各种因缘，譬如射箭，所谓引就是张弓的意思。但对力的理解却首先与负重或重力有关。墨子对力有两个定义，其一是《经上》所说的，"力，刑（形）之所以奋也"；其二是"力，重之谓。下，与。重，奋也"。以重量来揭示力的含义，当然是一种举例方法，但却可以看出墨子的着眼所在。因为物体有重量，所以向下的时候可以助其向下，这就是"下，与"，"与"就是"助"的意思。反之，因为重量的存在，假如向上提起的时候，需要用力，这就是"重，奋也"与"刑之所以奋"的意思。《说文》："奋，翚也。从奞在田上。《诗》曰：'不能奋飞'。"段玉裁注："翚，大飞也。雉、鸡、羊绝有力皆曰奋。""刑"就是"形"，即从形式或空间角度对物体的表达，所以指代物体。

有关事物多少或者说"量"的观念是在人类漫长的生活实践中逐渐体会的，但关键的问题是如何对其进行理解。人类文化的真正分歧是在这一理解的过程中产生的。尽管我们无法复原早期人类的思维世界，但对其理解事物的思维仍然可以进行某种推测，这就需要依赖古代思想的各种表达。语言的使用过程隐藏着早期人类的思维方式。

关于多少的理解在数学上表现为加减法，实际上也就是加法。而关于多少的概念表达即是所谓"盈不足"的问题，《九章算术》时代已经发展为比较复杂的阶段，因此设专章予以探讨。如前所述，盈与不足这两个术语所隐含的，其实是同一器皿的充盈与否，因此作为一体性之表现的器皿其实便是先给定的。这一现象在"增"一词中也极为类似，《说文》："增，益也。""益，饶也。从水、皿。皿，益之意也。""饶，饱也。""饱，猒也。"猒即餍、足的意思。从"增"到"饱""足"的辗转相训，其实可以看出，无论是器皿还是肚腹的"不足"，"不足"所隐含的都是相对于一体性的某种不完备的观念，而盈则是器物的圆满充盈。这种"盈不足"观念表现在算术上便是加法的起源，表现在几何领域，则是方圆的关系问题，由此发展出的，譬如三国时期刘徽所创立的割圆术，其实便是以此观念为基础的精彩个案。

也正是因此，尽管当数学一旦独立之时，便已经成为知性思维的自觉运用，这一点不同文化概莫能外；但数学观念的产生却毫无疑问也依托于德性思维对世界的那种一体性的理解。甚至数学的目的也是一样，譬如在数论之中，特别是随着集合论而来的，对数的把握已经由独立的单个或多个个体之间的关系，转向对所有事物的数的理解，这已经回到数学起源的问题意识之中，即回到宇宙的一体性之中。所谓种种悖论（无论是前述康德的二律背反还是罗素式的悖论）的出现，其实也不过是知性思维触及了自身的边界因而捉襟见肘的一种表现。而在古希腊时代，无论是芝诺的极限问题，还是柏拉图的理念与自身理念的相关悖论，其实也都是源于此。在这方面，康德的"物自体"与维特根斯坦的"沉默"代表着知性的自律精神。

在中国上古文化中，由于始终未曾脱离对宇宙的一体化理解，数学便同时在德性与知性两个维度上分别展开自身，并总是扭结在一起。这常常表现为运算本身符合知性的纯粹展开，但这种知性的理解总是被放在一个一体性的框架中得以满足。

结绳记事

结绳记事便关乎对数字与对时间理解的起源，尽管关于"绳"字的理解有些争议，但早在汉朝，郑玄等学者已经用绳结的方式对数字与时间进行理解，表明这一说法其来有自，至少代表了经典时代以来的基本理解。在结绳活动中，结绳的对象是所谓"事"，事本身是生活的一部分，在本来依托于生命而显现出的时间之流中，事因此就代表了一个阶段。因为是生命的一部分，故将它理解为"本末"或"终始"，前者是从生命角度而言，后者则是从时间着眼的。毫无疑问，有了本末、终始，先后的观念也就隐含其中了。这就是《大学》所言的"物有本末，事有终始，知所先后，则近道矣"。因此，记事也就是给这个生活之流做一个标记，就像一个里程碑，虽然不是里程的一部分，但却给了里程一个从时间之流的角度所观的一个象。这个象不同于事情的内容本身，而就是这个活动的终始、开阖、翕辟、生死，而且前之终恰是后之始，前之死恰是后之生，这是生命本身的力量。因此事件的"终"也就是终"结"、"结"束，这是结绳记事在语言中留下的隐秘痕迹。

在这个意义上，一个事件也就构成一个时段，其直观形象便像竹节一样，分割了绳索本身。反过来，古人对竹节的理解与绳结也是相通的。如同绳结与生命本身的对应意义，节也就有了抽象的与时间相通的含义，这就是《周易·节卦》所谓"天地节而四时成"。同时，在这种象征意义之下的绳索本身也具有了与生命相通的意象。《诗·周南·螽斯》："螽斯羽，薨薨兮。宜尔子孙，绳绳兮。"绳子本身成了子孙绵延不绝之象。

在结绳记事过程中，一个绳结当然对应一件事，但绳结所具有的终始之义使得绳结本身形成了对绳子，即整体的生命之流的剖分。这样，与绳结相对的绳头（即首）就具有了开端的意义，因此也就被称作端，如前所述，端字本来就是"物初生之题"（额头）的意思。所有这一切都是用生命的象征作为比喻的。这样，一个绳结的意义其实是一分为二，两个则是二分为三，不知这是否即是《老子》所谓"一生二，二生三，三生万物"？因为三分则为四段，正好是"天地节而四时成"，天运一周，说"三生万物"也不为过。① 甚至"道"字之所以从"首"，或许也与此有关。道就是由端首引出的生命的行迹。但不管怎样，由开端到终结，终结又成为新的开端，不同事件便因此在这个序列中展开了。随着人类抽象能力的增强，假如我们抽掉事件本身的话，这个开端与结的先后序列就构成了一个序数列。这种序列与中国古人计数的习惯是相应的。譬如一年四季，是以元旦开始的，元旦以后即世俗意义的春天，以此类推。上古时代据说只有春秋两季，但春秋的命名方式是一样的。另外，关于中国传统中年龄的计数方式，20 世纪仍然有许多人以"虚岁"称之，有人用十月怀胎作解，其实都是不对的，这实际上是结绳记事以来传统中国人的计数方式。

结绳记事的方式不只是中国才有，据说在印第安人与其他原始部族中也有类似的例证，因此这种计数方式具有普遍意义。假如理解了结绳记事中数字的产生方式，那么序数词的连续产生无疑具有德性意义的自明性。这种自明性也就是生命自然衍生的方式，只要生命没有终结，数的衍生就不会终止，这就是古人所理解的天数（天命之数）、命数。譬如某人命终，某国灭亡，皆可以说是天数、命数所致。所以在被知性思维纯化了的数学里，譬如在康德那里，

---

① 《淮南子·天文训》："一生二，二生三，三生万物。天地三月而为一时。"这似乎在暗示老子的这一说法与四时有关。我自己另外提出两种可能的解释，文繁不引，参拙撰《周易义疏》坎离两卦义解。上海古籍出版社 2011 年版。

数的衍生是无法先天地肯定的，而必须诉诸后天经验。因此，理解了序数的自明性，也就重新把数学的这个重要分支，即算术与代数学，奠定在坚实的基础上了。至于罗素集合悖论的产生，实际上也就是知性希望把无限开放的生命之数纳入一个僵死的言语／逻辑牢笼（"所有数都……"），所产生的系统紊乱。这不仅揭示了知性的局限性，同时也表明德性相对于知性所具有的奠基意义。

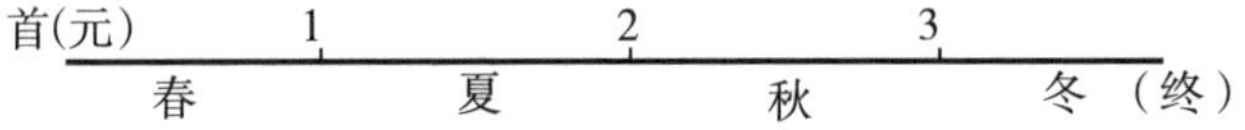

首(元)　　　1　　　　2　　　　3
————————————————————
春　　　夏　　　秋　　　冬 (终)

图 1　三分四时图结绳记事

　　结绳记事也可以解释十进制的产生。数学史已经表明，在人类众多古老文明中，十进制并非为所有人类所通用，譬如古巴比伦的六十进制，玛雅人的二十进制，古罗马的五、十进制混用，等等。古埃及和希腊虽然也用十进制，但尚无位值概念。迄今所知，完备的十进制最早出现在中国的商代。商代甲骨文中已经有一到十，以及百、千、万等数字的文字符号及数字表示方法。（见图 1）究其原因，极可能与数字产生的方式有关。理论上，二进制以上，无论几进制都是可以计算的，只不过繁简有别而已。但何以中国古代的十进制如此完备？这极可能有着特殊的原因。如前所述，在结绳记事中，十这个数字的产生其实只要八个绳结将一个绳子分成九段就可以了，因为首尾两端是不需要绳结的。之所以需要十这个数字，可能因为需要理解天道的完备性，所以必须给予的设定。理论上这个数字可以任意设定，但过少则难以计数，过多又难以一目了然，既然双手手指的数目为十，且便于观察，因此这个完备性的数字也就被设定为十。由此也就产生了一种奇妙的现象，在古汉语中，九和十两个字被同时赋予了终结的含义。《说文》："十，数之具也。一为东西，丨为南北，则四方中央备矣。""九，阳之变也。象其屈曲究尽之形。"九的意思就是究竟之究，即阳气（生命）竟尽的意思。而关于十的说法并不确切，甲骨文十只写作丨，所以东西南北之说纯属附会，但关于完备性的理解却是有见地的。观察甲骨文数字的文字写法，一、二、三、四完全是直观增长，五、六、七、八、九虽然各有形态，但十字与一字相垂直，极具生命终止的意象。[1]而之所以九也是终结之数，就是因为结绳记事虽然产生了完备的十个数字，但所对应的事件却只有九个，事件处于生命之中，所以才说"阳之变"。而所谓八，就是后来《周易》所理解的八卦。卦者挂也，绳结犹如挂在绳子上，所以叫八卦。[2]八、九、十的关系在图2可以清晰地呈现出来。

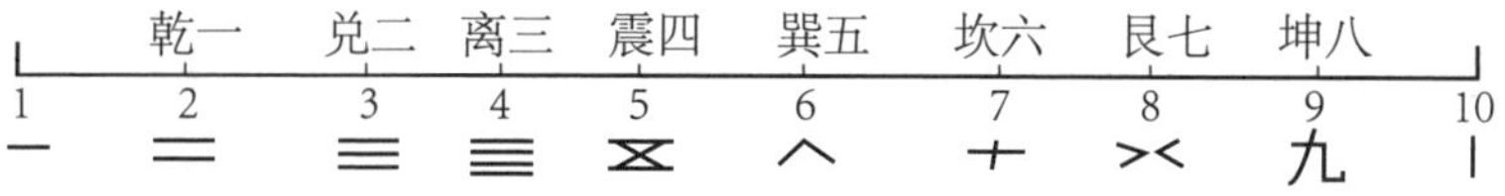

	乾一	兑二	离三	震四	巽五	坎六	艮七	坤八		
1	2	3	4	5	6	7	8	9	10

图2　八卦九段十数图

干支观念

数字与生命关联的另一个直接的结果就是干支观念的产生。商代已经形成完备的干支观念，甲骨文中保存了六十干支的表格。如前所述，十天干与旬日的观念有关，也是十进制应用的结果，十二地支则与一年十二个月有关，日之与月，犹如身体的躯干之与四肢，所以才叫干支。而由干支的名称可知，无论是天干甲乙丙丁戊己庚辛壬癸，还是地支子丑寅卯辰巳午未申酉戌亥，其实

---

[1]　从象形角度看，郭沫若认为十是一掌之形，参郭沫若《释五十》。载《郭沫若全集·考古编》第一卷，科学出版社1982年版。假如此说不谬，一掌其实也可以理解为以手指直观序数的终结。

[2]　关于这一问题，另拟专文讨论。

都是描述生命周期的完整过程。^①两种生命结构的同时存在，实际是德性思维向知性思维妥协的结果，因为十二个月这种基于实际观测的生命周期形态无疑是无法否认的，相对于十数的常态，十二起的是辅助作用，所以是支。这一生命周期不仅因此可以与历法、乐律、卜筮乃至一切生命结构相应，而且还产生了一系列关于数字结构的理解，这在传统时代也被称作数学，后一点以后还会继续讨论。

《周易》卦象结构中隐含的时间观念

所谓易象，是指在生命本身的变易中所观之象，或者说所有易象都是生命自身的显现。因为观象者本身便是生命的具体形态，因此易象也就在根本上是生命的自我反观。与生命哲学不同的是，生命哲学对生命现象的理解仍然是出于知性对生命活动的拟构，因此无法避免独断论的特征。假如用概念来表达，易象学的观象活动便是德对道的分有。既然是反观，那么能观与所观之间分享着相同的生命结构。能够如实通达这一生命整体结构的便是圣人，但因为生命自身的普遍性，普通人也能在自我反观中对这一结构给予理解。对这一结构的理解不是通过归纳完成的，像自然科学的真理那样；也不是自身演绎的，如基督教哲学中利用上帝的概念对上帝存在所进行的证明；而是在生命的自我开显的过程中，自身呈现并予以解析的。中国文化把这种开显的结构性领会为数，其中开显的过程本身便是数的叠加式的展开，如天干、地支的展开便被理解为与生命的过程同构。同样，生命撑开的结构则表现为

---

① 如"甲者，言万物剖符甲而出也；乙者，言万物生轧轧也。丙者，言阳道著明，故曰丙；丁者，言万物之丁壮也。……壬之为言任也，言阳气任养万物于下也。癸之为言揆也，言万物可揆度，故曰癸"。文繁不具引。地支亦类此。参《史记·律书》。

数与数之间的内在关联。对生命的易象学的领会使得中国文化一开始在数学思维上便是算术而非几何的。

《周易》的深刻性体现在它的上下经结构上，即六十四卦并非平铺式的自我展开，不是一种简单的机械式的与生命或天道的对应关系。上经三十卦意味着生成，即生命从根源处展开，经历外物的滋养与生长，终于实现自身，并归根复命的过程，这即是所谓"天道"，即自然之道。为了方便理解，我把上经各卦的基本含义做一提炼：

乾，元，亨，利，贞。代表纯粹的时间结构。

元（本源）；

乾，天，父，本源，时，纯粹时间；

坤，地，母，条件，位，纯粹空间；

屯，混沌；

亨（生长）；

蒙，蒙昧，萌芽；

需，饮食滋养；

讼，争夺，自我的最初建立；

师，集聚，类的出现；

比，合；

小畜，生命的缓慢生长；

履，礼，缓慢生长中体现出的天道的节奏；

泰，生命形成自身的结构；

利（自性）；

否，相互臧否，生命自我（即自性）的自觉；

同人，从天道的视角所观察的不同事物自性背后的共通性；

大有，万物因各具自性，而展现出的天道的丰盈；

谦，返本，自性之自我充实；

豫，返本，自性之上通本源；

随，自性与天道之相合；

蛊，自性合乎天道之后，对事物自身的纠正；

临，大，生命达到"体"的圆满；

观，因"体"的圆满而显现出的人我关系；

噬嗑，可以献祭给神灵，达到"用"的圆满；

贲，修饰，生命达到"相"的圆满；

贞（返本）；

剥，剥落，肉身死亡，种子剥离；

复，种子显现自性与本源的关系；

无妄，种子之合乎天道；

大畜，养，种子的淬炼；

颐，更深的养，达到定的境界，回到纯粹的"一"；

大过，死亡，通过死亡；

坎，回到本源，显现纯粹的"一"，裂变，"一生二"；

离，纯粹的裂变，"二生三"；

乾坤，……万物。

（图3、图4、图5可辅助参考）

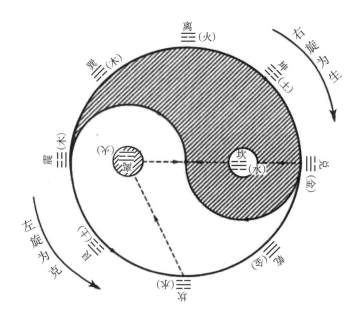

图3 八卦五行图（说卦图）

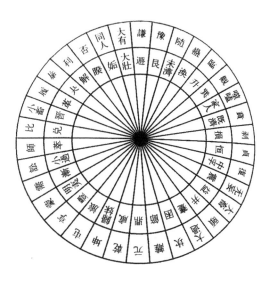

图4 生成显化图（序卦图二）

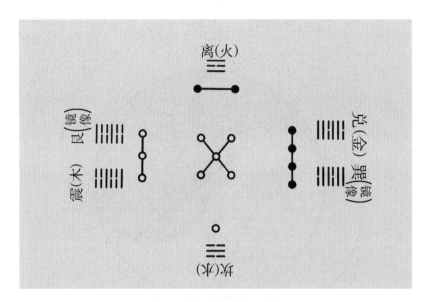

图 5　坎离图（易范合图）

时间再认识

Tempus est sic dicitur[①]：
入华西洋传教士教材文献中的时间表达

莎丽达（Mariarosaria Gianninoto）

（蒙彼利埃第三大学）

引言

16 世纪末以来入华传教士开始学习中文和汉语方言，并编写中文语法书与中西词典[②]。耶稣会传教士于 1579 年在中国南部建立了传教中心[③]，在随后的几十年里，耶稣会在内陆和北部地区相继建立了传教中心[④]。17 世纪初多明我会也在中国南部建立了传教中

---

① "时间是如此表达的"，见康和子著作：Carlo Orazi, *Dictionarium Latino Italico Sinicum Tam vocum, quam Litterarum seu Characterum usualium Sinensium ad usum et commoditatem PP. Missionariorum in hanc Sinicam Missionem noviter adventantium.* 1732, Ms. "Vat.estr.or.4". Rome: Vatican Apostolic Library, https://digi.vatlib.it/view/ MSS_Vat.estr.or.4.

② Henning Klöter, « Missionary Linguistics », in Rint Sybesma et al (eds), *Encyclopedia of Chinese Language and Linguistics,* 2015, p. 34, http://dx.doi.org/10.1163/2210-7363_ecll_ COM_00000270; Hilary Chappell & Alain Peyraube, « The History of Chinese Grammar in Chinese and Western Scholarly Tradition ». *Language & History* 57/2, 2014, p. 112.

③ Henning Klöter, *The Language of the Sangleys: A Chinese Vernacular in Missionary Sources of the Seventeenth Century*, Leiden, Boston: Brill, 2011, p. 34.

④ Liam Matthew Brockey, *Journey to the East. The Jesuit Mission to China 1579-1724*, Harvard: Harvard University Press, 2008.

心。这些到达中国的第一批传教士在努力学习中文的同时，也面临着归纳描述当地语言认识论的挑战。当地语言对于他们的日常生活和传教活动来说都非常重要。因此，来华传教士编写了大量教材以便欧洲人学习中文与各地方言①。

在传教士教材文献中，许多字典条目以及语法的篇章都涉及时间表达。这首先涉及语言学时间的问题。语言学时间 (temps linguistique) 指的是"语言表达现象的时间"②。De Glas 与 Declés 强调，"这种语言学时间与现象学时间有明显的关系，但它与现象学时间不同，它从偶然性中抽象出来，实现了对感知现象的某种理想化和归类"③。提到归类，就引出了语言归类与概念归类之间的关系这个问题。如 De Glas 和 Declés 就研究了"语言学时间的建模"(modélisation de la temporalité linguistique) 与时间的表征之间的关系。

这个问题在中国研究中得到了广泛的讨论。根据闵道安 (Mittag) 所强调的："中文没有屈折变化，即句子中的时间维度不是由动词表达的"④。闵道安先生认为中国人对时间的感知基于中文对过去、现在和未来三时的一种"开放性"(openness)⑤。

---

① Emanuele Raini, *Sistemi di romanizzazione del cinese mandarino nei secoli XVI-XVIII*. PhD Thesis, Sapienza-Università di Roma, 2010; Klöter, 2011, p. 11; Luisa M. Paternicò, *When the Europeans Began to Study Chinese: Martino Martini's* Grammatica Linguae Sinensis, Leuven Chinese Studies XXIV, Leuven: Ferdinand Verbiest Institute K.U. Leuven, 2013, p. 26.

② Michel De Glas & Jean-Pierre Declés, « Du temps linguistique comme idéalisation d'un temps phénoménal ». *Intellectica* 23, 1996, p. 163.

③ *Ibid.*, p. 162.

④ Achim Mittag, « Time concepts in China », in Jörn Rüsen (ed.), *Time and History: The Variety of Cultures*, New York, Oxford: Berghahn, 2008, p. 46.

⑤ *Idem.*

正如于连 (François Jullien) 所指出的 [1]，法国汉学家和社会学家葛兰言（Marcel Granet，1884—1940）首先提出了这一观点。根据葛兰言的看法，对中国人来说，"时间和空间并不是中立的场域，也不是抽象概念"。葛兰言认为中国人"把时间看作时代、季节和纪元的连续" [2]。

不过，也有汉学家反对这种观点。语言学家和汉学家何莫邪 (Christoph Harbsmeier) 认为，时间的语言表达和时间意识之间的关系不是那么直接的。何莫邪比较了梵语与汉语。梵语是具有丰富的变形和变位现象而中文没有屈折变化。不过中国人比印度人更有时间意识，正如中国历史年表所显示的 [3]。

为了证实这一观点，何莫邪提到了中国历史学的先驱司马迁及其著作《史记》："如果司马迁没有抽象时间的概念，他怎么能写出年表？不相关事件的同步性概念只有在一个具有普遍、抽象时间的概念模型中才有意义。" [4]

本文试图分析欧洲传教士的中文教材文献中的时间表达方式。因此，本文属于语言学史领域的研究，特别属于传教士语言学史的子领域。传教士语言学是被语言学史长期忽视的一章，但近几年来有了长足发展 [5]。

本文结构如下：第一部分研究与时间有关的词汇，主要分析早期中西词典；第二部分列举早期语法书中关于时间的主要表达。在

---

[1] François Jullien, *Du temps*, Paris: Grasset, 2012, p. 35.

[2] Marcel Granet, *La pensée chinoise*. Paris: Albin Michel, (1934) 1999, p. 77.

[3] Christoph Harbsmeier, *Language and Logic. Science and Civilization in China*, vol. VII/1, Cambridge: Cambridge University Press, 1998, p. 175.

[4] Harbsmeier, 1998, p. 149.

[5] Otto Zwartjes, « The Historiography of Missionary Linguistics: Present State and Further Research Opportunities ». *Historiographia Linguistica* 39/2-3, 2012, p. 185–242; Klöter, 2015.

编写第一批中西教材时，欧洲传教士选了中文对应词来翻译西方语言中与时间有关的词汇（反之亦然，选了西方语言对应词来翻译中文的时间词汇）；结语强调传教士文献中时间表达方式的特点。

早期传教士中文语法书包括时态和体的描述，进行中文与欧洲语言的比较。在西方语言中时态是"与动词相关的语法类别"[1]，而在中文里，则是语体 (aspect) 很重要[2]。

本文分析早期传教士语法书和字典条目而指出，在关于时间的词汇和表达方面上，中西元素进行了结合。

二、早期中西词典中的时间表达

由意大利耶稣会士罗明坚 (Michele Ruggieri, 1543—1607) 和利玛窦 (Matteo Ricci, 1552—1610) 编写的《葡中词典》[3]是第一本西方语言—中文词典，于 1582 年至 1588 年之间编纂而成[4]。

这本词典在中国语言学史上具有重要意义。这是"我们已知最

---

[1] Jean Dubois et al., *Grand dictionnaire Linguistique et sciences du langage.* Paris: Larousse, 2007, p. 478.

[2] 正如语言学家 Bernard Comrie 在《体》(*Aspect*) 一书中所强调，时态是一个指示范畴，即把情况定位于时间中，情况的定位通常以说话时刻为参照点。时态关涉情况的外部时间（situation-external time）而体关涉情况的内部时间 (situation-internal time) 。体不关涉一个情况发生的时间和其他时间点的关系（参见 Bernard Comrie, *Aspect*. Cambridge: Cambridge University Press, 1976, p. 5)。

[3] 这本字典手稿是由耶稣会士德礼贤 (Pasquale M. D'Elia, 1890—1963 年) 在耶稣会的罗马档案中发现的。德礼贤称其为《葡中词典》(*Dizionario portoghese-cinese*)。他指定利玛窦和罗明坚为词典的作者，但罗明坚可能是主要作者。该词典占据了手稿的第 32 至 156 页。手稿包括其他各种类型的文本，如会话和词表（参见 Paul Fu-MienYang 杨福绵，« The Portuguese-Chinese Dictionary of Michele Ruggieri and Matteo Ricci: a Historical and Linguistic Introduction », in *Dicionário Português-Chinês*, Facsimile edition. Lisbon: Instituto Português do Oriente, 2001, p. 180-182)。

[4] 罗明坚于 1579 年抵达澳门；而利玛窦于 1582 年抵达（Raini 2010, p. 51)。

早的尝试用拉丁字母来拼写中文"① 的词典，即最早用拉丁字母为汉字注音 ② 的词典。再有，正如柏理安所强调的："这本词典是耶稣会士首次系统地尝试将中文作为传教士的共同语言资源，为新老传教士提供欧式教学工具 ③。"这是一本偏重于为传教士学中文而编写的教材。

《葡中词典》有关葡萄牙语词"tempo"（时间）的词条如下。

　　Tempo（时间）*sci cie* 时节 ④

　　该词条很简要，只提供了中文对应词。中文对应词是以汉字写的"时节"，还使用拉丁字母注音"sci cie"。

　　除了此词条，《葡中词典》中还包括其他与时间及与时间相关的词汇。例如，"今天"（oje）这一词条：

　　Oje *chin ge*　今日即日 ⑤

在这个词条中，第一个对应词是"今日"（拉丁字母转写为"chin ge"）。《葡中词典》的第一个对应词属于口语，第二个对应词属于正式语言 ⑥。"今日"和"即日"这两个词在当代汉语中仍然使用 ⑦。这两个词都包含"日"这个词素。该词素指太阳或白天的意思。正如魏根深（Endymion Wilkinson）先生所指出的，与大多数其他

---

① Karen Steffen Chung, « Wade-Giles Romanization System », in Chan Sin-Wai (ed.), *The Routledge Encyclopedia of the Chinese Language*. London & New York: Routledge, 2016, p. 758.

② 罗常培，《耶稣会士在音韵学上的贡献》，《中央研究院历史语言研究所集刊》第 1 本，第 3 部分，1930，267-338 页。

③ Brockey, 2007, p. 247.

④ 手稿 148 页。

⑤ 手稿 124 页。

⑥ Yang, 2001, p. 183

⑦ 参见《现代汉语词典》第 7 版，2016 年版。

古代文明一样，中国人的历法基于对太阳升起和落下的观察^①。

《葡中词典》中的条目极为简短，而且只有中文对应，没有中文定义。

多明我会传教士万济国（Francisco Varo，1627—1687）的《西汉词典》也是早期重要的双语词典之一。万济国在菲律宾担任传教士后，于1649年来到中国（他主要居住在福建地区）。万济国不仅编写了一部西汉词典，而且还编写了一部重要的官话语法（见下文），以及一部葡—汉词典^②。万济国的 *Vocabulario de la lengua mandarina*（《官话词典》），大约在1687年完成，可视为第一本西汉词典。书名中的 *lengua mandarina*（官话）指那时首都北京的通用语，即17世纪的标准语^③。万济国的词典不包括任何汉字（中文对应词仅以拉丁字母拼写）^④。作为例子，本文引用了柏林国家图书馆手稿中的"tiempo"（时间）词条，后面是由柯蔚南先生编辑的同一词条（柯蔚南先生加上了汉字和英文翻译^⑤）：

---

① Endymion Wilkinson, Chinese History: A Manual (revised and enlarged). Harvard University Asia Center. Harvard & London: Harvard University Press, 2000, p. 150.

② 柯蔚南先生认为万济国"在他人生的最后十年"编写一部葡–汉词典（ W. South Coblin, *Francisco Varo's Glossary of the mandarin Language*. Vol. I: *An English and Chinese Annotation of the Vocabulario de la Lengua Mandarina*. Nettetal: Sankt Augustin, 2006, p. 12）。

③ Sandra Breitenbach, « Introduction: The Biographical, Historical, and Grammatical Context of Francisco Varo's Arte de la lengua Madarina (Canton, 1703) », in Coblin, W. South & Levi, Joseph A. (eds & transl.), *Francisco Varo's Grammar of the Mandarin Language, 1703: An English Translation of 'Arte de la Lengua Mandarina'*. Amsterdam, Philadelphia: John Benjamins, 2000, p. ixx–liii.

④ 万济国说明："在我看来，在这本字典中使用汉字不合适，因为这本字典收录的词语都是口语用的，没必要认识对应的汉字"（Coblin, 2006, p. 16）。

⑤ W. South Coblin, & Joseph A. Levi (eds & transl.). *Francisco Varo's Grammar of the Mandarin Language, 1703: An English Translation of 'Arte de la Lengua Mandarina'*, Amsterdam, Philadelphia: John Benjamin, 2000, p. 545.

Tiempo（时间，季节）. *xŷ xîn*（时辰）/ *xŷ héu*（时候）/ *xŷ jĕ*（时日）/ *xŷ iuĕ*（时月）/ *xŷ çhiĕ*（时节）[①]

在这个词条中，万济国提出了西班牙语"Tiempo"的几个对等词。第一个是"时辰"一词，在当代汉语中还表示"时间"的意思。17 世纪这个词还指时间的一个单位（相当于两个小时左右）。因此，"时辰"也被万济国列入"ora"和"hora"（小时）的对应词中[②]。这个意思在当代汉语中已不复存在[③]。Tiempo 词条的第二个对应词就是"时候"一词。正如魏根深所指出的，这个词自宋代（960—1279 年）起就有了时间的含义，以前是"天气"的意思[④]。第三个对应词为"时日"。这个词也出现在当代汉语词典中，意思是时间、日期或长时间（参见《现代汉语词典》）。第四个对应词"时月"在当代词典中已无记载（参见《现代汉语词典》）。"时节"是第五个对应词，该词已经出现在罗明坚和利玛窦的词典中。这几个准同义词的存在揭示了这些翻译的不稳定性。这五个对应词都有"时"这一词素。正如何莫邪先生所指出的，"时"表示一个"具体的时间点"。何莫邪引用了《墨经》的一句："久，弥异时也。"并将这句翻译为 "Duration: what fills out different times (i.e. moments of time)"[⑤]。闵道安先生还强调，在《说文解字》里，这个"时"字释为"四时"[⑥]。

"时"也表示一天的划分。在万济国的字典中，"时"字是

---

① 手稿 210 页。参见 https://digital.staatsbibliothek-berlin.de/werkansicht?PPN=PPN3308
102102&PHYSID=PHYS_0214&DMDID=DMDLOG_0018&view=overview-toc.

② Coblin & Levi, p. 301, p. 401.

③ 《现代汉语词典》(第 7 版，2016 年出版) 指出这是"旧时计时的单位"或虚指的"时间"。

④ Wilkinson, 2000, p. 187.

⑤ Harbsmeier, 1995, p. 51.

⑥ Mittag, 2008, p. 48.

"hora" 的对应词之一。西班牙文的 "hora" 和中文的 "时" 的意思并不吻合。万济国写道 "一时，*una ora suya son dos horas nuestras*" [中国的一个小时等于我们的两个小时][1]。事实上，正如魏根深所强调的，"时" 这一词指的是一天中的不同划分。天的划分基于太阳的位置，但也由日常生活中的用餐时间来设定[2]。魏根深先生还指出甲骨文中有证据表明由商代起，一天中的光照时间被划分为不同时段 (该时段称为 "时")[3]。

据魏根深所指出的，"时" 一词在前现代文本中具有具体含义。在西方语言的影响下，"时" 开始表达新意，用来表示时间为抽象概念。早期传教士字典在这个过程中有很大的贡献。

值得注意的是，在万济国的词典里，西班牙语 "Tiempo" 词条之后，紧接着是关于现在、未来和过去时间的三个词条。这并不是按字母顺序排列的 ["Tiempo presente"（现在时）先于其他含有时间一词的词语，如 "Tiempo largo"（长时间），或有关气象的词条，如 "Tiempo lindo"（好天气）]。反而，这种词条排列证实了本体论时间与时态之间的紧密联系。下面我引用柯蔚南编辑和翻译的这三个词条[4]：

Tiempo presente（现在时）. kīn xŷ（今时）/ hién xŷ（现时）.

Tiempo venidero（将来时）. vúy lây chŷ xŷ（未来之时）/ çhiāng lây tiě xŷ（将来的时）/lây xŷ（来时）.

Tiempo pasado（过去时）]. ỳ kuó tiě xŷ.（已过的时）

---

① Coblin, 2006, p. 411.

② Wilkinsons, 2000, p. 198.

③ Wilkinsons, 2000, p. 200.

④ Coblin, 2006, p. 545.

在该词典中，还有别的关于时间的词条：

> Tiempo largo（长时间）. hào kièu（好久）/ châng'kièu（长久）. tiempo fixo（固定的时间）tíng xŷ（定时）. Sucesion de tiempo（时间的连续）. jĕ iuĕ vuàng hoân（日月往返）.
>
> Tiempo, sucesión de tiempo（时间，时间的延续）. tūng hiá chŷ siāng jêng（冬夏之相仍）/ chĕuié chŷ siāng sŏ（昼夜之相续）/ jĕ iuĕ chŷ xīng chîn'（日月之升沉）.

这两个词典条目显示，作为流动的时间和作为抽象范畴的时间没有用相同的词来翻译。因此，季节的连续（"冬夏之相仍"）和日月的连续（"日月"）用来表示时间的流动。日月一词表示时间的流逝，这个意思在现代汉语仍然存在。

反之，"时"一词没有这个含义。正如何莫邪所提醒的，中国历史学的奠基人司马迁已经强调了这一点。何莫邪先生引用司马迁的一段话："吾所谓时者非时日也，人固有利不利时。"并说"司马迁已在'时间'的概念领域内做出了明确的抽象区分"，区分了"时日"（"*passage of time*"，流动的时间）和"时"（*points/moments in time*，时间点或时刻）的含义 [1]。

本文主要研究以中文为目标语言的词典并分析"时间"一词和与时间有关的词汇所选择的中文对应词。不过，为了便于比较，我引用了两本早期以中文为源语的词典。第一本词典是传教士迪亚士（Francisco Diaz，1606—1646 年）的汉西词典 *Diccionario de lengua mandarina*（《官话词典》，1640）[2]。在迪亚士的《官话词典》

---

[1] Harbsmeier,1995, p. 52.

[2] 本词典由 Antonio Díaz (1677—1715 年) 编辑。

中（我引用的是法国国家图书馆的"Chinois 9275"手稿中的条目），时字出现在音节"xî"下（音节是用拉丁字母写的）。

> xî W
> 时 tiempo, horaa[①]

这个词条证明，在 17 世纪末的双语词典中，"时"字指的是一天的时间细分，也指出"时间"是一个抽象范畴。第二个意思与西方语言的翻译有关。

方济各会传教士叶尊孝（Basilio Brollo, 1684—1704）编纂了两汉拉部丁词典，一部是按部首组织的（大约于 1694 年写成），一部是按罗马化的字母顺序组织的（大约写于 1699 年）。叶尊孝的字典是清朝最重要的中西文词典之一[②]。

下面我引用按字母顺序排列的一个版本，该版本编纂于 1715 年[③]。在该词典的"xî 时"词条中，拉丁语"tempus"（时间）作为第一个对等词。叶尊孝列出的例子中包括"sú +[④]，4 +[⑤]（四时）anni temporas"。叶尊孝还指出了"opportunitas, occasio"（机会，场合）的意思，这意思已经出现在以前的字典中[⑥]。所举的例子是"çi' ē n çái iĕ +（千有一时）mille annis una opportunitas"。叶尊孝还提到"时"表示一天的划分的意思："+xîn（时辰）hora"（手稿 820 正页）。

---

① 手稿 194 正页。

② Yang, 2014 ; Michela Bussotti, « Du dictionnaire chinois-latin de Basilio Brollo aux lexiques pour le marché : deux siècles d'édition du chinois en Italie et en France ». *T'oung-Pao* 101/4-5, 2015, p. 363-406.

③ 这是法国国家图书馆收藏的"Chinois 9279"手稿，写于 1715 年。中文标题为 Hán çsú sý yĕ 汉字西译，拉丁文标题为 Sinicorum characterum europea expositio.

④ 这符号在例子中取代词条。

⑤ 加号在例子中取代词条。

⑥ Mittag, 2008.

值得注意的是，叶尊孝还指出"时"字作为时间连词的功能："postponitur verbo significat cum, quando"（"时"放在动词后面，就意味着"的时候"）。

方济各会传教士康和子 (Carlo Orazi da Castorano, 1673—1755) 誊抄了一份叶尊孝的字典[①]。康和子 1700 年入华，在中国生活了三十多年，然后于 1734 年返回罗马。手写叶尊孝的词典可能影响了康和子三语词典 *Dictionarium Latino-Italico-Sinicum*（《拉 – 意 – 汉语词典》）的编写。康和子在 1732 年完成了这部词典的编写工作。在该词典中，词条以拉丁文和意大利文书写，附有中文对应词（汉字和拉丁字母转写都有）。例如，"Tempus"（时间）条目是：

Tempus oris	时。时候。日时。时光。光阴。
Tempo il tempo	xî xîhéu gìxî xîkuāng kuāngīn[②]

"Tempus, il tempo"（时间）的对应词中，包括"时"、"时候"和"日时"。这些词已经出现在万济国、迪亚士和叶尊孝的词典中。另一个对应词为"时光"。这个词，正如何莫邪所强调的，"在佛教前的中文中，这个词并不表示时间为抽象概念的含义"[③]。

跟万济国的词典一样，康和子的"时间"条目后面紧接着现在时（tempus praesens）和未来时（tempus futurum）的条目。例如：

Tempus futurum	来时。 未来的时候。 将来。将来之时候。
	Lâi xî v í lâi tĭ xî h é u zi ā ng lâi zi ā ng

---

① 这是 "Vat. Estr. 8" 的手稿，位于梵蒂冈图书馆。题为 Dictionarium Sinico-Latinum Reverendissimi Patris Basilij à Glemona（"最尊敬的叶尊孝神父的中—拉词典"）。参见：https://digi.vatlib.it/view/MSS_Vat.estr.or.8.

② 手稿 461 背页。

③ Harbsmeier, 1995, p. 58.

lâi cī xî héu

未来到的时候。

Ví lâi táo tǐ xî héu

（手稿461背页）

正如叶尊孝和康和子的词典所显示的，在16世纪末和17世纪末之间，双语和三语的中文词典有了很大的发展。16世纪的双语词典通常是简单词汇表，只指出对应的词。而17世纪的词典则提供了详细的条目，包括翻译、定义和例子。

三、传教士语法书中的时间表达

入华传教士撰写的材料还包括许多语法书。在研究中文语法的过程中，传教士扮演了重要的角色。中国语言文字研究历史悠久，是世界语言学传统最重要的一章。然而，正如贝罗贝所强调的："一直到19世纪末，中国语言学存在着一个缺陷，那就是关于语法的研究一直没有真正出现[1]。"西方传教士最早写出了中文和方言的语法著作。因此，他们推动了中文语法研究的发展，成为系统语法研究的前奏[2]。

Arte de la lengua chio chiu《漳州话语法》（约1620—1621年编写）可视为最早的汉语方言语法书。这本语法书描述了闽南话，就是居住在菲律宾的华人所讲的语言。标题中的西班牙语词"arte"继承了拉丁语"ars grammatica"的传统[3]。拉丁词语 ars grammatica 是希腊语 Technê grammatikê 的直译，这种教科书内容包括语音、

---

[1] 贝罗贝《二十世纪以前欧洲汉语语法学研究状况》，载侯精一、施关淦主编：《〈马氏文通〉与汉语语法学》，商务印书馆2000年版，第149页。

[2] Chappell & Peyraube, 2014.

[3] Coblin & Levi, 2000, p. ix.

词类、词变位描述等。

在《漳州话语法》的第九章中 [名为 "del modo de conponer"（关于文本写作方式），手稿 14 正页]，有专门描述数字和量词（手稿 16—23 页）、货币（手稿 32 背页）、计量单位（手稿 33 正页）和时间（手稿 30 正页）的章节。内容列排证明专门描述时间与计量和核算单位有关。正如韩可龙所强调的："为了翻译计数词语，需要理解并解释中国的计数系统如何计算时间和数量。"[1]

在 "Tiempo" 的章节，开篇就说明了如何说一周的日子，如礼拜一和礼拜二。这些词语的使用和传播与西方基督教传教士有关[2]，不同于中国传统的时间词汇。韩可龙指出前现代中国没使用过以七天为一周的时间单位[3]。相反，十天就是一个时间单位。该语法书用西方一周七天的方式划分时间，而不用中国传统的"旬"（以十天为单位）。

作为例子，我引用《漳州话语法》的一段落（根据韩可龙的编译版本）：

ansi cuentan los dias de la semana acomodandose a nosotrosque ellos no tienen semanas

lèi pǎi 礼拜 semanai domingo

l è i p ǎ i ŷt' 礼拜一 lunes

l è i p ǎ i x ī 礼拜二 martes

[…]

---

[1] Klöter, 2011, p. 92.

[2] 内田庆市先生指出，"礼拜"一词与基督教有密切的关系，因为礼拜的含义是"崇拜"或"敬拜"。Keiichi Uchida, A *Study of Cultural Interaction and Linguistic Contact: Approaching Chinese from the Periphery*. Goettinghen: V&R, 2017, p. 165.

[3] Klöter, 2011, p. 349.

中国人不使用七天为一周的时间单位。按照我们的系统计时，星期中的日子的名称如下：

lèi pǎi 礼拜 [星期和星期天]

lèi pǎi ŷt' 礼拜一 [星期一]

lèi pǎi xī 礼拜二 [星期二]①

不过《漳州话语法》的时间表达也包含了许多中国传统元素，进行了中西类别和术语的融合。比如说，在介绍有关月份的词汇时，对农历进行了解释。《漳州话语法》的下述段话解释了如何计算和命名一年中的月份：

cuenta de los meses del año

chìt'n̄y chàp'xī gùe'xìt' 一年十二月日 *el ano tiene doçe meses*

chián gùe' 正月 *primer mes ques para ellos febrero* [···]

quenta del mes cuentan porlunas. no por sol.

chéc ît' 初一 *primero de luna o del mes*

如何计算一年中的月份：

chìt'n̄y chàp'xī gùe'xìt' 一年十二月日 [一年有十二个月]

chián gùe' 正月 [第一个月，即二月] [···]

月份按月亮运行计算，而不按太阳运行计算。

chéc ît' 初一 [每月的第一天]②

---

① Klöter, 2011, p. 348-349.

② Klöter, 2011, p. 348, p. 350.

　　该语法书还包括对中国"十二地支"的解释，因为十二地支用来指定一天中的不同时段。

> *chù* 子 *de medianoche asta las dos*
> *tiùc* 丑 *de las dos a las quatro*
> ‾*yn* 寅 *de quatro a seis*

> *chù* 子 [从午夜到两点]
> *tiùc* 丑 [从两点到四点]
> ‾*yn* 寅 [从四点到六点]①

　　该语法书中，在专门讨论动词和动词变位的章节中，有一部关于时态的描述。在题为"关于动词的变位"的第三章中，写道：

> [···] *una mesma terminaçion y vos sirue para todos las modos tienpos y personas barianse con algun nonbre o adueruio que sinifique tienpo presente o pasado o poruenir* [···]
>
> （······同一个词尾或同一个词表达动词的所有时、态和人称。不过，有一些名词和副词用来表达现在、过去和未来三时······）
>
> =======\\=======\\=======
>
> *presente de indicatiuo* (直陈式现在时)
> *gùa lāy* 我来 *yo uengo*
> *lù lāy* 汝来 *tu bienes*
> *ý lāy* 伊来 *aquel biene*②

---

① Klöter, 2011, p. 346.
② Klöter, 2011, p. 216.

该语法的作者①指出，汉语方言中的时态不是由动词来表达的，动词是没有变位的，但他为西班牙语的动词变位提供了对应词。这是传教士语法中经常使用的一种做法，正如曹茜蕾所强调的，希腊 - 拉丁语法模式是为高度屈折变化的语言设计的，因此传教士的语法书都包括了关于动词变位的章节，以及关于时态的详细指示②。

这与传教士的培训有关，但也与这些书的教学目的有关。正如 Zwartjes 所指出，传教士无法放弃拉丁语法传统，因为传教士的教科书的目标读者都接受过拉丁语法教育并熟悉拉丁语法模式。因此，使用拉丁语法模式便于西方人学习中文③。

耶稣会传教士卫匡国（Martino Martini, 1614—1661）的 *Grammatica linguae sinensis*（《官话语法》）中有类似的动词变位描述。卫匡国的语法书是最早的官话语法书，大约写于 1652 年，于 1656 年定稿④。在专门讨论动词变位的章节中，对中文动词的描述如下⑤：

> *Coniugationum varietatem verba Sinica non habent, sed nec ulla tempora quae fiant ex vocis mutatione, sed solis additis particulis, vel ex ipso locutionis sensu tempora percipiuntur et explicant(ur) et solum habent proprie praesens, praeteritum, et futurum [...] Quando verbo nulla particula additur sed sola*

---

① 根据贝罗贝和曹茜蕾 (Chappell, Hilary & Peyraube, Alain. 2006. « The diachronic syntax of causative structures in Early Modern Southern Min », in Dah-an Ho (ed.) *Festschrift for Ting Pang-Hsin*. Taipei: Academia Sinica, 973-1011)，这个语法是由多明我会士 Melchior de Mançano(1580—?1630 年) 编写的。不过，韩可龙 (Klöter, 2011, p. 6-8, p. 41) 对这种归因提出疑问，认为 Melchior de Mançano 可能在 *Arte* 上签名以示认可，或作为手稿的所有者签名。因此，这是一部匿名著作。

② Chappell,2006, p. 442.

③ Zwartjes, 2011, p. 14.

④ Paternicò, 2013.

⑤ 我引用陆商隐 (Luisa Paternicò) 的编译版本：Paternico, 2013, p. 179-180.

pronomina ngò: nì : t'ā , *tum praesens est tempus : pro praeterito servit particula* leào *quae proprie praeteritum significat, remq(ue) iam perfectam.*

Pro futuro servit particula ciām, *quae futurum significat*[…]

Praet. Ngò ngái leào *ego amavi*

Nì ngái leào *tu amasti*

T'ā ngái leào *ille amavit*

（中文动词没有变位。中文使用助语表达时态；换句话说，时态是由句子的全局意义表达的。在中文中只有现在时、过去时和将来时……。

如果动词前后没添加任何助词，只使用 ngò 、nì 、t'ā [我、你、他] 等代词，时态就是现在时。leào[了] 助语用于表达过去时。该助语意味着过去时，指示动作已经完成。ciām[将] 助语用于表达未来时。……

过去时：Ngò ngái leào [我爱了]

Nì ngái leào [你爱了]

T'ā ngái leào [他爱了]）

在这类描述中，卫匡国大量使用了西方语言学范畴，提出拉丁语动词变位的对应词，但对体也进行了描述。在描述了三种"时态"并提到用于表示过去和未来时态的标记（"leào"和"ciām"，即"了"和"将"）之后，卫匡国还提到了"过"，但没指出时体功能：

Praeteritum autem tam in activis quam in passivis et optativis fit etiam per vocem quó *ante* leào *positam, quae proprie rem praeteritam significat, EG.* Ngò ngái quó leào *ego iam amavi.*

（quó [过] 放在 leào[了] 之前表示祈愿语态、主动语态和被动语态的过去时，表达过去事件，例如 Ngò ngái quó leào，我爱过了 [1]。)

多明我会士万济国的 *Arte de la lengua mandarina*（《官话语法》，1703）也是最早的官话语法书之一。第七章介绍动词和动词变位（ *Del verbo y sus conjugaçiones* ）。万济国强调西方语言靠动词变位表达时态，而中文靠虚字（我引用了柯蔚南和雷祖善的编译本）：

> *en esta lengua assi como los nombres son indeclinables; los verbos son inconjugables, por ser la voz invariable; usan se pues de algunas particulas antepuestas unas vezes , y otras pospuestas, con lo qual se vienen à significar los tiempos y modos. [...]*
>
> （在中文里，名词不变格、动词不变位，词形式上不变。因此，某些助语用于表达动词的时和态，助语有时放在动词前面，有时放在动词后面 [2]。……）

万济国指的是语法上的时间，即时态［" T iempo"一词被 Coblin 和 Levi 翻译为 "tense"（时态）］。然后，万济国分析了西班牙语时态的中文翻译和对应形式。比如：

> *El Preterito perfecto se haze con la particula* leào *pospuesta, o la particula `y antepuesta; vg vendilo* mái leào, *vin o va,* lâi le à o, *ya pasò,* ` y kuó . *El primero es mui ordinario; el segundo es mas usado para letra. Suelen usar alcunas veçes de las dos:* ` y kuó leào [⋯]

---

① Paternicò, 2013, p. 180.

② Paternicò, 2013, p. 180.

(leào[了] 助字放在动词后面用于表示过去完成时，
` y[已] 助字放在动词前面也表达过去完成时。例如，mái
leào［卖了］；lâi leào［来了］；` y kuó［已过］。'了'一助字
是普遍使用的；'已'是书面词。有时这两个助字可一起使用，
例如：` y kuó leào［已过了］^①。……)

在意大利方济会士康和子的中文语法中，有几个章节专门讨
论时间。这本中文语法的早期版本在叶尊孝的手写词典的开头，
由康和子在 1706 年抄写^②。这一篇 38 页的语法，题为 "Manuductio
ad linguam mandarinam"（官话指南）。该语法是用拉丁文写的，中
文词语和例子只用罗马化写出，不包括汉字。康和子语法的第二
版本名为 "Grammatica seu Manuductio ad linguam sinicam"（中文
语法或指南）有 88 页，包括汉字。该中文语法收录在康和子的
《拉 – 意 – 中词典》手稿的开头。

在这本语法中，第十三章专门讨论"时间及其部分"（Caput
decimum tertium, De tempore et eius partibus）。本章的开头部分如下。

Tempus est sic dicitur（时间是如此表达的）时 scî vel 时候
scî heū et 日时 gǐ scî.

康和子提出了表达现在时和过去时的词语（如今时、现时、现
今的时、先时、前时、先前的时、昔日、曩时）。然后，康和子接
着介绍了与时间划分有关的词汇，从小时开始［"Hora dicitur 时辰
（…）una hora 一个时辰"］，同时指出了中国和西方划分一天的方式

---

① Coblin & Levi, 2000, p. 116-117.

② Dong Clara Yu, « Gli scritti di Carlo da Castorano nella Biblioteca Apostolica Vaticana »,
in Tamburelli, Adolfo (ed.), Carlo da Castorano Un sinologo francescano tra Roma e
Pechino. Milan: Luni Editrice, 2017.

的不同：

> *Est autem notandum, horas sinicas nostratibus europeis*
> *horis esse duplo majores [⋯] sinensium hora constans octo*
> *quadrantibus, nostras autem hora continent quadrantes quatuor.*
> *Sineneses enim dividunt diem ac noctem in duodecim horas, sicuti*
> *nos europei dividimus in horas vigintiquatuor. Quadrantem autem*
> *Sinenses vocant* 刻 kĕ.
>
> （应该注意的是，中国小时是欧洲小时的两倍……小时是
> 由中国的八个刻钟组成的，而欧洲的小时是由四个刻钟组成
> 的。中国人实际上将一天分为 12 个小时，而欧洲人则将其分
> 为 24 个小时。中国人称刻钟为"刻"。）

康和子也提出了与星期有关的词汇，如"瞻礼"和"瞻礼二"。
根据内田庆市的研究，"瞻礼"一词在天主教传教士的著作中盛行[1]。
康和子还指出了"主日"和"主天"为周日的两个中文翻译词[2]。康和
子在"中国的世纪及其时代"（de seculo sinensium et eorum cyclo seu
era）一章中介绍了与一年中月份和季节有关的词汇后解释说，在中
国有三种表示时代的方法：第一是地支和天干结合形成的六十年周
期，第二是世纪（即西方的方法），第三是中国王朝[3]。

康和子在其《中文语法或指南》中绘制了一个中国周期和西方
日历年之间的对应表。这张表从 1684 年（甲子）延续到 1803 年
（癸亥）[4]。

---

① Uchida, 2017.
② Orazi, 1734, p. 57.
③ 手稿 57-60 页。
④ 手稿 61 页。

四、结语

传教士编写的最早中文词典和语法书包含了一系列和欧洲语言中与"时间"有关的概念和词汇的翻译（tempus、tiempo、tempo）。诸如"时候""时节""时日""时光"等中文词汇至今仍在使用，并出现在当代汉语词典中。这表明传教士的著作在指定对等词方面发挥了重要作用。不过，今天最常用的词语之一，即"时间"，并没出现在早期传教士著作中。事实上，"时间"虽然在文言中已有记载，但19世纪末才开始表达"时间"的意思。"时间"一词是受日语的影响而得了新义，因为日语中"时间"一词已用来表示时间作为抽象概念[1]。高名凯和刘正埮先生认为"时间"是一个外来词。这可视为一日语汉字借词，或"回归的书写形式外来词"。[2]

此外，与时间及其划分有关的词汇混合了中国和西方的元素。许多对应词的传播，如一周日子的词语，与西方传教士的传教活动有关[3]，但在这些语法书中，也有中国的分类和划分，这一点从对天体分支和农历的提及中可以看出。

最后，虽然词典中的大多数词条基本上都是指本体论时间，但也包括语言学时间的描述。如现在、过去、未来三时有关的词条。因此，本体论时间和语言学的时态之间存在着联系。

---

[1] 马西尼提出了 return graphic loan 的概念（"回归的书写形式外来词"或"重返的书写形式的外来词"）(Federico Masini, « The Formation of Modern Chinese Lexicon and its Evolution toward a National Language: the Period from 1840 to 1898 », *Journal of Chinese Linguistics, Monograph* VI, 1993；马西尼（著），黄河清（译），《现代汉语词汇的形成》，汉语大词典出版社 1997 年版）。这些是来自日语的回归汉字借词，即"古汉语中的词，日本人利用它们来翻译西方名词概念，然后它们又作为西方名词概念的译语返回中国"（王彬彬，《有事生非》，广东人民出版社 2015 年版）。

[2] 高名凯和刘正埮给出了这个词的定义，与今天在《现代汉语词典》中找到的定义非常接近："物质存在的一种客观形式，物质运动过程的顺序性和持续性。"（高名凯，刘正埮，《汉语外来词词典》，辞书出版社 1984 年版，316 页。）

[3] Uchida, 2017.

时间与皇权

——日影观测与康熙在历法改革中的作用

韩　琦（浙江大学）

颁历授时自古以来就是中国的国家事务，《尚书·尧典》就曾写道："乃命羲和，钦若昊天，历象日月星辰，敬授民时。"历书作为国家权力的象征，保证了政令的统一。汉代就设有编制历法的机构灵台，隋唐至元则有太史监、太史局、司天台、司天监、太史院等名称，明清时则称作钦天监，从事历法的制定和历书的颁布。唐代、元代和明清时期，都有国外的天文学家参与历法改革活动。明末清初欧洲耶稣会士传入了西洋日晷、星盘、钟表等新的计时仪器，改变了中国传统的计时观念。清初正式颁行《时宪历》，引入了西洋新法，在清朝一代使用了两百多年。

康熙时代的西学传播，是清代科学史上最饶有兴味的篇章。康熙爱好历算，躬自实践，西学成为他政治生命的重要部分，在权力的运作中扮演了十分重要的角色。本文将根据宫廷官方文献，结合汉族大臣的文集与欧洲所藏档案，以日影观测为例，希冀从社会史、政治史、宗教史的视角，探讨康熙皇帝、耶稣会士和文人在历法改革中的不同作用，并阐释康熙时代科学传播，以及知识和权力交织的复杂背景。

引子：晷影测量的历史

圭表是中国古代最古老的测量仪器，主要通过测量正午日影的长短来确定节气，并测定方向。它由表、圭两部分组成，立表用于投射日影，圭是水平安放的标尺，用于测量影长。由于太阳在正午时的高度随季节变化，日影长短也随之变化，夏至时最短，冬至时最长。日影观测已有悠久的历史，传说周公在阳城（今河南登封）观测日影，以定地中。《周礼·地官·大司徒》："以土圭之法，测土深，正日景，以求地中。"元代郭守敬用四丈高表观测，同时使用景符来调整，成为中国历史上最重要、最精确的测量，屡为后世所称道，还受到传教士的赞扬，享誉欧洲。明清时期，钦天监设有晷影堂，用来观测日影。明代在仪器方面因循守旧，在晷影观测方面鲜有进步。①

欧洲也有晷影观测的传统，或在教堂，或在天文台。日影观测在欧洲之所以重要，教会之所以重视，是因为复活节的确定和计算，都需借助日影来观测。② 晚明耶稣会士来到中国之时，传入了很多西方仪器，如自鸣钟、三棱镜、望远镜，还传入了星晷（盘）、日晷等计时仪器，特别是日晷的制造，成为耶稣会士笼络汉人士大夫的重要工具。耶稣会士因此翻译了《浑盖通宪图说》《简平仪》等著作，国人陆仲玉也撰写了《日月星晷式》。在钟表没有普及的时代，相对于昂贵的钟表来说，这些简单的计时和测量仪器比较价廉，满足了一般人掌握时间的需求。

---

① 冬至、夏至日的测量是历法中重要的内容，日影观测之结果可用来计算黄赤交角，中国古代多有这方面的观测记录。参见陈美东《古历新探》，辽宁教育出版社，1995。法国耶稣会士宋君荣（Antoine Gaubil, 1689—1759）对中国古代日影观测做了系统的研究，从而影响了法国天文学家拉普拉斯对黄赤交角变化的结论。

② J. L. Heilbron, *The Sun in the Church: Cathedrals as Solar Observatories*. Cambridge, Mass.: Harvard University Press, 1999.

万历年间，在钦天监工作的周子愚曾与利玛窦谈及"律吕之学"，觉得西学可以补中国传统学问之缺，于是请其传授，利氏"慨然许之"，但不久利氏故去，合作没有成功。周子愚觉得中国古代虽有日影观测，而没有专书介绍，并注意到西方在圭表方面的成就，任意立表取景，"西国之法为尽善矣"，[①] 于是向龙华民（Niccoló Longobardo, 1559—1654）、熊三拔（Sabatinode Ursis, 1575—1620）等人学习，因此有《表度说》之作，详细介绍了欧洲圭表观测的方法。崇祯改历时，介绍了不少新传入的仪器（如望远镜），也提到了西方测量日影的知识[②]，也考虑了地半径差、蒙气差等因素对日影观测的影响，使得观测精度有所提高。

二、日影观测与康熙学习西学之起因

明代的历法改革，主要因日月食的预测不准所引起。而耶稣会士的到来，正好满足了这方面的需要。天启年间，耶稣会士因准确预测月食，深得明朝士人的佩服。[③]《崇祯历书》奏疏中对日月食的预测和推算也有详细的介绍。

不过在康熙初年的历法争论中，日影观测却起到了决定性的作用。1668—1669 年，耶稣会士南怀仁（Ferdinand Verbiest, 1623—1688）正是通过对日影和金星、水星的观测，最后击败杨光先、吴明炫，取得了胜利，重新树立了西洋历法的主导地位。

1668 年，因钦天监所颁历法置闰引起纷争，康熙皇帝亲自过

---

① 熊三拔口授，周子愚、卓尔康笔记:《表度说》，周子愚序，《天学初函》（五），台湾学生书局 1965 年版。

② 《崇祯历书》，奏疏，卷一，第 50 页。

③ 龙华民:《地震解》，康熙 18 年刊本，载钟鸣旦、杜鼎克编:《法国国家图书馆明清天主教文献》（第五册），台北利氏学社 2009 年版。

问，并在宫廷目睹了南怀仁和杨光先等人的日影观测。[①] 此事对年幼的康熙触动很大，后来他逐渐成熟，对他们进行"庭训"时，曾重提旧事：

> 尔等唯知朕算术之精，却不知我学算之故。朕幼时，钦天监汉官与西洋人不睦，互相参劾，几至大辟。杨光先、汤若望于午门外九卿前当面赌测日影，奈九卿中无一知其法者。朕思己不知，焉能断人之是非，因自愤而学焉。[②]

在《御制三角形推算法论》中，他也道出了自己学习西学的起因。[③]1669 年之后，教案得到平反，传教士的地位得到了恢复，康熙不仅对有一技之长、能担任修历重任的耶稣会士表示了欢迎的态度，而且自己也开始留心西学，以南怀仁为师，学习欧几里得几何学和地理等科学知识。当时可能是因为年纪太小，国内尚未平定，康熙所学的西学知识十分有限。

1688 年，是清代科学史上的重要转折点。这一年南怀仁去世，洪若（Jean de Fontaney, 1643—1710）、白晋（Joachim Bouvet, 1656—1730）、张诚（J.-F. Gerbillon, 1654—1707）等法国"国王数学家"到达北京。[④]与南怀仁时代不同，法国耶稣会士除传教外，本身就肩负着王家科学院的使命，并且与科学院的院士保持了密

---

① 参见 Noël Golvers, *The Astronomia Europaea of Ferdinand Verbiest, S.J. (Dillingen, 1687): Text, Translation, Notes and Commentaries.* Nettetal: Steyler Verlag, 1993.《钦定新历测验纪略》，巴黎法国国家图书馆藏，Chinois 4992。

②《庭训格言》，雍正刊本，第 78—79 页。康熙的训话主要由胤祉和其他皇子所记录。汤若望 1666 年已经去世，此处汤若望当为南怀仁。

③《满汉七本头》，约 1707 年刊本，中国科学院图书馆藏。

④ 当时在钦天监工作的只有闵明我、安多、徐日昇等人，而徐日昇对科学所知不多。

切的来往，因此更能及时获取欧洲科学的新知。① "国王数学家"一行带来了法国国王路易十四赠送的大量礼物，包括"浑天器两个、座子两个、象显器两个、双合象显器三个、看星千里镜两个、看星度器一个、看时辰铜圈三个、量天器一个、看天文时锥子五个，天文经书共六箱，西洋地理图五张，磁石一小箱，共计大中小三十箱"。康熙二十七年（1688）二月二十一日，康熙在乾清宫大殿接见，"天颜喜悦，赐茶优待"。② 这些西洋礼物给康熙皇帝留下了深刻的印象，而他重新燃起对科学的兴趣，大约与这些西洋仪器也不无关系。从此，欧洲科学在宫廷的传播进入了新的阶段。

1688—1691 年，康熙一周数次，频繁向传教士学习几何、算术③，乃至天文、音乐、解剖学知识，也时常询问一些欧洲的形势，表现了对西方新知强烈的好奇心。现在保留下来的张诚、白晋日记，生动勾勒了当时康熙勤奋学习的场景。④

张诚、白晋到达北京后，经常受邀随康熙出巡，作为科学顾问，随时备询天文、数学乃至其他知识。1691 年 5 月，康熙外出，途中要求张诚、白晋一起复习实用几何学，并向张诚请教星象知识，也提到了有关日影观测的问题。张诚在日记中曾这样

---

① 参见韩琦：《康熙朝法国耶稣会士在华的科学活动》，《故宫博物院院刊》1998，（2），页 68—75。《中国科学技术的西传及其影响（1582—1793）》，河北人民出版社 1999 年版。

② 参见韩琦、吴旻校注：《〈熙朝崇正集〉〈熙朝定案〉（外三种）校注》，中华书局 2006 年版。

③ 韩琦、詹嘉玲：《康熙时代西方数学在宫廷的传播：以安多和〈算法纂要总纲〉的编纂为例》，《自然科学史研究》，2003，22（2），第 145—155 页。

④ 巴黎法国国立图书馆西文手稿部藏 1689—1691 年白晋日记手稿，藏书号 Mss. fr.17240。参见蓝莉（Isabelle Landry-Deron），*Les leçons de sciences occidentales de l'empereur de Chine Kangxi 1662-1722: Texte des Journaux des Pères Bouvet et Gerbillon*. Paris, EHESS. 1995. 对康熙学习的具体内容，他所了解的西方新知，仍然值得做深入的研究。

写道：

> 11 日，我们像前一天一样清晨就出发了，我们在一个离密云三十里叫 Chin choan 的村子里午餐，晚上则睡在一个叫 Che hia 的镇子上，一天我们共走了 60 里。我们到达之后不久，皇帝派人来问我此地北极高度（纬度）要比北京高多少，并想知道在计算正午日影时需要做哪些变化。[①]

康熙以耶稣会士为师，勤学不怠，不耻下问，科学水准有了大幅提升。之后，在与大臣的接触中，历算、音乐便成为交谈的话题，亦可说是康熙炫耀的资本。康熙三十年（1691）十月十一日，康熙到乾清门听政[②]，其中谈到"径一围三"（即圆周率）和"隔八相生"（即音乐）的问题。当时在场的大臣张玉书对此也有记载，并从不同方面勾勒了这场对话的场景，使得事件更为清晰。非常有趣的是，康熙还在这一场合首次提到了数学家梅文鼎：

> 上又谕曰：近日有江南人梅姓者，闻其通算学，曾令人试之，所言测景，全然未合。从来测景之法，某日某时，太阳到某度，影之长短，其辨至细。此人立表甚短，虽所差微渺，但一寸中差一分，至尺则差一寸，至丈即差一尺。彼因算法

---

① Jean-Baptiste du Halde, Description geographique, historique, chronologique, politique, et physique de l'empire de la Chine. Paris, 1735. T.4, p.254.

② 《清代起居注册》（康熙朝），第二册，故宫博物院（台北）藏，联经出版事业公司 2009 年版，第 986—989 页。又见张玉书：《张文贞公集》卷七，第 1—2 页，侍直恭纪，松荫堂藏版，乾隆五十七年。

不密，故测景用短表，以欺人不见耳。[①]

梅文鼎当时在京城已颇有名声[②]，康熙大约是从李光地的口中得知他的名字，还专门派人考察他的日影测量知识，结果却令康熙大为失望。梅文鼎未能马上受到朝廷的重用，大约也与这次测试有关。康熙这番对算法的大肆造作，是不折不扣的作秀，却对汉人官员造成了很大触动。康熙借机当着大臣张玉书、王熙的面批评熊赐履对历算的无知，显然是对汉人的一种警示。

1692 年乾清宫的日影观测

时隔不久，1692 年正月，康熙在乾清门听政，又旧话重提，现身说法，再次做了一场精彩的表演，其中也包括日影观测：

> 甲寅（初四）。上御乾清门，召大学士九卿等至御座前。……（上）又命取测日晷表，以御笔画示。曰：此正午日影所至之处。遂置乾清门正中，令诸臣候视。至午正，日影与御笔画处恰合，毫发不爽。诸臣等奏曰：臣等今日仰承圣训，得闻所未闻，见所未见，不胜欢庆之至。[③]

乾清宫是皇帝接见大臣、议政，以及接待外宾的重要场所。一位大清国的皇帝，在御门听政的场所，与大臣讨论的却是历算问题，时值严寒，还命大臣"候视"日影，更命人当场演奏音乐，

① 《清代起居注册》（康熙朝），第二册，台北故宫博物院藏，联经出版事业公司 2009 年版，第 989—990 页。或作"此人立表至短，曾不逾寸，一寸中差一秒，至尺则差一分，至丈即差一寸"。见张玉书：《张文贞公集》卷七，第 1—2 页，侍直恭纪。

② 1691 年夏，梅文鼎移榻李光地寓邸，1692 年仍在北京。参见李俨：《梅文鼎年谱》，《中算史论丛》（三），科学出版社 1955 年版。

③ 《圣祖实录》卷一五四，中华书局 1985 年版，第 698—699 页。

这是何等不寻常的一幕！这一记载，充分显现了康熙借助西学，"活学活用"的真实场景。皇帝口授音乐理论，而且亲自测量日影无误，当然更使得大臣们钦服不已。

通过上述史料，我们可以看到康熙关注律吕（音乐）、圆周率等问题，以及水流量的计算、日影的观测，涉及数学、天文学、音乐等理论。比较两次听政，可以看到康熙对圆周率的认识有了进一步的提高。而康熙科学素养的提高，则是这场"演出"成功实现的关键。结合耶稣会士的记载，我们可以知道，其中的某些知识（如日影观测），康熙刚刚学到不久；而音乐知识，则很可能得自葡萄牙耶稣会士徐日昇（Tomás Pereira, 1645—1708 年）的传授。经过 1688—1691 年约三年的时间，耶稣会士系统的历算教育使康熙受益匪浅，使他能够运用欧洲新知，来做这场精彩的"演出"。

除《圣祖实录》之外，在场的大臣对此事也有记载，如王熙"奉召于乾清门，同满汉正卿及翰林掌院学士等恭睹上亲算乐律历法，并令善算人于御前布算《九章》等法，测日水平日晷，午后始出"。① 半天之内，大凡音乐、数学和天文历法，以及河道水流量的计算等等，都有涉及。康熙的举动给大臣留下了深刻的印象，感叹之余，也感到无形的压力："退而相顾惊喜，深愧从前学识浅陋，锢守陈言，而不自知其迷惑也。"于是向康熙建言，编纂乐律、历算著作，"垂示永久"。② 康熙这场"演出"实际上隐含了重要的政治动机，并不是单纯的个人炫耀，而是从文化方面向汉人"示威"，凸显满族君

---

① 王熙：《王文靖公集》，康熙四十六年王克昌刻本，内年谱"六十五岁"条，但年谱给出的日期是"初五日"，比官方史料晚一天，可能有误。

② 张玉书：《张文贞公集》，乾隆五十七年镌，松荫堂藏版，卷二，第 9—11 页，请编次乐律算数疏。

主的才能，以慑服汉族大臣。① 这场"演出"不仅对在场的大臣产生了很大触动，还载诸邸抄，对文人造成了很大的影响，翰林院检讨毛奇龄在看到报道之后，还专门恭进乐书，以迎合康熙。②

不幸的是，历算改革的倡议当时并没有引起应有的反响。究其原因，历算人才的缺乏是最为关键的因素。当时梅文鼎著作尚未刊刻，其他擅长算学的人也很少。加之1692年之后的数年间，康熙国事繁忙，有亲征噶尔丹之役，历算教育似乎出现了停顿，种种因素使得历算改革不能及时进行，但是康熙在这段时间内所积累的天文、数学、音乐知识，却为他晚年从事《律历渊源》的编纂打下了基础。

回过头再来看康熙的这场"历算秀"，无疑是早有"预谋"。当时不仅有满汉大臣在场，他还特地请来了明代遗民方以智之孙方正珠，情形实属罕见。③ 官方史料对此并没有任何记载，幸运的是，清初文人王士祯生动地记录了这一场景：

> （康熙三十一年正月）初四日，有旨召内阁满汉大学士、满汉尚书、左都御史、吏部汉侍郎彭孙遹、兵部满汉侍

① 在其他场合，康熙的表演也让儒臣"佩服"得五体投地，恭维不已，康熙为此也沾沾自喜，陶醉其间。凭借自己的博学和科学才能，康熙甚至公然批评汉人"全然不晓得算法"。大臣李光地之所以聘请数学家梅文鼎，和学生一起学习算学，其目的正是迎合皇上的兴趣。参见韩琦：《君主和布衣之间：李光地在康熙时代的活动及其对科学的影响》，《清华学报》（新竹），新26卷第4期，1996年12月，页421—445；法文本 "Patronage Scientifique et Carrière Politique: Li Guangdi entre Kangxi et Mei Wending", *Etudes Chinoises*, vol.16, no.2, automme, 1997, p.7-37。参见韩琦：《康熙时代的数学教育及其社会背景》，《法国汉学》（八），中华书局2003年版，第434—448页。

② 毛奇龄："呈进乐书并圣谕乐本加解说疏"（康熙三十一年五月十五日），载《西河合集·文集》奏疏，第4—8页，乾隆年间重修本，中国科学院国家科学图书馆藏。

③ 上面王熙年谱中提到的"善算人"可能就是指方正珠。

郎朱都纳、李光地、翰林院汉掌院学士张英等入。上御乾清门，……再试江南桐城监生方正珠开方立方算法，移晷而退。方明崇祯庚辰进士翰林简讨以智之孙也。[1]

专门征召方正珠，并测试其数学水平，不仅表明康熙对数学的一贯兴趣，康熙也希望借机让更多汉人了解自己的历算才能，而这场"历算秀"无疑扩大了"演出"的观众面，因为方正珠回到桐城之后，势必也会向人道及此事。除了王士祯的记述，皇帝与方正珠的见面，旁人也有所闻。桐城县志对此便有记载：

> 方正珠，字浦还，中通二子。幼承家学，精于律数。康熙壬申春，以明经召对，问律吕之学，示以中和乐诸法器，奏对称旨。进父中通所著《数度衍》，并自著《乘除新法》，一时从学者奉为准绳。[2]

从这里可以看到，方正珠向康熙赠送了其父方中通的数学著作《数度衍》，以迎合康熙的算学兴趣，不过康熙对此书的反应如何，迄今尚未发现任何资料记载。从 1691 年底对梅文鼎历算水平的测试，到 1692 年初对方正珠的征召，可以看出康熙对略懂历算的汉人十分重视，不过梅文鼎和方正珠的表现都不能令他满意。直至 1702 年，康熙还说"汉人于算法一字不知"。[3]

从康熙初年的历法之争、南怀仁的日影观测，到 1692 年乾清

---

[1] 王士祯《居易录》卷十五，页 3，康熙辛巳年（1701）刊本。

[2] 廖大闻等修、金鼎寿纂，道光《桐城续修县志》，卷十六"人物志·文苑"，道光十四年（1834）刻本，《中国地方志集成·安徽府县志辑》，17 辑 12，江苏古籍出版社 1998 年版，第 552—553 页。

[3] 李光地：《榕村语录续集》卷一七"理气"，傅氏藏园刻本。

宫的君臣之对，并没有引起大规模的历算活动。在之后的十多年间，康熙有关历算活动的作秀并不多见，这并非说明康熙对西学失去了兴趣，实际上，在不同场合，康熙仍有不少关于历算的言论。

康熙、耶稣会士与 1711 年的日影观测

杨光先反教案之后，西学在清廷逐渐占据了主导地位。康熙十五年（1676）八月，上谕钦天监："钦天监衙门专司天文历法，任是职者，必当习学精熟。向者，新法旧法是非争论，今既深知新法为是，尔衙门习学天文历法满洲官员，务令精勤习学。"[1] 明确表示"新法为是"，西法优于中法。康熙不仅相信西法，也重用在宫廷供职的传教士。在"国王数学家"到达北京之后的一两年内，康熙的求知欲极强，经常把传教士请到宫中，请其传授西学。此后的近二十年间，他对西学颇有好感，深信不疑。直至 1704 年，他还断言"新法推算，必无舛错之理"。[2] 清初沿用明末编成的《崇祯历书》（后改名为《西洋新法历书》），所采用的仍是丹麦天文学家第谷（Tycho Brahe，1546—1601）的折中体系。然而到了康熙五十年（1711）十月十六日，康熙提到钦天监用西法计算夏至时刻有误，与实测夏至日影不符，于是对大臣说：

> 天文历法，朕素留心。西法大端不误，但分刻度数之间，积久不能无差。今年夏至，钦天监奏午正三刻，朕细测日景，是午初三刻九分。此时稍有舛错，恐数十年后所差愈甚。犹之钱粮，微尘秒忽，虽属无几，而总计之，便积少成多。此事实有证验，非比书生论说可以虚词塞责也。今且看将来冬

---

① 《清圣祖实录》卷六二，中华书局 1985 年版，第 804 页。

② 《清圣祖实录》卷二一八，中华书局 1985 年版，第 202 页。

至如何。①

也就是 1711 年夏至的日影观测，让康熙对西学的看法有了转变，认为欧洲天文学精度不高，希望钦天监对此加以注意。那么康熙是如何发现其中的奥秘的呢？

有意思的是，宫廷文献对此事起因有一定的描述。事情可以上溯到康熙五十年五月初九日，耶稣会士闵明我（Claudio Filippo Grimaldi, 1638—1712）、纪理安（Kilian Stumpf, 1655—1720）收到康熙"手谕算法"，"细读毕，喜之不尽"，并吹捧康熙"乃天生圣贤，无微不通。虽算学之七政皇历日食月食等诸原理，精通详核，故每年节气所定时刻，较推算原理又甚难，且皇上之圣学渊博，得之如此，此亘古未有者矣"。还提到"唯杨秉义（又名杨广文，Franz Thilisch, 1670—1716）之算法，不知本自何年，或京城，或热河地方经度几何，亦未书之。臣等尚未明了，故不敢即奏"。接着详细解释了康熙皇帝的日影观测和钦天监可能不同的原因，并写道：

> 唯皇上日晷之法甚善，大小日晷其皆一。西洋人每观测日影，向南立高墙数丈，凿孔以通日影于地，铺一铜板于平地，分为万分之数观之，则见之甚易。比较铜板之日光照在何宫，则较目视日晷，极其清晰。等语。②

十三日，闵明我、纪理安、钦天监衙门官员对日影进行了计算。十五日，内务府官员王道化、和素收到"计算之书"，并转递

---

① 《清代起居注册》（康熙朝），第二十册，故宫博物院（台北）藏，联经出版事业公司 2009 年版，第 11004—11005 页。

② 康熙五十五月十二日闵明我、纪理安奏折，《康熙朝满文朱批奏折全译》，中国社会科学出版社 1998 年版，第 1675 页。

康熙皇帝。康熙在看了这份奏折后，做了批示①，并用"何其卑鄙"这样的词句严厉斥责他一向信任的耶稣会士，显然是十分震怒。皇帝对自己的计算与观测十分自信，加之他已通过杨秉义得知一些新的知识，因此更觉得闵明我等人的答复不过是找种种理由来推托，没有应有的勇气来承认自己的错误。王道化、和素在接到康熙朱批之后，"即召闵明我、纪理安、钦天监衙门官员来看"。闵明我、纪理安等跪读毕，奏言："所谕甚是。前我等苟且粗算便奏，至急报迟。闵明我、纪理安我等不胜惶愧。今蒙颁旨指教，详细分算七政皇历谨奏。"十六日，王道化等将闵明我、纪理安、钦天监官员此奏报康熙皇帝，十八日收到康熙朱批："彼等无论怎样着急，还是彼等之皇历也。此次可以固执，俟回宫后，当面计算，或许知之矣。"②十九日，王道化等在给皇帝的奏折中写道：

> 奴才等恭阅，思之，闵明我、纪理安极为固执，竟掩饰己咎，因此愈觉其卑贱。钦天监等先仅照闵明我等法子计算，今遵皇上训谕计算，始赞皇上计算详细。奴才等斥责闵明我、纪理安曰：尔等掩饰失误，甚为卑鄙，尔等可欺我等，岂能逃皇上睿鉴？③

从上述官方文献中可知，闵明我和纪理安是这场争论中的主人公。闵明我是意大利耶稣会士，时任钦天监监正（由纪理安协助），他于1669年到达广州，这年适逢反教案平反，1671年因通晓历法，

---

① 康熙五十五月十二日闵明我、纪理安奏折，《康熙朝满文朱批奏折全译》，中国社会科学出版社1998年版，第1675页。

② 王道化等奏报计算太阳位置折（康熙五十年五月十六日），《康熙朝满文朱批奏折全译》，中国社会科学出版社1998年版，第723页。

③ 王道化等奏报闵明我等人情形折（康熙五十年五月十九日），《康熙朝满文朱批奏折全译》，中国社会科学出版社1998年版，第724页。

和恩礼格（Christian Wolfgang Herdtrich, 1625—1684）奉命赴京。[1]
闵明我到达北京后，在钦天监从事历算工作，1685 年受命到澳门
迎接耶稣会士安多（Antoine Thomas, 1644—1709），1686 年底又到
广州，动身往欧洲[2]，1694 年 8 月 28 日返回北京。1688 年南怀仁
病故不久，因闵明我谙练历法，受命顶补南怀仁，治理历法，当时
他"执兵部文出差"，出使欧洲期间，天文历法工作由徐日昇、安
多负责。他在钦天监治理历法，从 1688 到 1711 年，期间因年老体
弱，曾挑选庞嘉宾（K. Castner, 1665—1709，1707 年到京，1707 年
11 月至 1709 年）协助，但 1709 年 11 月庞氏去世。闵明我曾编有
《方星图解》（1711），主要根据法国耶稣会士巴蒂斯（I.-G. Pardies,
1636—1673）的星图而作。[3] 大约是受到康熙的斥责，在夏至日测
量之后不久，闵明我就递交了辞呈，由纪理安接任，康熙马上批
准了他的请求。康熙起居注册记载，康熙五十年（1711）十月十六
日，上御畅春园，"又覆请钦天监治理历法闵明我年老告休一疏。
上曰：闵明我年老，准其告退，着季（纪）理安治理历法"。[4]

　　纪理安为德国耶稣会士，1694 年到澳门，康熙听说他很聪明，
让他到北京任职，次年抵京。1711 年，纪理安接任闵明我在钦天
监的工作，直至 1719 年病退，其间主要负责太阳位置计算，以及
天文表的制作。1705—1720 年间，他作为视察员，负责教会的事

---

[1] 韩琦、吴旻：《〈熙朝崇正集〉〈熙朝定案〉（外三种）》，中华书局 2006 年版，第 87 页。

[2] 关于闵明我出使，参见 J. W. Witek, "Sent to Lisbon, Paris and Rome: Jesuit Envoys of
the Kangxi Emperor", in *Matteo Ripa e il CollegiodeiCinesi* (Atti del
ColloquioInternazionale, Napoli, 11-12 febbraio 1997), eds. Michele Fatica and
Francesco D'Arelli (Napoli, 1999), p.317-340.

[3] 参见韩琦：《耶稣会士和康熙时代历算知识的传入》，载《澳门史新编》（三），澳门
基金会 2008 年版，第 967—986 页。

[4] 《清代起居注册》（康熙朝），第二十册，故宫博物院（台北）藏，联经出版事业公
司 2009 年版，第 10998 页。大约是批准闵明我辞职的当天，康熙旧话重提，谈到
了夏至日日影的测量。

务，维护葡萄牙耶稣会士的利益，不遗余力。

实际上，在这场日影观测的背后，还有一位很重要的人物，那就是新来的波希米亚耶稣会士杨秉义。1710 年杨秉义与麦大成（João Francisco Cardoso, 1677—1723）到澳门，11 月 27 日，作为数学家，经大运河启航北上。[①]

康熙五十年四月，康熙和往年一样到热河避暑。法国耶稣会士巴多明（Dominique Parrenin, 1665—1741 年）和德理格（TeodoricoPedrini, 1671—1746）、马国贤（Matteo Ripa,1682—1745）、杨秉义、罗德先（Bernard Rodes, 1646—1715）等人随行，杨秉义作为数学家，罗德先作为外科医生，马国贤作为画家，巴多明、德理格主要担任翻译之职。根据西文档案，康熙在热河就日影问题询问了刚到中国不久的杨秉义。杨秉义不知皇帝的用意，就用耶稣会士利酌理（G. Riccioli, 1598—1671）的表计算，结果发现夏至点在午前 20 分，与钦天监的计算不一致，这使康熙知道西方已有新的天文表，确信是钦天监出错。康熙试图强迫杨秉义赞同他的意见，但是这位神父坚决不认可，他总是回答说天文表之间的差别不能称之为错误。康熙不能在他身上得到满意的答复，转而将计算结果寄送北京，并且还附上一份他亲笔书写的谕旨，要求对何以出现这一错误进行检查并向他报告。而这正好可以与上面所引的满文奏折互相印证。此事让康熙对传教士产生了怀疑，更加深了因教廷特使来华之后所引起的对欧洲人的不信任感。

康熙五十年九月二十二日，康熙从热河回到北京，在畅春园过冬，而那里总有一些传教士随时备询。自从夏至日影测量事件之后，康熙对历算问题练习得更加勤奋，并不断询问杨秉义神父

---

① Matteo Ripa, *Memoirs of Father Ripa, during Thirteen Years' Residence at the Court of Peking in the Service of the Emperor of China*. selected and translated from the Italian by Fortunato Prandi. London, 1844. p.37.

和翻译巴多明神父有关几何、数字和天文学的问题，这些考察和试验显然是一种不信任的结果。

那么，是何种因素引起了日影观测结果的变化？这需要对当时天文学背景做一回顾。

从 1668 年南怀仁的观测日影，到 1711 年，时间已经过去了四十多年，而在这期间，欧洲天文学有了长足的进步。首先是明末传入的蒙气差理论，到了 18 世纪初，已有了较大的修正，对这些因素作出重要改进的是天文学家卡西尼等人。其次，"地半径差"（parallax）理论在当时也有新的变化。上述因素，也导致了黄赤交角数值的变化。1711 年日影观测的争论，与耶稣会士传入的欧洲天文学的新进展有密切联系。后来康熙御制《钦若历书》（雍正初改名《历象考成》）和乾隆时《历象考成后编》的编纂，正是引进了上述的新成果。[①]

1711 年，是康熙科学活动十分频繁的一年，他不仅参与了日影观测的活动，还于二月初九日带领皇太子、亲王和大臣测量大地，并进行指导，并谈到《易经》、算学、阿尔朱巴尔（代数）、西学中源等问题，科学内容十分丰富。十分有意思的是，康熙还重温旧事，谈及算学家梅文鼎：

> "昔有一善算者，名梅文鼎，年逾七十，朕召问算法，彼所识甚多，彼所问朕者亦皆切要，然定位彼却不知。朕执笔画圈纸上以示之，彼顿省悟，呆视泣下。"
>
> 副将胡琨奏曰："彼时臣曾侍侧，彼言吾研究至老，了不知此，若不遇圣主指示，吾将没世不知矣。因悲喜交集，不

---

① 韩琦：《〈历象考成〉的内容》、《〈历象考成后编〉的内容及其改进》，载陈美东主编《中国科学技术史》（天文学卷），科学出版社 2003 年版，第 668—670 页，710—712 页。

禁泣下。"①

这段记载生动地重温了君主与布衣之间的交谈，并通过侍臣的恭维和补充，凸显了康熙算学的高明。需要注意的是，在这些谈话的背后，耶稣会士白晋等人及其活动，起到了一定的作用。

康熙对西学态度的转变与历法改革的缘起

1705年，教廷派遣特使多罗（Carlo Tommaso Maillard de Tournon, 1668—1710）来华，引起了清廷与教廷之间的严重冲突②，这不仅给天主教在中国的发展蒙上了阴影，成为中西关系史上的转折点，也导致了康熙皇帝对欧洲人信任感的丧失，进而造成了康熙科学策略的转向，影响了西方科学在华的传播。

多罗来华宣布禁止中国教徒敬孔祭祖一事，对康熙造成了很大的触动。他预感到天主教日后在中国会后患无穷，1706年底，熊赐履和李光地在向康熙皇帝讲完朱子书后，"上令诸内官俱退，呼余（李光地）和孝感（熊赐履）近前，云：汝等知西洋人渐作怪乎，将孔夫子亦骂了。予所以好待他者，不过是用其技艺耳，历算之学果然好，你们通是读书人，见外面地方官与知道理者，可俱道朕意"。③显见，康熙继续让传教士在宫廷任职，只不过是为了"用其技艺"。

与此同时，康熙进一步加强了对澳门的管理，制定了相应的政策，下旨让封疆大吏处理有关澳门事务，打听西洋消息，有时也

① 《清代起居注册》（康熙朝），第十九册，故宫博物院（台北）藏，联经出版事业公司 2009 年版，第 10512—10513 页。

② 参见 A. S. Rosso, *Apostolic Legations to China of the Eighteenth Century*. South Pasadena: P. D. & Ione Perkins, 1948。罗光：《教廷与中国使节史》，光启出版社 1961 年版。

③ 《榕村语录续集》卷六，傅氏藏园刻本。

通过内务府官员询问和了解传教士的情况及专长，请他们从澳门入京工作。1700 年之后，有许多传教士来到澳门，广东督抚加以考核，将有技艺之人送到北京。为使传教士能够更好地在宫廷发挥作用，康熙有时会让新来的传教士在澳门学汉语①，或"留广州学汉话"，因为"若不会汉话，即到京里亦难用"。② 有的传教士起先未得到清廷的容许，为达到进入内地传教之目的，往往也会在澳门停留一段时间，加强语言和技艺的学习，伺机以别的名义进京。

尽管康熙对传教士的信任已经大不如前，但对"技艺之人"仍相当重视。他曾让内务府官员佛保传旨给督抚："见有新到西洋人，若无学问只传教者，暂留广东，不必往别省去，……。若西洋人内有技艺巧思，或系内外科大夫者，急速著督抚差家人送来。""用其技艺"后来成为康熙对待传教士的一贯政策，一直到晚年，仍不时请人从澳门派遣懂得历算、医学、技艺的欧洲人到内地。③

对于多罗来华所产生的冲突，康熙试图加以沟通，并两度派遣传教士回罗马，打听教皇的确切"旨意"。由于使节迟迟没有返回中国，康熙甚为焦急，不时向传教士打听"西洋来的消息"。由于天不作美，时空的遥隔大大阻碍了罗马教廷与康熙的及时沟通。消息的阻塞，使得"礼仪之争"变得更为错综复杂。一些传教士出于传教利益的考虑，有时隐瞒消息，藏匿有关教皇禁教的旨意和

---

① 《康熙罗马使节关系文书》，故宫博物院 1932 年版。

② 中国第一历史档案馆，《康熙朝汉文硃批奏摺汇编》（第三册），档案出版社 1984 年版，第 6—11 页。

③ 康熙时耶稣会士闵明我、徐日昇、安多、纪理安、庞嘉宾、杨秉义、孔禄食（L. Gonzaga, 1673—1718）、严嘉乐（K. Slavicek, 1678—1735）、戴进贤（Ignaz Kögler, 1680—1746）等人相继到达北京，参与了历算工作。除白晋、张诚等"国王数学家"之外，1700 年之后，白晋、洪若所带来的耶稣会士，如杜德美（P. Jartoux, 1669—1720）、傅圣泽等人，也成为御用教师，对康熙时代的历算活动作出了重要贡献。参见韩琦：《康熙时代的历算活动：基于档案资料的新研究》，载《史料与视界：中文文献与中国基督教史研究》，上海人民出版社 2007 年版，第 40—60 页。

信件，但时间一久，不免为康熙所察觉，最终导致康熙对传教士的怀疑。至迟到1711年，康熙对传教士已缺乏信任，称"现在西洋人所言，前后不相符，尔等理当防备"。[①] 而正好在同一年，康熙发现了夏至日影计算有误。

康熙对传教士失去信任和上述有关日影观测的一连串事件，成为康熙时代历算活动的重要转机。1712年，皇帝传旨，希望能有人给他讲授天文学原理，于是杨秉义和傅圣泽（J.-F. Foucquet, 1665—1741）受命向康熙介绍天文学。为此傅圣泽开始翻译西方数学、天文学著作，向康熙介绍了开普勒（Johannes Kepler, 1571—1630）、卡西尼（Giovanni Domenico Cassini, 1625—1712）、腊羲尔（Philippe de la Hire, 1640—1718）等人的学说，许多是根据王家科学院的著作写成的。其中有《历法问答》等天文译著，以及代数学著作《阿尔热巴拉新法》、佛拉哥（A.Vlacq）的对数著作等。[②]《历法问答》介绍了法国"格物穷理院""天文学宫"（亦即法国王家科学院和巴黎天文台）在天文学方面的最新成就，以及法国天文学家到各地进行测量的情况。他们还介绍了开普勒的椭圆运动理论，涉及哥白尼日心学说，为此遭到了纪理安等人的反对，因为纪理安认为新天文学的介绍会让中国人觉得西方天文学并不可靠，会使自南怀仁以来传教士在钦天监的地位受到损害，此外还有碍天主教教义，从而表现了其保守的一面。

1713年，康熙下旨设立蒙养斋算学馆，让最懂科学的皇三子胤祉来负责历法改革，为此从全国召集了一百余位学有所长的人

---

① 《康熙朝满文朱批奏折全译》，中国社会科学出版社1998年版，第741页。

② 关于《历法问答》，参见 J. W. Witek, Controversial Ideas in China and in Europe: A Biography of J. F. Foucquet, S.J. (1665-1741). Rome, 1982. Hashimoto Keizo& Catherine Jami, "Kepler's laws in China: A missing link? J.-F. Foucquet's Lifawenda", Historia Scientiarum, 6-3 (1997), p.171-85.

才，编纂《律历渊源》，成为清代最大的科学工程。师洋人之"技艺"，为我所用，便成为康熙晚年的重要目标，他觉得中国人应该自立，编纂历算著作，最后达到摆脱洋人垄断之目的。

结语

1668 年的日影观测，给康熙造成了很大的震动。之后康熙向南怀仁学习，而法国耶稣会士的到来，更让他沉迷于西学。大概是从传教士身上，康熙学到了欧洲科学的实证精神，加之他十足的好奇心，时时打听西方新知，进步很快。1689 年，康熙在南京所作的有关老人星的观测，以及 1692 年日影的观测，都是康熙早有准备的"演出"，科学知识无疑是其中举足轻重的一环。正是通过对西学的学习和宣扬，康熙塑造了博学多能的自我形象，从而赢得了汉族大臣的尊重，进而达到了控制汉人之目的。①

无论是 1689 年的震动，还是 1692 年的表演，康熙的谈话对象都是汉人。二十年后，也就是在 1711 年，康熙则将所学到的知识转而用来批评洋人，科学仍是其权力运作的重要部分。从中西史料可以看出，康熙非常善于运用人际关系，通过内务府官员的居间周旋，利用传教士缺乏对"形势"的判断，采取了各个击破的策略。杨秉义因初来乍到，不知状况，最后泄露了"天机"，使得康熙借此乘胜追击，借助西方科学的新知，掌握了科学的话语权。日后杜德美、傅圣泽等法国耶稣会士奉命翻译欧洲新的天文学著作，也正是因为这场日影观测所引发的直接后果。最后导致了1713 年蒙养斋的开馆和《律历渊源》的编纂。从这一角度看，1711年的日影观测，实在是康熙时代科学史上最为重要的事件之一。

---

① 亲历这两次场景的极为少见，而李光地躬逢其事，感触颇深。1689 年之后，李光地虽然已与梅文鼎有了接触，并向他学习数学，但仍然还不能和康熙皇帝进行实质性的对话。

科学活动也使康熙的心理暴露无遗。作为堂堂大清皇帝，康熙总要显示自己的威严，加之通过对西学的学习，他变得更为自信，并对夏至日影的"真理"了然于胸。耶稣会士的态度让康熙觉得传教士缺乏诚信和谦虚为怀的人格，因此他出言不逊，在朱批中大骂传教士"何等卑鄙"。而闵明我、纪理安等耶稣会士出于保守心态，不愿使用新天文表，被康熙抓到把柄，只得找出各种借口，聊以塞责，处于十分被动的境地。而居间传话的内务府官员狐假虎威，作威作福，更让传教士倍觉惶恐。

　　综上所述，日影观测看似简单的科学活动，其背景却极为复杂。它与权力运作、满汉关系，以及中外关系，甚至与宗教也有密切的关联，特别是与礼仪之争纠结在了一起，成为康熙朝政的一个缩影。以往研究者往往感叹康熙朝汉文资料的不足，现在不仅有满文资料的补充，而且还有欧洲文献的互证。因此，研究者不仅需要查看满汉文宫廷资料，查阅士大夫的文集，更要佐以欧洲的档案（尤其是耶稣会士留下的丰富信件、报告），以（欧洲）史证（中国）史，才能对事件的诸面相有完整的认识，才能生动重现真实的、丰富的历史场景。本文只是作了初步尝试，试图以小见大，说明康熙时代科学传播的复杂经过。但即便只是一个小小的日影观测，还有许多细节需要做进一步考证和厘清，才能获得一个更加完整的历史图像。

瑞士钟表业在中国
——从 19 世纪初至今

皮埃尔－伊夫·东泽（Pierre-Yves Donzé）

（日本大阪大学／瑞士弗里堡大学）

译者　张茜茹（华东理工大学）

导论

今天的中国是世界最大的钟表市场和手表生产地。[1] 然而，这两者间并没有直接的关系。作为世界最大的钟表市场，中国消费的是瑞士手表，而中国生产的手表却销往全球。当然，我们仍要忍不住发问，中国钟表消费市场的发展对钟表制造业的诞生究竟有什么影响？中国的钟表生产是在怎样的条件下崛起的？瑞士在这个过程中扮演了怎样的角色？

本文旨在回答这些问题。而这些问题尚未得到史学界的关注。研究中国钟表业的历史学家主要把目光集中在两个问题上，一是

---

[1] Pierre-Yves Donzé, *Des nations, des firmes et des montres : histoire globale de l'industrie horlogère de 1850 à nos jours*，Neuchâtel：Alphil，2020.

皇家钟表局，二是 19 世纪瑞士钟表商在广州的交易。[1] 由于缺乏对 20 世纪的关注，这百年间，中国人的消费习惯如何转变，中国钟表制造业又在怎样的背景下崛起，少有人知。本文以在瑞士、日本等国，以及中国香港地区收集到的相关印刷资料为基础，从企业史，或者说商业史的角度对上述问题进行分析。

新市场的开辟和增长

欧洲钟表最先于 16 世纪末由传教士带入中国。这些西方杰出技术的结晶很快就引起了中国贵胄的兴趣。耶稣会士利玛窦（Matteo Ricci）于 17 世纪初开设钟表坊，一直运作到 19 世纪初。[2]

我们当然也不能忘记 17 世纪末由康熙帝成立的专门生产西洋物件的作坊，其中一个便是至少运作到 1879 年的皇家钟表局。[3] 最初，皇家钟表局由耶稣会士主持，他们把自己的科学技术传授给来自广东的中国钟表匠，这些钟表匠又把手艺传给自己的学徒，制作钟表的技艺因此得以代代相传。18 世纪，中国产出了一批融合了欧洲技术与东方审美的钟表和怀表。

这些钟表和怀表成为主人炫耀自己财富和地位的手段，能拥有它们的往往是达官贵人。然而，它们在中国社会中并未发挥实际作用，因为中国依然使用传统的历法（根据月相把一年分为十二个月，每两到三年设置闰月进行调整）和计时法（把一天分

① Catherine Pagani, *Eastern Magnificence and European Ingenuity: Clocks of Late Imperial China*, Arbor: University of Michigan Press, 2001; Baichun Zhang, "The Transmission of European Clock-Making Technologies into China in the 17th-18th centuries", *Explorations in the History of Machines and Mechanisms*, Dordrecht: Springer, 2012, 565-577; Alfred Chapuis, *La montre chinoise*, Neuchâtel: Attinger Frères, 1919.

② Po-chia Hsia, *A Jesuit in the Forbidden City: Matteo Ricci 1552-1610*, Oxford：Oxford University Press，2010.

③ Pagani，同前。

为十二时辰)①。同一时期，日本已经把欧洲的钟表制造技术融入了自己的物质文化，由此催生了知名的"和时计"（wadokei），而中国的达官贵人却并未让钟表融入自己的日常生活。②

瑞士手表在中国的出口

自 18 世纪末以来，中国的钟表交易主要还是依靠进口。在英国东印度公司的控制下，詹姆斯·考克斯（James Cox）源源不断地把伦敦和瑞士制造的钟表、手表销售到中国。1803 年，他的儿子和伦敦钟表商查尔斯·马格尼亚克（Charles Magniac）成了合伙人，成立了新公司，也就是日后鼎鼎大名的怡和洋行（Jardine, Matheson & Co）。他们从瑞士钟表匠那里提货，特别是塔威山谷（Val de Travers）的播威兄弟（frères Bovet）。1818 年，马格尼亚克派爱德华·播威（Edouard Bovet）前往广州。这里的商贸如火如荼，几年后，爱德华·播威就和自己的兄弟成立了自己的公司（1824 年）。③

虽然播威兄弟的公司规模不大，但它是名副其实的跨国公司。其母公司位于 19 世纪初的国际贸易中心伦敦，由弗里德里克（Frédéric）和阿尔方斯（Alphonse）负责，进货在瑞士，古斯塔夫（Gustave）在那里有商铺，爱德华则在中国负责销售。1824 年，几兄弟中年纪最小的夏尔－亨利（Charles-Henri）也来到中国。播威兄弟的生意在二十多年间迅速增长，几乎垄断了中国的钟表销售。这份成功源于他们钟表的本土化设计。比如有好几款钟表表盘上的阿拉伯数字或罗马数字都换成了十二时辰的汉字。但这种改动只是装饰层面的，而非技术层面的。

---

① Chapuis，同前，第 1-18 页。

② Pierre-Yves Donzé, *Industrial development, technology transfer, and global competition: The Japanese watch industry from 1850 to the present day*, New York：Routledge，2017，第 1 章。

③ Chapuis，同前，第 87-113 页。

随着东印度公司对中国贸易垄断的结束，以及 1842 年《南京条约》的签订，一大批瑞士钟表商来到中国，竞争变得激烈了。播威兄弟把生意拓展到了茶叶和丝绸，最终于 1864 年放弃了广州的钟表店。[1]

此外，瑞士远非唯一向中国出口钟表的国家。自 19 世纪 90 年代起，日本名古屋的钟表制造商就积极投身邻国市场。例如强大的 Hattori & Co 公司自 1895 年就开始往中国出口挂钟和闹钟，日后更推出了精工（Seiko）这一品牌。二十多年后，Hattori & Co 公司分别在上海（1913 年）和香港（1915 年）成立了两家分公司。[2]

新的增长阶段

20 世纪初，工业化和政治制度的变革让中国沿海大城市的生活方式发生了翻天覆地的变化，钟表市场也因此而蓬勃发展。1911 年的辛亥革命催生了共和国，1912 年，中华民国开始推行格里高利历和西方计时法。这是一个至关重要的变化，因为钟表从此不再只有装饰功能，而是进一步发挥了实用功能。事实上，铁路的发展已经开启了中华帝国的物质文化变革。从中华民国成立，一直到第二次世界大战前夕，中国钟表市场的需求飞速增长。20 世纪 30 年代，瑞士大约往中国出口了 54 万台钟表（包括香港地区），占瑞士钟表出口总量的 4.7%（见图 1）。虽然这个数字只是全世界最大市场美国的三分之一，但中国仍不失为一个极具潜力的市场。然而，1937 年，日本侵华战争的爆发中断了中国钟表市场的发展。战后，钟表贸易虽然有短暂的复苏，随着中华人民共和国于 1949 年成立，中国市场再次对外关闭，此后几十年的时间里，瑞士钟表商都只能隔洋远望。

[1] Sylvia Robert, "Edouard Bovet-dit-de-Chine, négociant en horlogerie (1797-1849)", in Michel Schlup ed. *Biographies neuchâteloises*, Hauterive: G. Attinger, 1998, vol.2, pp.48-55.

[2] Mitsuo Hirano, *Seikosha shiwa*, Tokyo: Seiko, 1968, pp.94-100.

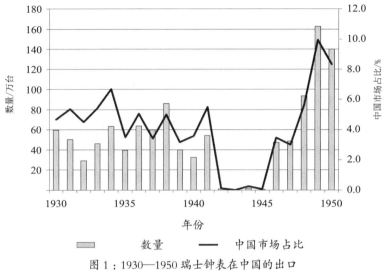

图 1：1930—1950 瑞士钟表在中国的出口

数据来源：瑞士钟表业协会

民族钟表业的诞生

两次世界大战之间，对瑞士和日本的钟表商而言，中国市场确实在不断扩大，但直到第二次世界大战前，中国都没有生产钟表的工厂。中国钟表制造业诞生于 20 世纪 50 年代初，新中国希望尽快发展工业，减少对外贸的依赖，民族钟表制造业也因此得以发展。

50 年代中期，中国生产的钟表依然依靠进口机芯，只有表盒为国产。组装的工厂大多位于上海，这些工厂也成为教授钟表制造技术的课堂。真正的中国钟表厂于 1957 年左右问世，上海手表厂便是其中极有分量的一家。[1] 上海手表厂拥有瑞士和苏联的生产机器和工具，目标是年产 10 万块手表；1958 年，上海手表厂生产的一批手表上市。1958—1960 年，一些钟表厂陆续在其他地区和城市成立，例如北京、广州、辽宁、天津。

---

[1] "瑞士国家档案"（Archives fédérales suisses，简称 AFS），220.174, 1971/46，1957 年 1 月 2 日《新闻日报》（Sin Wen Jih Pao) 的一篇报道的法语译文。

这些工厂的设立引起了瑞士的关注。1958 年 2 月，钟表业协会（Fédération horlogère）主席热拉尔·鲍尔（Gérard Bauer）向瑞士驻北京大使伯努利（Bernoulli）表达了他的担忧之情，中国可能会与日本一样开始发展自己的钟表制造业。大使也有同样的担忧，他说："人口达到 1 亿，2 亿，甚至是 6 亿的民族，不会缺乏心灵手巧的人才，他们可以开创、发展任何工业。"[①] 1958 年 7 月，钟表业协会专门派吉尔贝·艾蒂安（Gilbert Étienne）前往中国考察钟表市场和钟表制造。他参观了天津手表厂，其前身是一家钟摆厂。1955年，钟摆厂的工人开始学习手表制作；两年后，手表厂成立，虽然其产量从 1958 年 5 月的 120 块增加到同年 7 月的 200 多块，但距离 1960 年产出 20 万块手表的目标还有太大差距。这次参观让艾蒂安对中国是否有发展民族钟表制造业的能力产生了怀疑，正如其报告结论中所写："这家工厂其实是半手工的作坊，主要靠手工作业，这让人不得不发问：它是否真能在明年实现产量的大爆发？"[②]

吉尔贝·艾蒂安的怀疑可能是错的，因为中国钟表制造业确实在 60 年代发展迅速（图 2）。60 年代初，中国的钟表产量已有几十万块，1965 年为 110 万，1970 年为 360 万。70 年代后期，随着石英表的投产，其增长更是惊人。也就是说，从 60 年代开始，中国逐渐成为钟表生产国。1976 年，中国甚至派官方代表团向拉绍德封国际钟表博物馆（Musée international d'horlogerie de La Chaux-de-Fonds）赠送了 6 块国产手表，这象征着中国自此以后正式参与到了世界钟表史中。在这次赠送仪式上，中国驻伯尔尼大使馆的一名参赞 Wang Chung-Yuan[③] 称，这些手表的制造"仍然依靠瑞士的技术支持"[④]。

① "瑞士国家档案"，220.174, 1971/46，伯努利给鲍尔的信，1958 年 2 月 27 日。
② "瑞士国家档案"，220.174, 1971/46，吉尔贝·艾蒂安的报告，1958 年 9 月 24 日。
③ 由于译者未能找到此人中文名，故保留法语译名，特此向读者致歉——译者注。
④ 《公正报》（L'Impartial），1976 年 2 月 25 日。

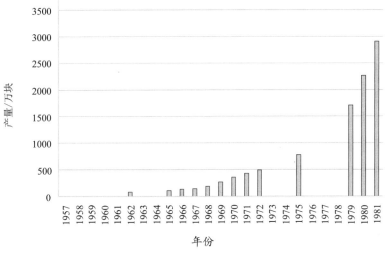

图 2：中国手表产量（1957—1981）

数据来源：Yuming Yang, L'industrie horlogère suisse et ses relations avec la Chine de 1949 à 1982, Genève, Institut universitaire de hautes études internationales，未发表的论文，1984 年，110 页。

　　苏联和民主德国为中国钟表制造提供了重要的技术支持，特别是在提供生产机器和手表设计这两方面。辽宁工厂出产的第一批手表就是苏联手表的翻版。然而，中国钟表制造业并不全靠共产主义友邻的技术输入。不要忘了，1960 年后，中国与苏联关系恶化，大批苏联钟表工程师离开了中国。[1]

　　瑞士也积极参与了中国钟表制造业的发展，不仅向中国出口了许多零件，还有许多生产机器和工具，零件中发条的数量尤为多。因为这个零件生产的难度高，而对手表的精确度而言又必不可少，50 年代初的中国钟表制造厂对发条的需求很大。瑞士钟表发条制造厂（La Fabrique Suisse de Ressorts d'Horlogerie SA）就是中国主要的供应商之一。20 世纪 50 年代，它一直给上海的昌明表

① Yuming Yang, L'industrie horlogère suisse et ses relations avec la Chine de 1949 à 1982, Genève, Institut universitaire de hautes études internationales，未发表的论文，1984 年，第 101-102 页。

厂（New Light Watch Co.）供货。生产钟表宝石的 Golay-Buchel & Cie 公司也曾在 1957 年与瑞士驻北京大使馆有过联系。[1]

瑞士的机器制造商为中国工厂设施的现代化出了一份力。1958 年，瑞士驻沪总领事库特·霍夫曼（Kurt Hofmann）得到了参观上海手表厂的机会，他仔细观察了新工厂的设备，发现它们都是瑞士机器制造业的结晶。[2]不过，新工厂的设备非常少，根本不足以进行大规模生产（同时期的日本钟表制造已实现大规模机械化生产），仅能生产一些手表零件。此时的上海手表厂方告成立，到了 60 年代才逐渐投入工业生产。

最后，我们不能忘记中国政府对民族钟表制造业的扶植。1965 年，上海轻工业部成立钟表研究中心。[3]政府的努力很快有了成果，20 世纪 80 年代初，中国钟表制造业有约 7 万工人，30 多家工厂。[4]全国的钟表产量从 1970 年的 360 万增长到了 1981 年的 2910 万。[5]其中 95% 都流入了国内市场。[6]

香港的核心作用（1945—1980）

在瑞士钟表业与中国的关系中，中国香港地区扮演了至关重要的角色。[7]自从 1949 年新中国成立后，这座英国租借的城市就成为亚洲手表贸易的重镇之一。20 世纪 50 年代，香港地区成为瑞士手

① "瑞士国家档案"，E2200.174, 1968/3，瑞士驻沪领事馆与瑞士钟表公司的通信，1953—1957。

② "瑞士国家档案"，220.174, 1971/46，瑞士驻沪领事馆与瑞士驻北京大使馆的通信，1958 年 4 月 28 日。

③ Yuming Yang，"1949—1982 的瑞士钟表业与中国的关系"，第 102 页。

④ 同上，第 106 页。

⑤ 同上，第 107 页。

⑥ 同上，第 111 页。

⑦ Pierre-Yves Donzé, " The changing comparative advantages of the Hong Kong Watch Industry (1950-2010)", *Kyoto Economic Review*, no. 169, 2012, pp.28-47.

表的主要出口地之一，直到今日依然如此。60 年代，手表奢侈品牌，例如欧米茄（Omega）和劳力士（Rolex），以走私的方式经由香港地区流入中国内地。然而，本文要论述的不是中国香港地区作为市场的重要性，而是它如何发挥生产中心的作用。20 世纪 50 至 60 年代，香港地区的钟表制造业崛起，日后直接成为中国 20 世纪末钟表制造业发展的原动力。

50 年代，瑞士、美国、日本的钟表制造商纷纷在中国香港地区开设工厂，从事附加价值低的生产活动，例如外壳零件的生产（表盒及表盘）及最终的组装。这不仅是因为当地有丰富的人力资源，且人工成本低廉，更是因为钟表制造业本身发生了重大变革。机械表大生产的普及使零件和手表的制造实现了标准化，因此，钟表制造商得以向国外转移某些生产环节。最后，对瑞士而言，还有一个制度因素不得不提，那就是国家层面管控的卡特尔组织（le système cartellaire）在 1961—1965 年间消失了，生产的国际分工自此成为可能。[①]

表 1：香港地区的钟表公司规模（1960—1990）

年份	1960	1965	1970	1975	1980	1985	1990
公司数 / 个	61	102	229	471	1 509	1 805	1 690
员工总数 / 人	2 433	4 556	9 773	15 783	49 454	36 692	27 154
公司平均员工数 / 人	39.9	44.7	42.7	33.5	32.8	20.3	16.1

数据来源：香港制造业汇报（*Hong Kong's Manufacturing Industries*），香港工业部，1996 年。

总体而言，香港钟表制造的中坚力量是中小型企业，其数量在 20 世纪 70 年代增长显著（表 1）。为了保证生产质量，1966 年，香港工业总会（Federation of Hong Kong Industries）与瑞士钟表业协会签订了技术援助协议。对瑞士钟表制造业而言，中国香港地

---

① Pierre-Yves Donzé, *Histoire de l'industrie horlogère suisse de Jacques David à Nicolas Hayek*, Neuchâtel：Alphil，2007，pp.151-154.

区已经成为一个重要的货源地，瑞士进口表盒的数量从 1961 年的 160 万增加到了 1970 年的 800 万，中国香港地区在其中的占比从 1961 年的 21.9% 增长到 1970 年的 60.8%[①]。

20 世纪 60 年代，中国香港地区已进入世界钟表制造的中心地带。其出口价值从 1960 年的 700 万美元增长到了 1970 年的 4400 万美元。[②] 然而，增长的背后是中国香港地区钟表企业对美国、日本、瑞士企业的技术依赖，该地钟表企业只负责全表组装，或者机芯装盒。设计和机芯生产才是钟表制造的核心技术，而香港钟表企业却与这部分无缘。70 年代初，石英表的出现给了香港摆脱对外技术依赖的机会。

1975 年，香港开始生产指针式石英表，次年开始生产数码表，随之而来的是市场占有份额（从数量上看）的大幅提高。1976 年，中国香港地区产出 400 万块石英表，成为继日本（730 万块）[③] 之后的第二大石英表制造地。香港的石英表转向很快，1980 年，石英表已占到香港手表出口总价值的 68.3%，1985 年为 88.2%，1990 年为 94.8%。[④] 香港石英表的总价值也在增长，1975 年为 2.858 亿美元，1980 年为 16 亿美元，1990 年为 38 亿美元。

对于许多香港钟表企业来说，石英表带来的是摆脱对外技术依赖、独立生产手表的机遇。当然，它们依然要购买电子元件，但电子元件的供货商并不属于钟表制造业。20 世纪 70 年代末，中国香港地区的电子元件供货商主要来自日本（Hitachi，Oki Electric，NEC）、美国（Fairchild，Intersil，Litronix）、德国（Siemens）、

---

① 瑞士外贸统计，伯尔尼海关，1960—1970。

② "香港贸易统计，出口及再出口"（Hong Kong Trade Statistics Export & Re-Export），香港政府统计处（Hong Kong: Census Department），1960 年，1970 年。

③ 『時計の香港市場調査報告書』，日本機械輸出組合，1980 年，第 5 页。

④ 香港制造业汇报（*Hong Kong's Manufacturing Industries*），香港工业部，1996 年。

瑞士（BBC）。[1]

总之，石英表革命给了香港钟表制造商自己生产手表的机会，并迅速获得了市场营销和经销配货领域的经验。1987年，中国香港地区首次参加巴塞尔钟表博览会（la Foire horlogère de Bâle）。[2]

资本的引入（1980年以来）

20世纪80年代中期，中国香港地区和中国内地双双进入世界钟表制造业的中心，并发挥了互补的功能。香港从供货全球的廉价石英表生产中心转变为供货全球的品牌授权供货商，特别是时尚品牌。也就是说，香港钟表商成为全球市场和中国内地生产中心的中介。从数量上看，中国内地成为机芯、手表的生产中心。其中，日本、瑞士等国，以及中国香港地区钟表商的投资、办厂和中国内地本土钟表企业的发展同样发挥了作用。不过，中国内地本土钟表品牌的市场占有仍然非常有限。

1990年以来，中国香港地区的钟表企业不断把生产向中国内地转移，香港钟表业进入新阶段。1992年，中国放开了对境外投资的限制，许多香港企业都把工厂转移到深圳和东莞。香港钟表出口结构的变化充分体现了这座城市自90年代以来承担的新功能（图3）。直到1985年，香港出口的增长主要依靠香港工厂生产或组装的手表。作为贸易枢纽，香港再出口的比例（即进口手表再直接转出口）曾经非常高（1960年占出口总量的89.9%，1965年占86%），却在1970（50.8%）至1985年（18.9%）间骤然下降。80年代后期，中国香港地区钟表企业开始向中国内地转移工厂，导致直接出口的下降和再出口的骤增（1990年为36.1%，1995年为75.5%，2000年为90%）。此外，70年代，中国香港再出口的手

---

[1] 同上，第28-29页。

[2] *L'Impartial*，2000年2月2日。

表大多为瑞士或日本出产；从 90 年代起则转为中国内地出产的手表，经由中国香港运往全球各地。1980 年，中国内地手表占中国香港手表再出口的 17.4%，2000 年则超过了 75%。^①

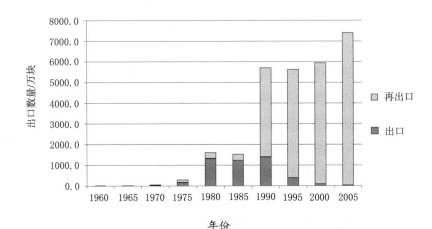

图 3：香港钟表出口结构（1960—2010）

数据来源：Hong Kong Trade Statistics Export & Re-Export Hong Kong: Census Department, 1960—2005。

香港钟表企业与西方企业签订授权合同，把自己重新定位成中国内地生产商和西方企业的中介，这一转变对香港的竞争条件影响深远。一些企业进行了产业改革，把工厂转移到中国内地，例如 Dailywin（1988 年），Crystal Electronic（1997 年），Gordon C（1997 年）。另一些企业没能适应新形势，最终消失了，例如 Betatronic（1990 年），Beltime（1995 年），Tinic Watch（2002 年）。^②还有一些新企业诞生，例如 1983 年由刘展灏（Stanley Lau）成立

① *Hong Kong Trade Statistics Import*, Hong Kong: Census Department，1980—2010。

② Lucien Trueb, *The World of Watches: History, Technology, Industry*, New York: Ebner, 2005, p.364–371.

的运年表业有限公司（Renley Watch Manufacturing）[1]，或是美国 Fossil 集团，1992 年，它直接收购了一家中国香港地区的企业，将其变成自己在香港的分公司，以便直接控制手表货源。[2] 总之，从 20 世纪 80 年代末开始，绝大多数香港钟表企业都拓展了自己的业务，开展瑞士表、日本表的零售和分销业务。它们纷纷在东南亚投资建设多品牌店铺，形成了自己的销售网络，成为其他国家钟表企业的重要合作伙伴。[3]

香港企业将工厂向深圳等地转移，瑞士及日本钟表企业在中国内地设厂，再加上中国内地钟表企业的飞速发展，这些使中国在 21 世纪初成为世界最大的手表生产地（从数量上看）。除去在欧洲和日本生产的几千万块手表，全世界的手表几乎都是在中国工厂生产的（2015 年约为 14 亿块）[4]。而 30 年前，1984 年，中国的手表产量只有 7300 万块。[5] 这惊人的增长主要得益于低价的劳动力，在 90 年代投资中国的企业数不胜数。Citizen 集团和 Swatch 集团就是在这个时期在中国开设机芯厂的（分别是 1995 年和 1996 年），Swatch 又在 2005 年左右把原本开设在中国的机芯厂转移到了泰国。[6]

中国钟表制造业的中坚力量是广东的十几家私有企业，特别是深圳。其中一些是 20 世纪 50 年代成立的国有企业改组而来的，

① *Hong Kong Manufacturing SMEs: Preparing for the Future: Watches & Clocks*, Hong Kong: Federation of Hong Kong Industries, 2010, p.8.

② Pierre-Yves Donzé, " Fashion watches: The emergence of accessory makers as intermediaries in the fashion system", *International Journal of Fashion Studies*, vol.4, 1, 2017, pp.69-85.

③ Laurence Marti, *Le renouveau horloger : Contribution à une histoire récente de l'horlogerie suisse (1980-2015)*, Neuchâtel: Alphil, 2016, p.61.

④ Japan Clock and Watch Association，https://www.jcwa.or.jp/data/estimate.html（2019 年 6 月 18 日访问）。

⑤ Pierre-Yves Donzé, *Des nations, des firmes et des montres: histoire globale de l'industrie horlogère de 1850 à nos jours*, Neuchâtel: Livreo-Alphil., 2020, p. 149.

⑥ Pierre-Yves Donzé, *Histoire du Swatch Group*, Neuchâtel: Alphil, 2012, p.54.

例如孔雀（Peacock）和天津海鸥（Seagull），还有一些则成立于80年代，例如依波（Ebohr）、罗西尼（Rossini）、飞亚达（Fiyta）。这些企业拥有强大的生产力，从 2000 年起，某些款式的手表已进入高端市场。[1] 当然，这些企业服务的主要还是中国市场。

90 年代以来，中国钟表市场最大的特点是瑞士表的急剧扩张，这得益于瑞士钟表商与当地销售公司的合作，例如在全国铺开商店网的新宇亨得利。瑞士钟表在中国的出口总量从 2000 年的 1670 万瑞士法郎、96000 块手表增长到 2021 年的 29 亿瑞士法郎、310 万块手表。[2] 如果再加上中国游客在境外购买的手表，中国已在 21 世纪初成为瑞士钟表最大的出口国。

结论

当我们从一个较长的时间段来考察瑞士钟表业与中国钟表业的关系，我们不仅能清楚地看到中国钟表市场崛起的条件，还能更好地理解中国钟表制造业的发展。虽然一个国家的市场与生产有一定关系，但这两者还是有属于自己的发展轨迹的。

首先看中国的钟表市场。从 17 世纪到今天，我们可以根据其产品性质和销售范围划分出四个主要阶段。阶段一，19 世纪末以前，中国钟表市场只占很小的份额，钟表是无用之物。由于中国的物质文化与欧洲截然不同，进口的钟表并非用来测量时间，而是为了满足好奇心，这些凝结了欧洲技术精华的仪器只是少数达官贵人赏玩的物件。阶段二为 20 世纪上半叶，伴随着中国的工业化，中国人开始使用西方计时系统，钟表随之成为实用且必需的物品。大众市场开始出现，主要消费进口钟表，特别是瑞士钟表。阶段三为 1950 到 1990 年，中国对全球贸易关上大门，导致进口

---

① *Watches: China Sourcing Report,* Hong Kong: Global Sources, 2005.

② 数据来源：瑞士钟表业协会。

钟表消失。虽然需求很大，但全靠民族企业自足。最后是阶段四，中国逐步对外开放，市场呈现混合状态——民族企业提供低价产品满足大众需求，瑞士的奢侈手表满足小众市场的需求。

再来看中国的钟表制造业。在许多国家，技术转移是从组装进口零件开始的，但中国的情况却不同。[1]20世纪30年代以前，海关保护的缺失成为中国民族钟表业诞生的主要障碍，瑞士钟表商仅仅满足于往中国出口成品，完全没有在中国内地开厂的打算。新中国成立后，禁止了进口和直接外资，凭借从瑞士和苏联那里得到的生产设备，从50年代后期开始，中国有了自己的钟表生产，并在70年代逐渐转化为大批量生产。然而，中国国有钟表企业的产品在国际市场是缺乏竞争力的。因此，当中国对外开放后，进口钟表又重新占据了市场，而中国新一代的钟表制造的中坚力量则是私有企业。

---

① Pierre-Yves Donzé, *Des nations, des firmes...*, p.149.

生活时间的体验

生活时间：人生的阶段

莫里斯·埃马尔（Maurice Aymard）

（法国高等社会科学研究院）

译者　张智（复旦大学）

直到 20 世纪中叶，欧洲历史学家仍执着于传记模式。这种模式使他们可以回溯时光，以遍览他们事先知道的某个人从出生到死亡的人生；对一些人而言，还包括其身后的名声。因此，从选定于过去之中的某个点开始，"时间之箭"的轨迹毫无意外地得到遵循。他们注意到"人生的阶段"划分现象，尤其是过去的社会对此进行的精确编码，将每个人的人生根据其性别不同划分为一系列年龄段，这些年龄段在当时的日常词汇中得到认可，只有死亡，这段路途中唯一的不可控因素，才能打断它们的承续。鉴于古罗马世界在欧洲历史中的公认地位，它构成了一个便利的参照系：古罗马世界将一生的时间精心划分为多个相承续的阶段，并为其命名。每个社会、每个时代都有自己关于时间和人生阶段的文化概念，这使得协调个人历史和集体历史成为可能。

这种模式在 1945 年后开始遭到质疑，这背后的诸多因素促使了历史学家对过去所提出的问题、他们与其他社会科学和人文科学的交流，以及他们与时间的关系——首先是与现在的关系——都进行深刻的革新：他们必须界定现在正在进行的变革的动力，将现在重新定位在他们所认知的长时段或中短时段的过去之中，以便帮助他们预见未来、为未来做好准备，并在可能的时候，影响未来。历史学家和其他学科的同事一样，发现自己面临着信息的双重扩展。

一方面，他们受益于加速倍增的社会机制，这些机制最早建立于 15 世纪末，但自 18 世纪末起，它们以更普遍的方式得到确立，并由各个国家系统地扩展到其治下的所有人，以便将每个人的人生都纳入时间的框架：出生、婚姻和死亡登记，按年龄组进行定期的统计普查，确定（刑事上的、法律上的、政治上的）成年年龄，征兵，入学和升学，退休，医疗和预期寿命的快速发展，经济增长规划，等等。这些机制在每个欧洲国家都有自己的编年和自己的历史。

但是，另一方面，对这些社会机制所产生和储存的信息的批判性分析，为新的研究开辟了两条主要途径。第一条关涉这些机制对社会的影响，以及它们在多大程度上改造了个人和社会群体的观念、认知、行为和选择，改变了他们对未来的预测，他们与时间的关系，以及他们处理个人和集体生活不同阶段的方式。第二条途径尤其为中世纪史和近现代史学者所注重，它旨在将这些较为晚近的变革追溯到更为遥远的源头，并探究其更早期的转变进程：这条道路是 1960 年在法国，由菲利浦·阿利埃斯在《旧制度下的儿童和家庭生活》（*L'enfant et la vie familiale sous l'Ancien Régime*）① 中开辟的，该书迅速成为经典，英译本在美国立即获得了巨大成功。

因此，"人生的阶段"已经成为理解和分析我们大多数学科所共同使用的"生活时间"的关键概念。文学和哲学学科首先开创性地使用了这一分析工具：它们基于广泛的文本选择，包括虚构的戏剧、小说或诗歌中的人物，以及那些多少具有规范性的专论所

---

①   Philippe Ariès, *L'Enfant et la vie familiale sous l'Ancien Régime*, Paris, Plon, 1960.

讨论的童年和教育，老年和善终的技艺，以及每个年龄段和每个性别特有的，有时也是每个社会阶层特有的美德和恶习。但很快，其他社会人文学科——心理学、社会学、民族志和人类学、教育科学，特别是政治科学——也投入了这类研究。"人生的阶段"这把钥匙让我们今天能够更好地理解这些年龄段如何被定义，人们随着时间推移，如何越来越频繁地使用这些分类，而这些变化又如何参与建构和塑造我们人生的各个阶段以及我们与未来的关系。这把钥匙还使我们能够通过比较，更好地了解欧洲以外的其他社会和其他文化，在昨天和今天所走的道路。

20 世纪中叶几十年的情境特别适合这一领域的研究。在此问题，以及其他诸多问题上，这一时代的人们意识到了变化的迅速，这些变化从内部改变着我们的社会，并使我们对最近的过去的记忆——无论它是真实的还是理想化的——都显得过时，这就把我们引向更遥远的过去，刺激我们回溯越发久远的过去。这些研究的共同目标是重新发现那个我们正在失去的、对我们来说变得陌生的世界之起源，并确认这些变化的机制、阶段和进程，以及社会行动者的身份及反应。历史研究总是，或者几乎总是始于向过去提出由现在所启发的问题，随后在这种回顾性方法的基础上更进一步，考虑过去社会的具体特点和它们之前的演变，制定一份更适合于过去社会的调查问卷。

当前，欧洲各国完成和公布的统计数据明显表明，一系列相似而复杂的演变正迅速加快，尽管它们的起始时间和随之而来的步调因国家而异。这些演变影响到人生的各个阶段，其起点不一，但都可以追溯至 18 至 19 世纪之间。在那段时间婴儿和儿童死亡率下降，而此前出生人口只有 50% 左右有机会活到十八岁。而出生率下降较慢且较晚，这导致了一个或长或短的人口强劲增长阶段的出现。出生时的预期寿命和进入成人生活时的预期寿命增加。

结婚年龄推迟——这既与学习和职业见习期的延长有关，也与女性的就学和就业从最初的落后状态逐渐赶上男性（尽管这一进程还远未完成）有关。我们 21 世纪社会的代际间距增加，从每世纪四代逐渐减至三代。最后，平均预期寿命增加，进入劳动力市场和退休的时间均被推迟。所有这些数字在所有人看来，都是人类社会繁衍模式的结构性变化的指标，这些指标总体趋于一致，但往往相互步调不一，它们反过来又影响了个体参与者的行为和决定，以及他们个体人生的历史。

这种变化的长时间逐步发展暗示我们，它可以被解释为两种截然不同的人口制度之间更具全球性的过渡进程。第一种制度，也是较早的那种制度，至少在西欧，以一种多少带有永久和普遍色彩的方式，体现了 19 世纪之前的那几个世纪的特征（但必须对其加以验证）。第二种制度的主体特征，目前已经在欧洲及世界上工业化和城市化程度最高的国家中确立；而在发展中国家，它也正在扩散和迅速发展，至少就它的某些要素而言是如此。它的普及伴随着 19—20 世纪世界人口的加速增长。今天的统计预测表明，至 2050 年前后，世界大部分地区（特别是欧洲和中国）的人口将达到峰值，接踵而至的则是与老龄化相关联的人口下降。21 世纪下半叶人口的预期增长大多将集中在撒哈拉以南的非洲，这将弥补公元 1000 年以来首先由于印度洋奴隶贸易，随后由于大西洋奴隶贸易而造成的落后。

在这两种人口制度下，不同年龄组之间的关系各自不同，而不同年龄段的相对重要性也发生了根本变化。在第一种制度下，儿童和 18 岁以下青少年人的比例在不同地区的记录中均达到总人口的一半，而 18 至 50 岁的成年人的比例略高于 40%，超过这一年龄门槛的比例不高于 8% 至 10%。年龄金字塔的底部因此都比较宽，因为死亡带走了一半的儿童，其中 20% 至 25% 夭折于出生的头一年。不过，按照个人和家庭的社会地位、经济和职业水平，无论是在城市还是在农村，情况都差别很大：有多少家庭，有多少个人，就有多少不同的轨迹。相反，在第二种制度下，也就是我们今天所处的人口制度中，年龄金字塔的底部在缩小，顶部在扩大：出生人数减少，但夭折于生命早期阶段的人数也在减少，老年人去世的时间也越来越晚。基本趋势是"老年人"的人数和比例稳步增加。根据所在国家和所从事的职业，他们于 60 岁至 70 岁之间，在国家规定的年龄，或他们决定或被迫这样做时，停止工作。该年龄段人口的平均预期寿命如今已超过 80 岁。除例外情况外（这种例外情况仍太多），他们都有权获得公共或私人养老金，养老金的数额与其正式申报的工作年限成正比。对于经济条件最好的人来说，这使得他们能够帮助其失业的子女，或为其孙辈的高等教育提供资金。因此，代际转移的财富数目和总量在家庭内部有逆转的趋势：传统上是由父母向祖父母转移，法律将其规定为一项义务，现在则越来越多地由祖父母转移给下两代人。

在这两种制度之间，有一个始终存在的因素需要我们注意，即：调控生活的时间和人生的阶段，并赋予它们节奏的，首先不是任何情感因素，而是人与工作的关系，以及工作所带来的收入流。只有社会上层，由于他们的祖先传下来的财富，才能让自己享受奢侈和闲暇的乐趣，并将其作为一种区分的标志来展示。公元 1000 年以来的欧洲还没有为历史学家留下任何有意义的记录，证明存在一种的建制化的年龄分段制度，自始至终框定着个体的人生，并在个体与个体之间建立贯穿一生的团契关系——人类学家在世界上其他地区的某些社会中识别和分析过这类年龄分段制度。即使是 16、17 世纪法国的"青年修道院"（abbayes de jeunesse）——一种将已步入青春期而尚未进入以婚姻为标志的成人生活的年轻男孩聚集在一起的团体，由团体中较年长者领导——也似乎是作为临时过渡团体而发挥作用的，并没有可识别的未来。同样，在近现代的书写文本中，我们也找不到那种以确切起止年龄划分人生段落并为每个段落命名的做法，而这种分类法在古罗马是司空见惯的。根据公元前1世纪的作家、学者和农学家瓦罗（Varron）的说法，有"五个平等的阶段，除最后一个外，每个阶段十五年"，最后一个阶段注定要以死亡结束："第一个阶段到十五岁"（pueri，即儿童），第二个阶段"到三十岁"（adulescent，因此是青年，而非我们今天赋予这个术语的意义：青少年），"第三个阶段到四十五岁"（juvenes，意为壮年，而非"年轻人"，因为此时人们可以在军队中服役），"第四个阶段到六十岁"（seniores，即年龄较大，但没有任何其他确切规定），最后是"第五个阶段，直到生命结束"（senes，即老人）①。但根据另一位作者所引用的另一个版本，瓦罗又进一步将童年（pueritia）划分为两个阶段，其中"幼年"（infantia）阶段的标志是幼儿缓慢学习语言，掌握这一进入人类社会的象征性标志。

然而，这种划分人生时间的原则本身依然贯穿于中世纪，尤其影响了13—14世纪的基督教道德家。这一点在1265年后在菲利浦·德·诺瓦尔（Philippe de Novare）撰写的《人生四龄》（Les Quatre Âges de l'homme）一书中得到了证明，但该书的划分依据不同，且没有给出确切的年龄：这四个年龄段——童年、青年（jouvent）、"中年"（中间阶段，即成熟的阶段）和老年——明确模仿了一年中的四季②。今天，同样的原则仍然存在，但它略过了最初的两个年龄，而"第三年龄"和"第四年龄"则进入日常语言，

---

① 转引自 Censorinus, *Le jour anniversaire de la naissance*, texte latin et traduction française, Paris, Les Belles Lettres, 2019, 14-1, p. 25-26.

② Élisabeth Schulze-Busacker, "Philippe de Novare, « Les Quatre âges de l' homme »", *Romania*, 2009, p. 104-146. 关于人类年龄分类系统的多样性，以及它们与其他系统之间涉及"整个世界、自然和人类历史的运作"的联系，可见 Jean-Claude Schmitt, *L'invention de l'anniversaire*, Paris, Arkhè, p. 57-64.

用来指代老年的两个阶段，两个阶段之间以"依赖性"与否分界（即适应特殊需要的有组织协助对有关人员家庭的重要性）。而世界卫生组织则出于统计的需要，将其按年龄细分为三个阶段，以便在全球范围内进行比较：低龄老年人（60—75 岁）、老年人（75—90 岁）和高龄老年人（90 岁以上）。

事实上，虽然同样的词一直沿用至今，但几个世纪以来，它们的意义不停发生着变化，它们在人生年龄坐标上的位置也不断迁移。"童年"（enfance），最初指的是生命的头几年，在此期间幼儿必须时刻不离成年人的监督和照顾（这个角色通常委托给第三者，而不是直系父母），直到习得所有基本的行动技能，获得自主性；这个词在近现代则逐渐改变语义，转而涵盖人生的头十二三年。与此同时，拉丁语"puer"（孩子）一词则逐渐边缘化，限于表示轻蔑的贬义词（幼稚的 puéril，幼稚性 puérilité）或学术语言（puériculture，幼教），并且消灭了其阴性的派生词（puella，女孩）。性别区分由更笼统的"男孩 / 儿子"（garçon）和"女孩 / 女儿"（filles）表述，而"孩子"一词则将涵盖儿子和女儿，以定义就"父母"而言的"后代"群体。

"jeunesse"一词在中世纪取代了古罗马的"*adulescentia*"用以指称青年时期，而后者则在更近的年代形成了 adolescence（青少年期）的一词，用于指称青年时代内部一个有确切年龄规定的，类似于英语中 *teenagers* 的年龄组。这是一个行为和反应（反对家庭和要求独立于家庭的诉求）被心理学家、社会学家和教育学家仔细分析研究的群体：这导致其成员在过去半个世纪的日常语言中获得了一个双音节的简称，ados，浓缩了该群体作为一个整体具有的所有真实或假定的特点。如果我们参考菲利浦·阿利埃斯的研究，那么，如同 16 世纪与 17 世纪间的近现代时期发明或重塑了童年，以便将其整合到家庭生活的情感体验中一样，过去半个世纪无疑发明了青少年期。这是个体首次相对于家庭产生独立身份意识的阶段，尽管家庭仍然是这些"青少年"的主要生活环境。随着民事和政治意义上的法定成年年龄从21岁（青年男子义务兵役的结束年龄）降低到18岁，18岁也被普遍认为标志着青春期的结束，个体从此获得成年人应有的权利和地位。这也反过来使得原本界限模糊、介乎于童年和成年之间的"青少年期"更明确地被认定为了一个"人生的阶段"：这个阶段是给那些生活在其中，并要跨越它的人，为其作为积极成年人的未来做准备、提供预演和鼓励的。

"成年人"这一年龄阶段现在至少涵盖了40年，在过去的一个世纪里，它也经历了一系列变化：前期培训、获得的经验和资历逐渐取代了许多工作所需要，且往往随着40岁的到来而下降的体力，成为长期和渐进式职业的社会模式的基础，并持续上升直到退休。这种模式现在在许多经济部门受到了正在进行中的技术革命的挑战，这些技术革命看重的是最年轻的人的适应能力和创新能力，却使处于职业生涯晚期的年长者变得脆弱，因为他们无法掌控新技术。

我们目睹了每个国家中和世界范围内"人生阶段"的重塑，它涵盖了欧洲16世纪以来的历史。这种重塑中，教育发挥了关键作用。教育机构分为我们今天依然熟悉的三个层次，即小学、中学和大学，它们也各有其自身的历史。15世纪末，这种教育一方面仍保留给教会人士，即"教士"，在他们之外，则仅限于教授三门学科：神学、法学（民法和教会法）、医学。这三门学科的教学由自11世纪末出现于欧洲的大学提供，至1500年左右，欧洲已有50多所大学。所谓"博雅学科"（arts libéraux）构成了第一个预备阶段，它与今天的普通中学教育相当，教授拉丁文以及语法、修辞和辩证法，学生的年龄和学业水平往往差异巨大。相比之下，军事技能和几乎所有职业活动的培训都是以老带新的方式内部传授的。就前者而言，它由贵族提供，这些贵族继续认同军事职业，并在自己的孩子很小的时候就为他们做准备。不过在某些农村社会，如瑞士，军事职业是一种视战争需求变化而定的"季节性"工作，它提供了足够多的报酬，足够吸引很大一部分男性人口从青少年时期就开始为军事职业做准备。因此，这一职业在当时，是由老练的雇佣兵所从事的"季节性"工作。他们和所有优秀的工匠一样，自备必要的设备，小心翼翼地避免不必要的生命危险，并随时准备通过掠夺来贴补雇主承诺的军饷之不足[①]。对于其他职业活动，培训也是由相关的社会和职业类别直接提供的：占人口大多数，且拥有所有与土地相关的知识和手艺的农民；更多分布在城镇的商人和手工业者；以及陆路、河道和海上运输行业。见习期可以很早就开始，10 岁之前，是在家庭的范围内，孩子们被要求参与家里的活计；几年后（13—14 岁），则是在父母与一名"师傅"签署的正式契约的框架中。就行会的意义而言，"师傅"一词意味着，他承诺在几年内教他们其行业中的所有技能和秘密。这样，培训和工作之间的紧密结合很大程度上支配了人生的第二个十年，这是为之后成人生活的各阶段做准备。能真正逃脱这种生活的只有大学生（所有人均是男性）和社会上层家庭的孩子，特别是城市上层家庭的孩子（男孩，不过在这种情形中也包括女孩），中世纪末期，这些家庭确保他们有一名私人家庭教师：这一传统在一些国家一直持续到 19 世纪，例如俄国的法语教学。

16 至 17 世纪开始发生的两个重要变化改变了这种状况。首先是农村地区缓慢而逐步地建立起幼儿学校，地方上的民事和宗教权力机构将学校委托给他们选定的教师，并至少支付部分报酬：这些学校标志着一个延续几个世纪的、累积性的人口扫盲进程的开

---

① Fritz Redlich, *The German military enterpriser and his work force: a study in European economic and social history*, vol. XIII et VII des *Beihefte* de la *Vierteljahrschrift für Sozial und Wirtschaftsgeschichte*, Wiesbaden, Steiner Verlag 1964-1965.

始，该进程在空间上分布不均，它在19世纪和20世纪之交，在13岁或14岁以下的男女儿童中，首先以非强制性的，随后以义务性的形式，普及了初等教育。这与传统上开始职业见习的年龄相吻合。初等教育的普及使得儿童期的第二阶段与上学联系在了一起，由此，它标志着人生第一个阶段的表征和求学经验的首次断裂。

第二个变化是一种新型的教育机构：学院（les Collèges）。它创建于16世纪，并在17至18世纪间推广普及。学院集中系统教授的一些学科知识，在19世纪被现代的初高中所采用，今天依然构成我们中等教育的核心。学院主要由其创办人，尤其是耶稣会士设计，他们在16世纪下半叶制定了教学模式，这在1599年出版的《教学大纲》（Ratio Studiorum）中得到了呈现 ①。学院都建在城市中，只为社会上层、贵族和资产阶级的男童服务（修道院是家庭解决女孩教育的唯一出路），采用寄宿制（切断学生与家庭的联系，鼓励他们与其他同龄学生建立联系），并提供渐进式教育，这种教育要跨越数年，每年从一个年级升至更高的年级。这些学院将真正的年龄级组引入以前忽视它们的社会中，鼓励在家庭环境之外建立同龄人之间持久的个人联系，这些人基本上属于同一社会阶层，但出身之地往往相隔甚远。这就带来一个间接的，但可能的后果：那些拉丁作家们，以及蒙田在他同拉波哀西的关系中

---

① *Ratio studiorum : Plan raisonné et institution des études dans la Compagnie de Jésus, édition bilingue latin-français* de Dolorès Pralon-Julia (Adapté par), Adrien Demoustier (Préface), Dominique Julia (Introduction), Marie-Madeleine Compère (Sous la direction de), Léone Albrieux (Traduction). Belin 1997,

所颂扬的伟大友谊，其形成的年龄段从成年滑向青少年期 ①。

一种模式诞生了，它的应用不断扩展到新领域，并在整个 20 世纪得到了推广普及。它从我们的出生日期起，到我们进入职场的日期止，对我们的生活时间进行了按部就班的严格统计，一年年有规律地在我们的简历中标记着连续接受学校教育（小学、中学、大学）的年份，直到通过标志学习生涯结束的考试并获得头衔的年份。考试和头衔为我们开启了几十年职业活动的大门，这段人生也在一定程度上是规划好了的，不过，在此期间，我们可以更为自由地做出选择，直到退休之日。学习时间的延长和相关年龄组中获得学习机会人数的百分比的不断增加因此发挥了关键作用，而各国政府对此并不总能进行适当的管理。虽然儿童期和青少年期现在被明确确定为"人生的阶段"，但仍需创造并界定此后的第三个阶段，它的起点是法定成年之日，而终点是实际完成学业、结束经济和职业不稳定、获得稳定工作的年龄，以及，对所有愿意的人而言，是他们在自己所选择的时候，根据他们的经验和需要，建立某种家庭生活形式的年龄。

---

① Maurice Aymard, " Amitié et convivialité ", in *Histoire de la vie privée*, sous la direction de Philippe Ariès et Georges Duby, t.3, Paris, Le Seuil, 1986, p. 455-499, et « A History of Friendship - Among Other Sentiments », *The Medieval History Journal*, 18,1(2015):1–24, Sage Publications, Los Angeles/ London/ New Delhi/Singapore/ Washington DC.

在现代，生活于基督教时间中

伊夫·克鲁姆纳盖尔（Yves Krumenacker）

（里昂第三大学）

译者　王力子（巴黎萨克雷大学）

　　基督教对 16 到 18 世纪的现代西欧影响深远。它几乎垄断了思想文化，甚至连已经与教会决裂的启蒙哲人也无法完全摆脱几个世纪以来由基督教所建立起来的思想框架。政治、法律与经济在那时都不过是神学的分支，它们历尽困难才将自己从神学中解放出来。基督教的世界观、时间观念和行为规范对欧洲人生活的影响无处不在。在基督教对西欧的意识形态控制之下，16 世纪 20 年代以降其观念的分裂（罗马天主教以及新教诸教派）只不过带来了一点细微的差别。正如我们将要看到的那样，基督教的各分支之间存在着一种共同的生活方式，亦即生活于基督教时间中；它们之间的区别则仅限于细节。

　　基督教时间在许多世纪前逐步为人所接受，但它的定义是什么？这一时间是由上主所创造的，但他自身却置身时间之外，居于永恒之中，人只有在时间的尽头才能与他重逢。这本是亚伯拉罕诸教的共识；但弗朗索瓦·阿赫托戈（François Hartog）（反思时间概念的最重要的法国历史学家之一）却提出，在这一共识下，还存在着一种由基督教所独创的"历史性的体制"（Régime d'historicité），它是三种要素的结合，按其希腊语源命名，即 *Chronos*、*Kairos* 与 *Krisis*①。*Chronos* 即"时间"，它无处不在、难以捉摸。它不是永恒的，正如古代所描述的那样，它由上主所创造，并将终结于神圣的末日审判。它朝向着决定性的"时刻"（*Kairos*），也就是基督光荣再临（la Parousie）和天国到来的时刻；它是"审判"（*Krisis*）之时，那时选民将与被弃绝者分开，从此生活在上主的临现之中。陈旧的过去只有就当下而言才有意义，它只不过宣告并预示着那一"*Kairos*"的来临，从而让基督徒能够追随耶稣基督；因为时间的终结被认为已经迫近，即便我们并不能确知它将于何时发生。阿赫托戈将基督教时间定义为一种"当下主义"（présentisme），认为对这一时间来说，从基督降临开始，最重要的就莫过于当下。他提出，"时期一满"（Plénitude des temps）②的说法所蕴含的正是当下，并且这一当下已经到了决定性的时刻（*Kairos*）："人人都要觉醒，因为上主就要到来，救恩已经临近。"

千百年来，关于这一时间的表述不断地被明确、被改造，并使其适应历史的进程，但它始终没有发生过根本性的变化。现代欧洲的基督徒正是生活在这一时间之中，有时甚至是以戏剧性的方式生活于其中。在后文中，我们会以尽可能贴近实际的方式来对这一时间展开研究。

有限的线性时间

基督教时间是有限的，也是历史的。正如《创世记》的首章所载，它以上主在六日内创世，并在第七日休息为开端。关于这一开

---

① François Hartog, *Chronos. L'Occident aux prises avec le Temps*, Paris, Gallimard, 2020。（该作相关翻译遵循黄艳红译本，弗朗索瓦·阿赫托戈，《历史性的体制：当下主义与时间经验》，中信出版社 2020 年版。——译者注）

② 出自《圣经》（GA 4,4）。译文采用思高本。和合本作"时候满足"。——译者注

端的时间有许多猜测。根据复杂的计算所确定的圣经年表，现代早期的大多数学者都认为世界是在耶稣诞生前4000年左右被创造出来的。对于圣公会的莱特富特（Lightfoot）、法国加尔文主义者贝罗阿尔德（Beroalde）、德意志加尔文主义者帕雷乌斯（Pareus）来说，创世发生于公元前3928年；法国人斯卡利杰（Scaliger）倾向于是前3947年；而对普法尔茨（Palatinat）神学家斯潘海姆（Spanheim）来说是前3950年，对德意志历史学家斯莱登（Sleidan）来说是前3954年，对西班牙耶稣会士马尔多纳多（Maldonado）来说是前3955年，对圣公会的布赖顿（Brighton）来说是前3960年，对德意志数学家卡里恩（Carion）来说是前3963年，对清教徒珀金斯（Perkins）来说是前3967年，对改革宗的海因里希·布林格（Heinrich Bullinger）来说是前3974年，对法国改革宗的达诺（Daneau）、信奉路德宗的天文学家开普勒（Kepler）来说是前3980年，对意大利耶稣会士博敏（Bellarmin）来说是前3984年，对路德本人，以及西班牙耶稣会士苏亚雷斯（Suarez）来说是前4000年，对圣公会的乌雪（Ussher）来说是前4004年，对西班牙耶稣会士佩雷拉（Pereira）来说是前4022年[①]……不难注意到，以上所列举的一些人物身居西方学术传统最著名者之列，并且遍及西方基督教的各个教派，这足以显示出人们对推定创世年代的兴趣。创世无论如何都是晚近之事，这一信念直到18世纪才开始动摇，其原因则与宗教毫无瓜葛：最初是编年史学家们发现，一些民族（如埃及人，美索不达米亚人，墨西哥人以及中国人）有着悠久的历史，很难将它们对应到《圣经》的时段之中[②]；而在其后，关于沉积、侵蚀与化

---

① Jean Delumeau, *Une histoire du paradis. Le jardin des délices*, Paris, Fayard, 1992, p. 243-244 ; Constantinos Apostolos Patrides, « Renaissance Estimates of the Year of Creation », *The Huntington Library Quaterly* XXVI, 1963, p. 317-319.

② Hartog, Chronos, op. cit., p. 185-202.

石的大量地质学研究发现又促使布封（Buffon）等人提出，地球的寿命实际上更加漫长[①]。

然而，在遭到这些质疑之前，"创世大约发生在耶稣诞生前4000年"的这一推测很可能让人感到恐慌。因为按照传统的观点，创世的六天乃是普遍历史的缩影，照此推测，世界的历史也不可能超过6000年。时至现代开端，距耶稣的降生已经过去了1500年，世界已经临近终结，时间的终点也已隐约可见。对于一些人来说，情况还可能更加紧迫，因为"末日审判"甚至还可能发生于应允的6000年之前。路德从1520年开始感到"末日已到门外"；之后几年，他时而思考末日是否会在他死前降临，时而猜想世界已无百年之数。他的同僚和信奉者梅兰希顿（Melanchthon）也持同样的观点，许多路德宗的神学家也是一样，例如奥西安德（Osiander）——不过，他把时间终结之日推迟到了1689年。再洗礼派的托马斯·闵采尔（Thomas Müntzer）认为这个时间应该在1524年到1526年之间，异端的米格尔·塞尔维特（Michel Servet）则认为是1585年。天主教异端康帕内拉（Campanella）估算认为是1632年，第五王国派（La Cinquième Monarchie）的英格兰清教徒希望是1655—1657年间，新教牧师朱里厄（Jurieu，1637—1713）则将其确定为1785年[②]。

这些关于时间终结具体日期的猜测存在于所有的基督教教派，但它们始终都是边缘化的。所有的教会都曾反对过这种行为，虽然在路德宗以及最为激进的改革运动中这种情况相对较少发生。然而，抛开具体日期不谈，只认为末日已经迫近的观念仍然十分普遍，而且不局限于知识界。这样的"末世论"思潮在16世纪的法国多次涌现，这也在很大程度上解释了宗教战争中为何发生了

① Jacques Roger, *Buffon : un philosophe au Jardin du Roi*, Paris, Fayard, 1989.

② Jean Delumeau, *La peur en Occident*, Paris, Fayard, 1978, p. 215-218 ; id., *Mille ans de bonheur*, Paris, Fayard, 1995, p. 171-199.

屠杀①。在西班牙和葡萄牙，它使得为全世界人施洗变成了一项紧迫事务，开展传教事业也因此成为当务之急。15世纪末的西班牙、17世纪中期的英格兰都在这种思潮的鼓动下试图以武力来建立完美的基督教社会②。1618到1648年间的三十年战争期间，这种"末世论"所带来的压力依然巨大，这场战争最终撕裂了整个欧洲③。

相对而言，另一种广泛传播的观点更加普遍，也较为温和。很多人相信世界已经垂垂老矣，每况愈下，并力图找出各种乱象以证明这个世界确实已经步入了晚年。灾祸、自然灾害、地震、火山爆发、洪水、农作物歉收、流行病、兽疫、彗星、"怪胎"诞生等都对他们有着十足的吸引力④。这些都是世界已经衰老的特征，正如牧师维雷（Viret）所说，世界"正在衰败"⑤。教会自身，也就是牧养信徒的机构，其历史（至少对于新教徒来说）也就只能被看作漫长的衰败史⑥。因此，教会必须不断地进行改革，清教运动、敬虔运动以及复兴运动尤其坚持这一点。

在不断流逝的有限时间之中，一些节点还有着特殊的意义。占星家们宣称，通过重读古代的文献，可以确认物质每7年或9年就会完全更新一次；医生和神学家也赞成这种说法。依此而论，每逢7或9的倍数的年数，就特别容易发生事故、患病

① Denis Crouzet, *Les guerriers de Dieu. La violence au temps des troubles de religion vers 1525 – vers 1610*, Seyssel, Champ Vallon, 1990.

② 关于末日论思潮的概述，参见：Jean Delumeau, *Mille ans de bonheur*, *op. cit.*, p. 201-273.

③ Bertrand Forclaz, Philippe Martin (dir.), *Religion et piété au défi de la guerre de Trente Ans*, Rennes, Presses Universitaires de Rennes, 2015.

④ Jean Delumeau, Yves Lequin (dir.), *Les malheurs des temps. Histoire des fléaux et des calamités naturelles en France*, Paris, Larousse, 1987.

⑤ Pierre Viret, *Le monde à l'empire et le monde démoniacle*, Genève, Jacques Berthet, 1561.

⑥ Jacques Solé, *Le débat entre protestants et catholiques français de 1598 à 1685*, Lille, Atelier de reproduction des thèses, 1985.

甚至死亡，对于人或者世界都是如此。这两个数字的乘积（63）或者其一的平方尤为不详，因而其对应的年份就被称为"关口"（Climactérique）：49（7^2）岁、63（7×9）岁和 81（9^2）岁都极为凶险。15 世纪末之后的百余年间，无论新教徒还是天主教徒都为此提心吊胆[1]。

无论日期如何，基督教时间都是一种线性的时间。它从创世开始，到基督光荣地归来和最后的审判为止，并且是围绕着耶稣的诞生而建构的：在这一事件之前，人生活在期待的时间中，其中的一切都预示着当下的时间[2]。这一当下的时间本应是短暂的（最初的基督徒相信时间的终点迫在眉睫），并与决定性的时刻——Kairos 交织在一起，但却被延长了，并由此产生了各种对世界已经步入暮年的猜测，和一些边缘化的基督教团体所做的尝试：一些人认为当下的时间可以通过《旧约》中的事件得以解释（詹森派索隐主义[3]），而另一些人则更加独特地用儒家的文本来进行解释（耶稣会索隐主义[4]）。

但总而言之，这种线性的时间观实际上并不怎么重要。在天主教看来，重要的乃是当下的行为，是行事的方式究竟遵从还是违背了上主的旨意。一个人死前的每时每刻都可能会受到此种质疑，这也解释了 *ars moriendi*，也就是"善终的艺术"（Les arts de bien mourir）这样一种极其特殊的文学体裁为何如此重要。正是这

---

[1] Max Engammare, *Soixante-trois. La peur de la grande année climactérique à la Renaissance*, Genève, Droz, 2013.

[2] 这种时间观也影响了对《圣经》的解读，它从基督的一生出发来解释《旧约》中的所有事件，从而赋予其寓意上的重要性。参见：Henri de Lubac, *Exégèse médiévale, les quatre sens de l'Écriture*, Paris, Aubier, 1959-1964.

[3] Catherine Maire, *De la cause de Dieu à la cause de la Nation. Le Jansénisme au XVIIIe siècle*, Paris, Gallimard, 1998.

[4] Arnold H. Rowbotham, "The Jesuits Figurists and Eighteenth Century Though", *Journal of History of Ideas*, XVII, 1956, p. 471-485.

种与上主之间的联系使基督徒得以在死后超脱于时间，在永恒中得见上主而喜悦。弗朗索瓦·阿赫托戈正是因此而提出了"基督教当下主义"。一切都发生于当下，但在死前所发生的一切都不是决定性的。而另一方面，这一线性的时间也能够借助于一些"时间裂隙"而得以穿越。例如，永恒的上主也可以借由奇迹而突然临现于此世，而基督徒在与基督的圣体共融时，也就受到了永恒的滋养。同样，基督徒在此世所做的祈祷或者虔敬之举也能影响那些已经处于永恒之中的人，甚至能感动上主，使他允准其更快地进入天国。

而对于新教各派来说，线性的基督教时间也同样是相对的，因为救恩不受这一框架的限制。人固然生活于时间之中，但根据预定论的教义，他们的命运仅仅取决于上主，并且早在他们出生之前就已经预定了。根据堕落前预定论的观点，这一预定甚至可能早于创世，因为上主拯救人的意旨在逻辑上先于创世的意旨。换言之，"时期一满"当然也是有的，但决定拯救的时刻甚至先于时间本身，而仅仅取决于上主。*Kairos* 和 *Krisis* 由此也就失去了效力。新教徒可以将他的生命用于日常活动，或者用于赞美上主（通常的时间之所以存在，就是为了让他能够在日常事务中赞美上主），但这与他是否能够得救毫无关联。

周期性的时间

上文中我们讨论了基督教时间线性的一面，并注意到了天主教与新教之间的区别；但我们还几乎完全没有提到人是以何种方式生存于时间中的。尤其重要的是，这还与时间的另一面交织在一起。实际上，线性的时间不得不与周期性的时间共存。

季节性的自然周期并没有消失，甚至还被基督教化了。自从 5世纪起，每逢春天，人们就会庆祝祈祷节（Rogations）：在耶稣升天节（周四）前的三天里，人们以祈祷、降福和游行的方式来祈求获得丰收。宗教改革之后，这一节日在天主教国家、许多信奉路德宗的国家，以及圣公会的英格兰都得到了保留，只有信奉加尔文宗的国家勒令禁止。

　　不过，将时间周期化的主要因素还是基督教自己的节日[1]。耶稣基督生命中的各个主要事件都得到了纪念：预报、诞生、割礼、显现、最后的晚餐、受难、复活、升天、圣神降临；圣母的一生也是如此：出生、取洁、升天；许多圣人也都有专门为其设置的瞻礼日。最后，日历上的每一天都被献给了基督、圣母以及一位或多位圣人。除了复活节圣周、耶稣升天节和五旬节的日期需要以阴历确定，因而每年都会有所不同，其他节日都会在每年的同一时刻循环往复。由此，基督教的日历为年份赋予了节奏。最重要的一些节日（即与基督、圣母和特定的一些圣人相关的节日）需要停工庆祝，或者说，所有的世俗活动都应当中止。这些节日到了现代已经比中世纪有所减少（主要是出于经济考量），但仍然相当可观：路易十四时期的法国有 35 ～ 40 个，16 世纪初的英格兰，17 世纪 80 年代的荷兰有近 40 个，等等。

　　新教的情况则有所不同，它限制了节日的数量。从理论上讲，所有的日期对新教而言的价值都是一样的，没有哪天比其他的日子更值得庆祝。正如法国牧师达耶（Daillé）在 1651 年所说的那样，"基督徒高于年、月、日，正如一个城市的自由民远远高于太阳与群星，虽然它们构成了时间，又是时间的尺度"。[2] 但是，像 1559 年《法国改革宗教会信经》（*Confession de foi des Églises*

① Philippe Desmette, Philippe Martin (dir.), *Orare aut laborare ? Fêtes de précepte et jours chômés du Moyen Âge au XIXe siècle*, Villeneuve d'Ascq, Presses Universitaires du Septentrion, 2017.

② Jean Daillé, *Sermons*, Paris, Louis Vendosme, 1651.

réformées de France）所呼吁的那样去抵制这种"对日期的迷信观念"并不容易付诸实践。传统的节日实际上并没有完全消失。路德宗诸国保留了复活节、五旬节、耶稣升天节、圣诞节、各种基于《圣经》记述的小节日（耶稣受割礼、圣母献耶稣于圣殿、圣母领报、圣母往见、主显节、保罗归信）、诸圣节、米迦勒与诸天使庆日、丰收节；17世纪又增加了宗教改革禧年（Jubilés de la Réformation），1648年开始的和平日，以及祈祷斋戒日（例如在丹麦，1686年设立了大祈祷日）。这些节日中有很多都在17世纪末或18世纪消失了，主要是出于经济原因。

在英国，亨利八世于1536年后废除了许多宗教节日。一部分是因为这些节日太过喜庆，也有一部分是因为要废除它们可能带有的迷信成分，但经济因素也依然十分重要。此外，也出现了各种政治开端性事件的纪念活动，这些活动也同样带有宗教色彩，例如君主的生日、火药阴谋的纪念日以及1660年之后查理一世被处死的纪念日。

瑞士和加尔文宗的改革在废除旧节日、重新组织礼仪年方面走得更远 ①。1536年，日内瓦所剩下的节日就只有主日——也就是星期日了。但对于民众来说，改革的决定太过激进；于是在1538年，圣诞节、耶稣受割礼日、道成肉身（圣母领报）日、耶稣升天节得到了恢复。然而到了1550年，所有的节日又被决议废除，停工休息日又只剩下了星期日。在其他地方，节日常常得以保留到16世纪末。在巴塞尔，标志着接纳宗教改革的1529年法令保留了纪念圣母玛利亚以及得享永福的圣人的节日；在苏黎世，1526年法令保留了纪念圣母的节日、诸圣节以及最为重要的一些圣人的瞻礼日，例如圣彼得、圣保罗、圣斯德望（Saint Étienne）、圣抹

---

① Yves Krumenacker, « Temps protestant et temps de la modernité : une fausse évidence ? », *Temporalités* [en ligne], 30, 2019, http://journals.openedition.org/temporalites/6581

大拉的马利亚（Sainte Marie-Madeleine）以及城市的主保圣人菲利克斯（Felix）和雷古拉（Regula）。一些节日逐渐消失了，但城市的节日，也就是殉教者菲利克斯与雷古拉的瞻礼日直到 1597 年才被废除。在伯尔尼，一些传统节日同样得到了保留。在法国，天主教徒与新教徒的共存由《南特敕令》加以规束，在这一体制之下，遵守所有天主教的停工休息日被视为一项义务。为了避免新教徒借机参加天主教的庆祝活动，新教教会逐渐习惯于在这些节日中举行公开祈祷或布道活动，在布道中告诫信徒不要接受《圣经》之外的节日，并借此来表达净化这些天主教节日的意图。

这些变化都反映在了日历中。在日内瓦，日历中的圣人被《圣经》、古代教会史和 16 到 17 世纪的新教历史中的事件取而代之。日历中标注了路德、布策尔（Bucer）、爱德华六世、加尔文、加斯帕尔·德·科利尼（Caspard de Coligny）、贝扎（Bèze）、亨利四世、罗昂公爵亨利（Duc Henri de Rohan）等人逝世的日期，其间还能找到一些古代或中世纪的人物，例如卡里古拉和查理曼。每一年都会有新的事件被加入日历中，因而体现出了时间的演化——这与传统的日历所显示出的那种重复的时间截然不同，在后者中，礼仪节日与圣人的瞻礼日每年都保持不变。从这个意义上说，新教的时间，特别是加尔文宗的时间比天主教的时间较少具有周期性；另一方面，由于加入了各种现世事件的纪念日，它也比天主教的时间更加世俗化了。

在天主教世界中，时间实际上是农耕与礼仪这两个周期的组合；时间的流动因而也就可以在世俗与神圣之间加以区分[①]。将临期（Avent，圣诞节之前的四周）是礼仪年的起点，它始于一年的田间劳作结束之时。这是一段悔罪的时间，其间人们需要守斋（只能

---

① Bernard Hours, *L'Église et la vie religieuse dans la France moderne XVIe-XVIIIe siècle*, Paris, PUF, 2000, p. 7-9.

进无肉的轻食）；不过这也同样是一段村中社交的时间，许多守夜活动在这一时期进行。接下来是圣诞节与主显节之间的十二天欢庆，直到 1 月 6 日为止，那时孩子们就会分食国王饼、讨要糖果。此后是一段世俗的时间，没有活动限制，直到二、三月份进入四旬期之前的"油腻周"（指没有饮食的限制），这一周结束于"油腻星期二"，当天会举行各种庆祝活动。四旬期也就是复活节前的四十天，是守大小斋、悔罪和祈祷的时期。这是在为复活节圣周做准备。到了圣周，许多日课（office）都会纪念耶稣基督生命中最后的数日。再之后是从复活节到五旬节之间的八周，这既是春播的时节，也是冬小麦停止生长的时间；在祈祷节期间，人们祈求上主为丰收而降福。生活继续进行，接下来是 6 月 24 日，施洗约翰的瞻礼日，同时也标志着夏日农忙的开始。夏秋两季的宗教节日相对较少。最后，诸圣节和追思已亡日（11 月 1 日和 2 日）标志着田间劳作的结束，这是欢庆之时，也是续地租的日子（通常在 11 月 11 日，圣玛尔丁的瞻礼日）。因此，礼仪日历与各种农业活动是相吻合的，这也就为时间赋予了周期性。

类似的日历仅有一部分还存在于路德宗和圣公会所属的地区，而在加尔文宗地区则已经完全不复存在了。在那里，年度是围绕着庆祝圣餐的仪式来构建的。在改革宗教会中，圣餐仪式每年举行四次：与圣诞节最近的周日，复活节，五旬节以及九月的一个周日。人们通过一周或几周的讲道、增进虔诚、悔罪和斋戒来在团体之中为圣餐仪式做准备，但这一准备也可以通过阅读圣餐准备手册来独自完成。这是一年中的四个高潮时刻，也是团体自我确认为基督教团体的时刻[1]。不难注意到，与天主教的日历相比，它已经完全与农业周期脱钩了。

---

① Christian Grosse, *Les rituels de la cène. Le culte eucharistique réformé à Genève, XVIe-XVIIe siècle*, Genève, Droz, 2008.

在上述的这些正式节日和高潮时刻之外，祈祷和礼拜也为每周的时间赋予了节奏。从 1476 年开始，所有的天主教国家都会在早上、中午和晚间鸣钟，以提醒人们放下手中的活计来诵读三钟经（Angelus，每天三次向圣母祈祷）。因此，人们基本上是伴随着诵念祈祷经文起床和入睡的。饭前饭后也同样要诵念祈祷经文。对于天主教徒来说，周五是守小斋的日子，因此不能吃肉。周日是献给主的日子，禁止做工。天主教徒在早上前去望弥撒，新教徒则参加礼拜；到了下午，前者可以听一场布道，然后参加圣母日课以及晚祷，后者则可以参加第二场礼拜。

在当时，周日同时也被视为悔罪的标志[1]。一切世俗活动理论上都被禁止，不过实际来看，新教国家遵守这一规则要比天主教国家严格得多。在英格兰、苏格兰、荷兰和瑞士的新教地区，所有的非宗教活动都被禁止：这当然包括了舞蹈、游戏和音乐，但经济生活与交通也同样在被禁止之列，至少在理论上来说是这样。对于外国观察家来说，这些地方的新教徒守主日堪称完美，不过鉴于经济生活、交通和各种世俗的消遣等等活动都被禁止，这一天就不免显得阴沉无趣。天主教国家则恰恰相反，公共庆典和世俗活动在那里仍然十分重要，信仰新教的旅行者常常为此感到惊讶：小酒馆照开不误，舞蹈、戏剧、宴会、纵饮一应俱全。实际上新教徒违反主日戒律也并不少见，正是因此，清教运动、敬虔运动以及更广泛意义上的异端分子都试图让人们更加严守主日。这不免会引起冲突，例如英国 1618 年到 1633 年间关于《游艺条例》（Books of Sports）的冲突。

最后，为时间赋予了节奏的还有一些不那么具有规律性的活动，例如天主教世界中的内部传教，以及新教中的斋戒日。不过，

---

[1] Alain Cabantous, *Le dimanche, une histoire. Europe occidentale (1600-1830)*, Paris, Le Seuil, 2013.

这些活动也仍然是重复性的。

在整个天主教世界，教会自 16 世纪中叶起就意识到，仅靠由教区加以引导的普通基督教生活并不足以使福音深入地扎根于社会之中。因此，教会要求各个修会（如耶稣会、嘉布遣会）或在俗会（奥拉托利会、遣使会、耶稣圣母会）的成员安排三到五周的时间（主要在冬季）到乡下居住，在那里讲道、听告解、做弥撒、讲授教理、组织游行，最后竖立一个十字架作为传教的结束①。这种密集的教理传授形式常常十分引人注目，而且由于它打破了平日时间的常规，所以也会更加有效。

在改革宗地区，斋戒日最早出现于 1567 年的日内瓦，直到 1620 年共重复举办了 15 次左右，1640 年起规范化为每年一次。巴塞尔和伯尔尼也会举办斋戒日，之后法国的新教地区也加入了这一行列。斋戒日是停工日：商店关门，禁止劳作，全身心地进行祈祷。设立斋戒日的目的在于使人在危难之际对上主保持谦卑，并承认自己的罪②。斋戒日每年至少会有一次，但日期并不固定；借由这种例外性，它也同样打破了常规，并凸显出了时间的基督教特征。

在第一部分中，我们已经观察了线性的，尤其是有限的时间，这一时间凸显了当下的重要性。加上周期性的时间以及上述的这些例外性因素，我们就得到了一种组合，一种日历和年表的组合——前者提供了一种循环的、易于把握的时间，后者则将人类置于一种不能倒流的时间秩序当中，而且人人都知道它已经濒临终结。因此，为了抓住那个决定性的时刻，为了在被看作最后的

① Louis Châtellier, *La religion des pauvres, Les sources du christianisme moderne XVIe-XIXe siècles, Les missions rurales en Europe et la formation du catholicisme moderne*, Paris, Aubier 1993.

② Yves Krumenacker, « Le jeûne protestant en France au XVIIe siècle », texte à paraître en 2022 dans Sylvio Hermann de Franceschi, Hocine Benkheira (dir.), *La dîme du corps : doctrines et pratiques du jeûne.*

这段时间里以一种直面上主的方式生活，就必须不断地提醒自己把全部的时间都敬献给他。如果说新教徒并不担心自己能否在尘世的生活，也就是在时间之中争取到得救，他们也仍然要感谢上主拣选了他们，感谢上主已经决定要拯救他们。为此，新教徒也仍然要生活在基督教时间之中。

生活于基督教时间中

正如我们在前面的章节中看到的那样，基督教的影响已经为日常生活打上了烙印。钟声每天定时鸣响，一整天的各种祈祷，每天进行的日课（虽然平日的日课并不会强制参加），一切都在提醒人们，时间首先属于上主。

新教尤为重视家庭礼拜。在路德宗国家中，教会的敕令提醒人们每天必须做数次祈祷，晚饭过后要阅读路德所编写的教理问答和《圣经》，周六周日要阅读布道书，唱圣歌。约翰·米歇尔·莫舍罗施（Johann Michael Moscherosch）1643 年编写的《父母的无眠之忧》（*Insomnis cura parentum*）是一本在 17 世纪广泛使用的手册，从中可以管窥路德宗对家庭的要求。早上醒来之后，要心念上主的庇护来感谢他。洗漱穿衣之后，要跪诵几段祷文，然后唱一首圣歌。之后，基督徒要阅读《圣经》或信徒书籍中的一章。中午饭前饭后全家都要一同祈祷，并诵唱圣诗或圣歌。晚上，全家在饭前诵唱圣歌，饭后诵唱圣诗、诵读祷文，并听一章《圣经》。总体而言，早晚的各次祈祷都应持续一个小时[1]。

加尔文宗教会也有类似的建议：每天早上和晚上，一家之主都应在妻子、孩子和家仆面前祈祷、读《圣经》或其他信徒书籍。1560 年后，《日内瓦诗篇》（psautier de Genève）编入了一些"家庭

---

[1]　Patrice Veit, « La dévotion domestique luthérienne : instructions, images et pratiques », *Revue de l'histoire des religions*, 2000, p. 593-606.

祈祷"：一家之主被要求每日进行一次集体劝勉（exhortation）和一次悔罪；早上要诵读加尔文祈祷（prière de Calvin），出门时还要另做一次祈祷；饭前饭后诵读圣诗，晚上再念加尔文祈祷。现有的文献大致可以表明，这种宗教实践在新教家庭中相当普及，家庭礼拜已经被视为一种新教徒的"习俗"，而正是它为信徒每天的时间赋予了节律[①]。

天主教徒每天也要祈祷数次，但除了惯例的晨祷、晚祷以及饭前祷告之外，其他的宗教实践似乎都不太普遍。不过，某些虔诚的信徒可能会花大量的时间来祈祷和阅读面向信徒的著作，对于一些 16 世纪的天主教虔信徒来说，这部分时间可以长达两小时。主教和各修会的成员都特别强调每日时间的圣化，17 世纪之后尤为如此。各种圣歌集、日课经、小教理问答、祈祷指南为信徒提供了或长或短、适用于一天中不同时段的各种祷文[②]。

一些稍显特殊的案例能够更清楚地表明基督教影响现代西方时间观念的方式。它们虽然特殊，但却能够显示出理想的基督徒的形象。

第一个案例是 16 世纪末、17 世纪初一位生活在香槟行省朗格勒（Langres）的药剂师阿弗利坎·塞诺（Africain Senault）。作为一个虔诚的天主教徒，他奔波于各个教堂、修会礼拜堂和小圣堂。每逢周日和礼仪节日，他就会起早贪黑前去参加弥撒，之后他从一个教堂跑到另一个教堂，只为尽可能多听一些讲道，尤其是在下午；有时他一天就能听到四到五场讲道。回到家后，他一边思索讲道者所说的话，一边把它们总结下来，写在自己一直在坚持按时写作的日记当中；然后，他以感恩和恳求的祈祷来结束这一

---

① Jean Baubérot, Marianne Carbonnier-Burkard, *Histoire des protestants. Une minorité en France (XVIe-XXIe siècle)*, Paris, Ellipses, 2016, p. 129-131

② René Taveneaux, *Le catholicisme dans la France classique*, Paris, SEDES, 1980.

天的生活。这样，这个虔诚的天主教徒的一整天时间就全被宗教生活所占据了。他为一个讲道者四个小时连绵不绝地讲述耶稣受难而心醉神迷。值得注意的是，如果我们相信他在日记中的记载，不少朗格勒的居民也和他一样行事，以至于各个教堂总是座无虚席[①]。其间或许确有些许夸张成分，但这一叙述也说明，一些天主教徒的确可以把全天的时间都用来敬奉上主。

另一个案例则是新教的斋戒。正如前文所述，这是一种正式的宗教实践，但其日期并不固定。斋戒的过程已经为学界所熟知，这要归功于各种文献材料，例如《关于 1658 年 4 月 19 日星期五于沙朗通（Charenton）举办的斋戒的法令，以及关于诵唱圣诗的指令》，以及 1667 年德朗古（Drelincourt）编写的《斋戒和悔罪中的祈祷与劝勉》，两者所显示的斋戒过程几乎完全一致。在最初的祈祷之后、等待牧师上台的时间里，信徒们齐唱《圣诗》第 38 首；尔后读《约拿书》全文，唱《圣诗》第 102 首，读《约珥书》，唱《圣诗》第 79 首，读《哀歌》的前两章，唱《圣诗》第 74 首，读《哀歌》的后三章，唱《圣诗》第 69 首。如果牧师仍未上台，就继续读《以斯拉记》第 9 章、《尼希米记》第 9 章，唱《圣诗》第 86 首，读《但以理书》第 9 章，唱《圣诗》第 88 首。如果还有时间，就再加上《耶利米书》第 7—8 章，唱《圣诗》第 44 首，读《耶利米书》第 15 章、第 25 章，唱《圣诗》第 12 首。1658 年法令在此之后还有《申命记》的第 27、28 两章，而 1667 年的程序表则跳过此段，直接由牧师进行下一步动作。牧师先读悔罪经文，做第一次祈祷，并以主祷文结束，然后唱《圣诗》第 51 首。之后终于会进行第一次布道，其持续时间可能很长，至少长于平时的布道。就其印刷版而言，这些布道常有几十页之多，勒福舍尔（Le Faucheur）牧

---

① Georges Viard, « Un dévot à l'écoute des prédicateurs. Africain Senault, apothicaire langrois », *Revue de l'histoire des religions*, 2000, p. 429-441.

师的布道甚至有一百余页。再之后是为斋戒日祈祷，念主祷文、使徒信经，唱《圣诗》第 130 首，以及降福。在此之后，一些信徒就可以回家了。留下来的人则要听《以赛亚书》的第 1 章和第 5 章，唱《圣诗》第 80 首，然后听《以赛亚书》第 58 章、《以西结书》第 33 章，唱《圣诗》第 50 首。如果还有时间，则追加《启示录》第 2—3 章，《圣诗》第 142 首，以及《马太福音》第 6—7 章。这时第二位牧师上台，做和前一位一样的祈祷，信众唱《圣诗》第 6 首，然后牧师讲道。之后是一段新的祷告，唱《圣诗》第 32 首，随后降福。此后又有一部分信徒回家。然后读《以赛亚书》第 40 章和第 64 章，唱《圣诗》第 42 章，读《希伯来书》第 12 章。此时第三位牧师到场，把前面两位所做的再重复一遍，然后唱《圣诗》第 85 首，降福，全部流程结束。总而言之，共计 19 首圣诗，32 章《圣经》（尤其是《先知书》和《哀歌》），三场布道——足以占据一个虔诚的新教徒的一整天时间[1]。

这种斋戒的宗教实践在改革宗教会中非常普遍，这也就说明，新教徒同样可以将全天的时间都用来敬奉上主。由此可以明确，现代西方为时间赋予了特殊的价值。

在日常生活的意义上，有观点认为正是加尔文主义发明了"守时"这一概念[2]。究其原因，在 16 世纪的日内瓦，无论是掌控自己的时间还是管制信徒的时间，对加尔文而言都是十分重要的。对他来说，时间比空间更具有灵性层面上的价值。加尔文自己就为时间的流逝感到提心吊胆，既然已经时日无多，就更要审慎地加以安排，充分地利用好剩余的每分每秒。必须与游手好闲做斗争，

---

[1] Yves Krumenacker, « Le jeûne protestant en France au XVIIe siècle », texte à paraître (voir note 22).

[2] Max Engammare, *L'ordre du temps. L'invention de la ponctualité au XVIe siècle*, Genève, Droz, 2004.

必须准时。因此，日内瓦在城市中安装了大时钟，在礼拜场所安置了沙漏，使人们能够做到准时，许多文本也在提醒人们这一严格的要求。这种要求在其他的新教城市中也能找到，例如斯特拉斯堡或苏黎世：16世纪的路德宗教堂里也设有沙漏，直到18世纪才被取消。按时（甚至提前）参加布道成为一种义务，违者将被处以罚款；学校从小就给孩童灌输遵守时间表的观念——这也就在宗教改革和守时之间建起了紧密的关联。诚然，就事实而言，守时并不是一个新出现的问题，自中世纪以来，在所有的隐修团体中都能够找到它的踪迹。但在那时，它仅与决意毕生事主的那一小部分人有关。加尔文主义的创新毋宁说在于，它将这一关切、这种对守时的积极赞赏扩展到了当时的全部人口之中。

实际上，较之于守时本身，这种将守时作为一种积极价值的新意识才更具有革新的意义。正是由此才产生了对浪费时间的憎恶，在天主教中也不难发现这一点。天主教的改革者，如贝吕勒（Bérulle）、方济各·沙雷氏（Franc,ois de Sales）等都希望能够不浪费每分每秒，将全部时间都献给上主；神师们（尤其是耶稣会士）精心分配时间，以确保上主在信徒心灵中的临现持续不断；类似枢机主教博纳（Bona）1686年所著的《苦行之钟》（*Horologium asceticum*）一类的著作相当之多。天主教的讲道者反复不断地强调基督徒不能浪费时间，消遣和享乐只会占用本应献给上主的时间，因为一切心不在焉都可能导致错过决定性的时刻，而得救与否全在此刻。有鉴于此，17世纪初出身于西班牙的鲁昂司铎让·德·布雷蒂尼（Jean de Brétigny）才会这样祈祷："主啊，我为自己浪费的时光而感到悔恨；主啊，我愿更好地利用它。求你赐予我恩宠，我愿更好地利用时间！"[1]

---

[1]　Pierre Serouet (éd.), *Quintanadueñas. Lettres de Jean de Brétigny (1556-1634)*, Louvain, Bureaux de la R.H.E., 1971, p. 337.

因此可以说，为时间（当然，是献给上主的时间）赋予积极价值，对浪费时间则严加弃绝，这样的观念遍及了基督教的所有分支。不过，天主教国家的社会控制效率可能不如新教群体，尤其是最为激进的新教群体，后者以教会法庭对信徒进行高效的监视，以使这种重视时间、拒绝浪费时间的观念更加深入人心。

德国社会学家马克斯·韦伯注意到新教为时间赋予了价值[1]。综上可见，这一过程发生于宗教改革之初，但清教徒可能对此更加注重。实际上韦伯已经指出，在理查德·巴克斯特（Richard Baxter）以及其他清教徒作家的作品中，浪费时间都是最严重的罪行之一，每分每秒都应该献给上主以彰显主荣，在世俗的行动中也是一样。全部时间都被规定为神圣的时间，即便被世俗活动占满时也不例外。由此，基督教为时间赋予了一种特殊的价值，这一点在新教中尤为深入人心，在那些最激进的教派中则格外如此。

因此，现代西方的基督徒，无论是天主教徒也好，新教徒也罢，都生活在不能被浪费的时间之中，或是因为这对得救有着特殊的重要性，或是因为要以此感谢上主的恩宠。由于强烈地意识到时间有其终点，它不仅有限，而且末日已近（至少在 18 世纪前是这样），这一点又显得更加重要了。为此，就必须通过定期或例外举办节日、以礼拜和祈祷来为一天的时间赋予节奏等方式来彰显时间的基督教特征。从某种意义上说，这一基督教时间一直延续到了当代。的确，它已变得更加世俗化（laïcisé），节庆越来越少，或是已经失去了其宗教意涵，但它仍然是线性的，其价值也依然无可置疑：西方世界的资本主义组织接替了教会，它再次确认时间绝不能被浪费。

---

[1] Max Weber, *L'Éthique protestante et l'esprit du capitalisme*, Paris, Flammarion, 2017 (1ère édition allemande : 1904-1905).

近代的旅行时间：穿越阿尔卑斯山，远航中国

艾蒂安·布尔东（格勒诺布尔－阿尔卑斯大学）

吴蕙仪（法国国家科研中心）

译者　吴蕙仪

如果将人生划分成不同时间段的话，旅行的时间是其中极其重要的一部分。对任何历史时段、任何文明而言，旅行都对人类社会打下了深刻的烙印。旅行是人经受考验的时刻，是扎根的反义词，需要人做出各种紧要抉择，它意味着生活在极致的流动性中，随时会发生意想不到的奇事，无论在陆上骑马、步行，还是在江河海洋上乘船，旅行都会带来不同时间尺度的碰撞。本文将近代阿尔卑斯山中的旅行（法国、意大利和瑞士之间）与前往中国的海路远航进行对比，希望传达的正是这一主题。本文涵盖了平民的旅行（商人、学生、外交使团），尤其是赴华传教士的旅行，以及远距离军事行动（尤其是意大利各邦国、法兰西王国和萨伏伊公国交战而带来的军队调动）。

从表面上看，阿尔卑斯山中的旅行和前往中国的海路远航各方面都截然相反。的确，这两方面的文献存在诸多差异。前者是陆路旅行，后者以海路为主；中国是旅行的终点，而阿尔卑斯山在这一时段通常只是法国、意大利或瑞士之间的旅行者的必经之途，而极少成为旅行的最终目的地。这一时期的普通旅行者穿越阿尔

卑斯山通常只需一个星期，而前往中国则至少需要五个月，旅途持续数年也是家常便饭。这两条线路上的旅行者总人数差距也很大：前往中国的旅行此时还是相对少见的经历 [法国商船首次直航中国是 1697 年，即下文会详细关注的安菲特里忒号（l'Amphitrite），全船乘员 150 人；有系统档案记录的 1720 年到 1816 年间，抵达广州港的法国商船共计 175 班 [1]]，而穿越阿尔卑斯山的旅行则是相当一部分现代欧洲商业、军事、外交和文化精英阶层普遍拥有的经历。此外，参与阿尔卑斯山区的军事行动的人数则往往以万计。1494 年，查理八世穿越阿尔卑斯山时率军三万人，1629 年路易十三进军苏萨山口（Pas de Suse）时则统领两万六千人。

然而，对比穿越阿尔卑斯山与前往中国的旅行仍然能揭示出二者之间时空观念和经验的衔接与相似，从而勾勒出具有普遍性的旅行时间。而且，不少赴华传教士都同时有过这两种旅行的经验：不少耶稣会士都曾经穿越阿尔卑斯山前往罗马；17 世纪末，里昂耶稣会学院向中国输送了不少传教士，而里昂是穿越阿尔卑斯山前往都灵道路的起点。这些传教士中不止一人在皮涅罗洛（Pinerolo）学院完成了见习期，后者亦是阿尔卑斯山区要津，且周边有众多韦尔多派教徒聚居 [2]。穿越阿尔卑斯山与前往中国的旅行者的目的也有一定程度的重叠：二者都包括进行地理学、博物学研究和舆图绘制的科学人员，前者如 16 世纪中期里昂大主教弗朗索瓦·德·图尔农（François de Tournon，1489—1562）赞助的博物学家皮埃尔·

---

[1] Van Dyke, Paul A. *Whampoa and the Canton Trade: Life and Death in a Chinese Port, 1700–1842*. Hong Kong University Press, 2020, 附录 1.2b：https://hkupress.hku.hk/whampoa_and_the_canton_trade（2022 年 5 月 26 日检索）。

[2] WU, Huiyi, 2013, « Les Traductions de F.-X. Dentrecolles, S.J. (1664-1741): Localité et Configuration Des Savoirs », *Extrême-Orient Extrême-Occident* 36: 49–80. 韦尔多派是中世纪兴起的异端教派，受罗马教廷迫害，教义与加尔文派有近似之处，宗教改革运动后被新教视为先声。

博龙（Pierre Belon du Mans，1517—1564），后者如 17 世纪末受巴黎科学院派遣前往中国进行天文观测的耶稣会 "国王数学家"。

在阐释史料时，我们也需要谨记，游记文学只能片面地、不完整地反映旅行者翻山渡海的实际经历。首先，游记具有一切书面材料都有的片面性：它的作者必然属于能识文断字的社会上层，这个群体在 16 世纪初的欧洲占男性人口的 5%，到 18 世纪末占 50%。我们收集的游记中，只有极少内容间接反映了不识字的水手或山区向导的旅行经验。此外还要考虑到旅途的死亡率问题：只有活到目的地的旅行者才有可能讲述其经历。这对研究前往中国的旅行尤为重要。有学者统计，1581—1712 年之间，赴华耶稣会传教中，死于中途的比例可能高达 40% ～ 50%[1]。到 18 世纪，即便航海技术和卫生条件都有了显著进步，法国、瑞典、荷兰等国东印度公司的赴华船只平均仍会在途中损失 12% ～ 20% 的人员[2]。最后，游记对旅程见闻都有详略取舍。赴华传教士的游记通常对欧洲境内的旅程一笔带过，尽管他们登船赴华必然要首先抵达大西洋港口，而且其中一些人肯定有在意大利与法国之间穿越阿尔卑斯山的经历。传教士对海路旅程的记录通常着重强调宗教热忱，而极少涉及船上的物质生活条件。当我们对照不同旅行者对同一趟旅程留下的记录时，这种主观视角差异就会格外明显。如 1698 年首艘直航中国的法国商船安菲特里忒号上，就有身份、兴趣截然不同的四名乘员留下已公开出版的记录：二副弗朗索瓦·弗洛热（François Froger）、已有近十年中国经验的传教士白晋（Joachim Bouvet）、白晋招募的年轻传教士马若瑟（Joseph de Prémare），以

---

[1] Liam Matthew Brockey, *Journey to the East, The Jesuit Mission to China, 1579–1724*, Harvard University Press, 2009, p. 234.

[2] Louis Dermigny, *La Chine et l'Occident, Le Commerce à Canton au XVIIIe Siècle: 1719-1833*, vol. 3, Paris: Impr. nationale, 1964. p. 270-73.

及以世俗身份服务于耶稣会的意大利画家格拉蒂尼（Giovanni Battista Gherardini）。阿尔卑斯山游记也可以作如是观：不同旅行者的路线往往多有重叠，他们对同一地点的反复观察和描摹，可以帮助我们摆脱个体主观性的局限，在集体表征的层面上还原旅行者特有的时间体验。

本文将着重探讨的正是旅行时间这种多层次重叠、嵌套的特点。我们将首先关注旅行时间的季节性特点，随后转向旅程的节奏（包括行进的速度、时间与花费的关系，以及旅行者的时间规划），最后讨论旅程中的休憩时光——旅行者如何在海港停船补给时，或是在山间旅舍歇脚时享受暂时停滞的时光，直到重新踏上海上或山间的旅程。

旅行的时间

与今天一样，时间是近代人制定旅行规划的关键考量因素。我们因此会发现，阿尔卑斯山区与前往中国的海洋同样都有一些季节性气候条件是当时的旅行者绝对不可超越的限制。

旅行的季节性

旅行规划的第一步是季节的选择，其决定因素包括旅行的原因、目的地、气候条件，以及当时当地的政治、地缘、卫生状况。如1703—1721年之间，由于西班牙继承权战争造成的海路不畅，法国耶稣会在华传教团近二十年间完全没能补充新人。路线的选择、每站行程的规划也会决定阿尔卑斯山区旅行时间的长短。通过比照不同史料，还原旅行的时间表，我们可以看出旅行的季节性特征，发现最适宜旅行的时段，确定交通工具的选择与旅行速度的关系，并且还原旅程不同段落的相对时长（如阿尔卑斯山区的宽阔谷地与险峻山路的不同时耗，又如前往中国的海路上不同风带的航速不一，以及途中靠岸补给消耗的时间）。尽量精确还原旅途的时间无疑是极其重要的。从方法论的角度而言，无论是山路还是海路，确定旅程的总时长相对容易，因为旅行者的出发和到达日期一般都有记录；相反，旅程中每站的停留时间往往记录不详。

　　关于阿尔卑斯山，我们考察了 93 趟旅程，旅行者包括平民和军人，累计旅行时间 1362 天，分散在 142 个月中。其时间分布如图 1 所示。

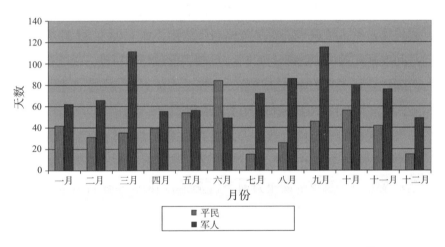

图 1　阿尔卑斯山区平民和军人旅行天数的逐月分布统计 ①

　　我们可以发现几个问题。对平民和军人旅行天数的逐月统计表明，阿尔卑斯山区的旅行是不存在绝对的季节性的。一年中任何一个月，阿尔卑斯山区都有旅行者的身影，即便是平民也没有完全避免在隆冬季节进山。不过，12 月到 2 月间，由于山地的降雪和严寒，平民旅行者的数量会相对减少，相比之下，军人更不惮于在冬天进山：我们统计的 12 月的军队在山间行进天数和 6 月

---

① Bourdon Étienne, *Le voyage et la dé   couverte des Alpes*, *Histoire de la construction d'un savoir, 1492-1713*, Paris, Presses de l'Université Paris-Sorbonne, 2011.

一样多（49天），而1月（62天）和2月（66天）甚至多于4月（55天）和5月（56天）。的确，如有可能，君主通常会避免在冬季，尤其是在山区的冬季开战。然而，很多冲突都是在年初打响，这可以保证军事行动在最关键的阶段能享受到较长的日照时间和较温暖的天气条件，而不会很快被冬季的到达所打断。如1536年，法王弗朗索瓦一世便选择2月出兵进攻萨伏伊和皮埃蒙特。但这不是绝对的规律：决定开战时间的还有很多其他因素（国际局势、联盟体系、财政状况，以及各种需要把握的战机……）。冬季的气候可以被纳入征服者的军事策略考量之中，如1703年11月至12月间泰塞元帅（maréchal de Tessé）攻占萨伏伊的行动。由于降雪阻隔或延缓了敌方军队的调度，选择冬季进军可以带来优势。亨利四世在1600年12月就采取过这种策略。

而平民的旅行则是从冬春之交开始逐渐增多，在5月中旬到6月中旬间达到顶峰。此后，秋季又有一个旅行的小高峰，但人数不及春季。夏季的两个月时长占全年的16.7%，旅行者人数则只有8.5%。这是因为不少旅行者都希望在目的地度过暑期，这就意味着他们必须在春季出发，在秋季返程。这也说明旅行者是按到达目的地的时间，倒推着规划旅行的。尤其对于朝觐者而言，这样规划才能保证他们能在圣城罗马度过天主教的重大节日——如六月的基督圣体圣血节（Fête-Dieu）、8月15日的圣母升天节（l'Assomption），以及圣诞节（如果旅行者秋季出发，春季返回的话）。

我们还可以注意到16世纪初和18世纪初之间，阿尔卑斯山区旅行时间表的普遍变化（见图2）。

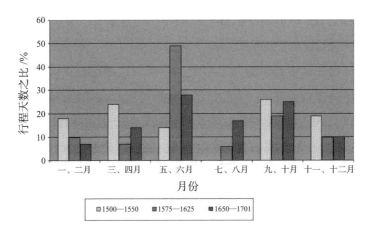

图 2　三个不同历史时段的阿尔卑斯山区旅行时间季节分布变化①

　　如果我们比较 16 世纪上半叶（1500—1550 年）、1575—1625 年，以及 17 世纪下半叶（1650—1701 年）的阿尔卑斯山区旅行时间的逐月分布情况，我们会发现旅行者的习惯有了明显变化。1500—1550 年间，三四月间和九十月间都最受旅行者青睐的时段（50% 的天数集中在这几个月中），而同时仍有超过三分之一的天数 (37%) 集中在冬季 11 月到 2 月间：这是所谓 "16 世纪暖期"（chaud XVIe siècle）暖冬所致。相反，到了 17 世纪末，小冰期已经降临欧洲，冬季酷寒，选择冬季进山的旅行者数量大幅下降，12 月到 3 月间的旅行天数下降到总天数的 17%，相比 17 世纪初下降了一半，出发日期推迟到了山间道路积雪逐渐消融的春末。与之相应，五六月间的旅行天数显著增加。16 世纪初被普遍规避的盛夏在这一时段成了诸多旅行者的首选。

　　阿尔卑斯山在理论上是可以全年通行的。而相反，通向中国的海路的最大特点就是其不可抗拒的季节性。帆船时代的航海必须依赖风力（北大西洋的西风、赤道地区的热带信风，洋和亚洲海域的贸易风），尤其是从好望角到中国的海路完全受亚洲季风控

① 　Bourdon Étienne, *Le voyage et la découverte des Alpes*, 2011.

制：每年只有 4 月到 10 月间，海船才可以乘着印度洋上的西南季风和中国海域的东南季风航向中国；而其余半年，船只可以凭借相反方向的季风驶离中国，返回欧洲。所以，考虑到从西欧港口出发抵达好望角需要 6 个星期到 5 个月不等，为了能及时抵达好望角，赶上印度洋西南季风，前往中国的船只一般需要冬季（最迟 4 月）从欧洲启航。据贸易史学家路易·德尔米尼（Louis Dermigny）的统计，1719—1769 年，前往中国的 85 艘法国船只中，62 艘在 11 月至 2 月间出发，5 月至 7 月间是完全的空白，8、9 月分别只有 1 艘和 2 艘。1689 年 3 月 6 日从拉罗谢尔港出发的安菲特里忒号可算是赶上了这个标准时间表的尾巴。（见图 3）白晋神父 1684 年已经有过一次远航亚洲的经历（从布列斯特港出发抵达暹罗），他对安菲特里忒号中国之旅的记录篇幅不长，而第一句话谈的就是出发日期："我们这次的出发比第一次要迟。"[1] 急迫的心情跃然纸上。实际上，他 1684 年的启航日期（3 月 2 日）并未早很多。鉴于海洋航行严格受制于气候条件，各类旅行者，无论动机如何（传教士、商人、外交使团……），旅行的时间表都没有任何区别。

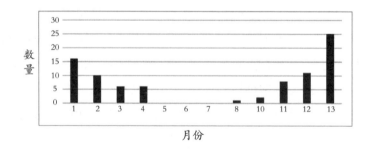

图 3　赴华法国商船出发时间的逐月分布（1719—1769）[2]

---

①　白晋神父致拉雪兹神父信，北京，1699 年 11 月 30 日（Lettre du Père Bouvet au Père de la Chaize, Pékin, le 30 novembre 1699, Aimé-Martin, Lettres édifiantes et curieuses concernant l'Asie, l'Afrique et l'Amérique, Tome Troisième, Chine, Paris, Société du Panthéon littéraire, 1853, p. 17.）。

②　Dermigny, p. 246.

行程的安排

以上总结的是海路赴华旅行的基本规律。然而具体到每一艘航船，其时间表又受制于各种环境和人为因素，因而充满不确定性。首先，启航的日期就不是人的意志可以任意决定的。需要考虑货物是否装载完毕、船只是否修缮完毕等种种技术细节，而且还要等待东风的出现：在常年受西风带控制的西欧，能将船只推离港口、推向深海的东风总是很短暂。安菲特里忒号二副弗洛热的航海日记第一天记录了天气条件的多变："早9点，我们在拉罗谢尔起锚，风向东北转东南。正午起，风彻底静止不动，我们不得不原地停船等待次日。"而4天后，"风转西南，海浪汹涌，船只摇摆甚剧"①。

海路赴华途中有一些路段是相对平顺的，尤其是从马德拉岛、加纳利群岛到佛得角，以及从好望角出发横渡印度洋的路段，旅行者可以指望一路顺风而行，因而对航程时间长短有基本的把握；然而在其余路段，不确定、不可控却是主旋律。赤道地区的大西洋海域是风向不定、常出现静风天气的赤道无风带，因而从法国出发到好望角的行程长短可从六个星期到数月不等。1698年的安菲特里忒号从出发起用时3个月，6月10日越过好望角，船上乘员自认为"幸运"。

对远洋海船而言更复杂危险的是印度尼西亚群岛海域。由于当时尚无在海上准确定经纬度的技术，横穿印度洋的船只方向稍有不准，便会错过巽他海峡这一必经通道。安菲特里忒号抵达印尼海域时，与巽他海峡已相差了60多法里（约合240公里），不得已只能艰难绕道而行，直到8月18日才抵达马六甲海峡。传教士马若瑟写道，这一弯路是"世界上最艰难、最疲惫的航程"，船

---

① François Froger, *Relation du premier voyage des François à la Chine, fait en 1698, 1699 et 1700 sur le vaisseau « l'Amphitrite »*, édité par E. A. Voretzsch, Leipzig, Verlag der Asia Major, 1926, p. 1-2.

员"在三个多星期中，忍受了赤道最可怕的一切：酷热，无风，暴雨，以及恶劣的食物"①。船只直到 9 月 20 日才最终驶出了印尼群岛，之后穿越暗礁遍布的西沙群岛又用了一个多星期。此时，"尽管中国已经不远，我们却依然深恐无法最终抵达，因为季节已过，9 月 27 日以来风已经开始转向"：9 月底的确已经接近东南季风的尾声。最终，在传教士"加倍热忱"的祈祷声中，安菲特里忒号在 10 月 6 日抵达了中国海岸。

由于从西欧绕过好望角到中国的旅程总体是围绕季风的年度变化而行的，因此旅行者一般也习惯以月或旬为单位估算某一路段的时长。马若瑟对安菲特里忒号航行的总结是："我们终于在 7 个月后抵达了中国。[……] 而这 7 个月中还需要扣除我们在好望角、亚齐、马六甲以及两三个荒岛耽误的 20 多天，这都是应该更有效利用的时间。此外还要扣除我们为了抵达亚齐、穿越马六甲海峡而浪费的时间。如此总计就是将近两个月。从爪哇到中国根本用不了这么长时间。所以，当听到广东的一艘小型英国船声称他们航程用了不到 5 个月时间，我毫不惊讶。按我们自己的经验，只要不走弯路，6 个月的时间完全可以轻松完成从法国到中国的旅行。"②

这个总体的年度周期内部还嵌套着很多更短促的时间周期。如天气和水文状况在一天中，甚至在一个小时中的变化。还是马若瑟为我们记录了安菲特里忒号航程中最惊险的一刻：穿越西沙群岛时，船只所在位置在一个半小时之内从深水骤变成浅滩：

> 我们晚 4 点前后测了水深，水深完全不见底。[……]5 点

---

① 马若瑟神父致拉雪兹神父信，广州，1699 年 2 月 17 日（Lettre du Père Prémare au Père de La Chaize, Canton, le 17 février 1699, Aimé-Martin, *Lettres édifiantes et curieuses concernant l'Asie, l'Afrique et l'Amérique*, Tome Troisième, *Chine*, Paris, Société du Panthéon littéraire, 1853, p. 10.）

② 同上，p. 14.

半，我们正准备开始祷告，却惊讶地发现海水已经完全变了
颜色。祷告结束，海底已经清晰可见，一块块尖耸的礁石历
历在目。于是呼救声大作，所有人都相信我们死期已至：再次
探底，水深已只剩 7 寻（约合 10.2 米）。我们全都跑上了甲板，
眼睁睁看着海水变白，在我们眼前溅起层层水沫。[①]

乘员们苦等了一天，不敢妄动，不知最终会等到海水涨潮，
逃离暗礁地带，还是会等到船只触礁，"像玻璃一样撞得粉碎"[②]。
这些小意外造成的耽误多半不超过若干小时或一两日，但积少成
多，最终就导致了那些以月乃至以年计算的延误。

与之相比，阿尔卑斯山间的旅行的节奏似乎很不一样。首先
是总时长有限。平民旅行者（商人、朝觐者、使团……）穿越阿
尔卑斯山通常只需要 6 天。但军事行动的时间表就大不一样，平
均在山中驻扎的时间超过 3 个月（92 天），这与不少远洋航行的
时长已十分接近了：1492 年哥伦布首航时从安达卢西亚出发，抵
达巴哈马群岛的圣萨尔瓦多只用了两个多月（8 月 3 日到 10 月 12
日）。这 3 个月中，有 2 个月左右在宽阔的谷地，另一个月在狭长
的谷地度过，平均只有两天在高山度过。这是因为战斗一般在平
地，而非高山地带进行。但仍有一些武装远征，例如 1689 年韦尔
多派的"光荣回归"（La glorieuse rentrée），全程有一半以上的时间
在高山地带度过。[1689 年 8 月，972 名韦尔多派信徒在亨利·阿
尔诺牧师（Henri Arnaud）的率领下，完成了一场前无古人的壮行：
他们从日内瓦东北数公里的普兰根（Prangins）出发，由北向南翻
越阿尔卑斯山，全程 340 多公里，目的地是皮埃蒙特地区卢塞恩、
圣马丁、佩罗萨和克吕松（Cluson）周边的山谷。他们是 1685 年

① 同上，p.12.
② 同上.

南特敕令撤销、法国和萨伏伊的新教徒被强制改宗后，被驱逐出这一地区的。] 平均下来，平民在高海拔地带停留的时间占总时长的比例更高，因为他们 6 天的旅程中至少有 1 天会用于翻越山口（见表 1）。

表 1　阿尔卑斯山区旅行者在不同山地环境间的时间分配 [①]

类别	总日数	宽阔谷地日数 /%		狭长谷地日数 /%		山口和高海拔地带日数 /%	
平民旅行者（平均值）	6.1	3.5	57.4%	1.6	26.2%	1	16.4%
军队行动（平均值）	91.9	56.6	61.6%	33.2	36.1%	2.1	2.3%
亨利·阿尔诺，"光荣回归"，1689	14	0.5	3.6%	5.5	39.3%	8	57.1%

　　正如走海路前往中国的旅行者需要根据风向等因素确定航海路线和停泊补给的港口，阿尔卑斯山间的旅行者需要规划沿路途经的城市、翻越的山口。因而绝大多数平民都会选择走里昂—都灵一线，翻越蒙塞尼山口（col du Mont-Cenis），或走巴塞尔—米兰一线，翻越圣戈达尔山口（col du Saint-Gothard）。路线的选择有时也是受地缘政治因素左右的，例如我们注意到，蒙热内弗尔山口（col de Montgenèvre）吸引了法国南至马赛、北至瓦朗斯的广大地区的旅行者，查理八世甚至曾经从里昂经维埃纳出发，南下绕行蒙热内弗尔山口，再重新北上前往格勒诺布尔。个中原因，是这是里昂附近法兰西王国控制的唯一一个海拔相对不高的山口。总体而言，不选择最短路线的阿尔卑斯山旅行者是极少数——旅行家、地图学者阿尔弗雷德茹万·德·罗什福尔（Alfred Jouvin de Rochefort，约 1640—1710）是一个特例。这是山间与海路的旅行者之间一个重要差异：山路的旅行者可以沿山谷前行，而海上的水手却没有如此稳定的地标可以参照。

　　高山和谷地环境的巨大差异导致旅行者的时间规划也不尽相同。

---

① Étienne Bourdon, *Le voyage et la découverte des Alpes*, 2011, p. 71.

在宽阔山谷地带的旅行实际与平原地区并无二致。旅行者主要需要担心的是盗匪、天气条件，以及在何处住店打尖。而到了高海拔地带，尤其是接近山口时，他更需要关心其他一些事项，特别是防寒问题。1519年，雅克·勒赛日（Jacques Le Saige）的旅伴翻越蒙塞尼山口前，在苏萨购置了厚袜子和手套；1664年，洛卡特里（Locatelli）从意大利北上法国，进山前在都灵买了两幅上了蜡的雨布，以防在蒙塞尼山口遇到大风大雨。其他旅行者的游记也常有购买帽子、头套，甚至墨镜的记录，这些都是用于防风和抵御强日晒的装备。

也有一些旅行者会选择更长、更费时的路线，以求规避某些疫病肆虐或被敌军占领的地区。军事行动尤其如此。1513年，法国丢掉了皮埃蒙特山区城市的控制权后，路易十二特意命多菲内省长特里武奇奥（Trivulzio）元帅绕开该地区，开辟新的通往意大利的线路。两年后，弗朗索瓦一世突袭米兰公国，走的正是新的线路。天主教徒和新教徒也会相互避让对方控制地区。最能清晰体现这种规避策略的是1689年韦尔多派教徒从日内瓦"光荣回归"萨伏伊的路线。1688年的第二次回归尝试前，已经有三人奉命进山探路，寻找前往韦尔多派聚居谷地的最隐蔽的山口（最终大队人马走的是圣伯纳德山口）。而取得成功的1689年，为避开萨伏伊公爵的军队，韦尔多派教徒更是利用了山间隐蔽的小路和人迹罕至的山口，如圣热尔韦（Saint-Gervais）与圣莫里斯堡（Bourg-Saint-Maurice）之间的博诺姆山口（col du Bonhomme）。同理，致力于打破葡萄牙对东亚贸易和传教活动垄断地位的法国等国家船只一般会尽量避开葡萄牙领地（如印度的果阿以及中国的澳门）。18世纪的法国、英国、瑞典等国东印度公司一般都选择在好望角休整后直航巽他海峡，继而直接泊入广州港（即安菲特里忒号的预定路线）。1715年，法国从荷兰手中夺得了法兰西岛（即毛里求斯），此后的法国船只——如下文会提到的1721年的达那厄

（Danaé）号——也开始规避好望角，而转停法兰西岛。不过理想情况在面对现实的各种意外时，往往不得不作出妥协。如安菲特里忒号即将到达中国海岸时，就因为一场台风，而不得不驶入澳门港避风。

有一些旅行者为了避开以艰险著称的阿尔卑斯山，会选择改走海路。他们会首先前往某一地中海港口（马赛或热那亚），随后登船前往意大利。做这种选择的多半是以意大利中部（主要是罗马）及南部为目的地的旅行者，不过前往意大利北部的旅行者偶尔也会走水路。当然水路自有其风险，可能遭遇风暴和海盗的袭击。而1711年，嘉布遣会的法国传教士弗洛伦丁·德·布尔热（Florentin de Bourges）则做了相反了选择。他在西行经拉美前往中国的途中，由于在智利未能找到北上前往秘鲁的船只，为了能尽快抵达目的地，决定徒步穿越安第斯山。他向当地人咨询了各种可能的线路，得出结论："这条路线完全可行，尽管由于山地的常年积雪而十分艰险。西班牙人从不走这条路线，宁愿绕远路也不在如此崎岖的山路上冒险。"但他依然决定一试，因为"我们现在是12月，正值这个南半球国家的夏季"，而且他早年在欧洲生活的时候，曾"翻越过阿尔卑斯山和比利牛斯山，想来翻越安第斯山应也不会更难"。[1]

值得补充的是，由于海路旅行受季节限制太大，又有各种不确定性因素，从16到18世纪不断有传教士试图从陆路前往中国，但无一人成功。其中最著名的是菲利普·阿弗利尔（Philippe Avril，1654—1698）。1685—1687年，他经伊斯坦布尔进入了俄罗斯境内，但在莫斯科被遣返。关于这场旅行，他留下了《旨在开辟新路前往

---

[1] Lettre du Père Bouchet au Père J. B. D. H., Pondichéry, le 14 février 1716, Louis Aimé-Martin (éd.), *Lettres édifiantes et curieuses concernant l'Asie, l'Afrique et l'Amérique. Tome Deuxième, Guyanes, Pérou, Californie, Chili, Paraguay, Brésil, Buenos-Ayres...*, Paris, Société du Panthéon Littéraire, 1838-1843, p. 158.

中国的欧亚诸国之旅》一书 ①，影响很大。之后十余年间，阿弗利尔反复尝试陆路赴华不成，终于在 1698 年决定走常规的海路前往中国——结果在中国的台湾岛附近死于海难。

旅行的节奏

行进速度是旅行者的时空感受的基本标尺之一。旅行途中的时间往往不是匀速流逝的，而是随着周遭环境的变化时疾时舒，旅行的成本也因而时高时低。

行进的速度

无论在山区还是海上，直线距离都没有太大意义。影响航海者行进速度的主要是风向、洋流，以及对该海域水文状况的知识水平。仍以安菲特里式号为例，从好望角到印尼苏门答腊岛的 9000 多公里只用了 45 天（6 月 10 日—7 月 24 日），平均每天 200 公里。而随后穿越印尼群岛和西沙群岛——一片直到 19 世纪才有准确测绘的航海知识盲区——则用了近两个月。马若瑟记录了他对航速的绝望："29 天只走了 200 法里。" ② 以此计算，平均每天航程仅 30 多公里，难怪马若瑟抱怨"我们哪怕走陆路也会快得多"。③

马若瑟说得不错：阿尔卑斯山区的旅行者平均每天能行进 45 公里。不过个体差异非常显著。步行者一般每天能走 7 小时，每小时 4 至 6 公里，每天能行进 30 ～ 40 公里。马匹的速度是每小时稳步行走 7 至 8 公里，小跑每小时 14 公里，全速疾驰每小时最多 20 公里（疾驰会很快让马疲惫，不可持续很久）。平均计

---

① Philippe Avril, *Voyage en divers États d'Europe et d'Asie entrepris pour découvrir un nouveau chemin à la Chine*, Paris, C. Barbin, J. Boudot, G. et L. Josse, 1692.

② 原文如此。200 法里约合 880 公里，实际从亚齐出发过马六甲海峡穿越西沙群岛航程应超过 1000 公里。

③ Prémare, p. 11.

算，平地每小时乘马可行进 10 公里。1665 年出版的《旅行杂记》（*Viaggi diversi*）的无名作者甚至由于多日超长距离的跋涉，全程日平均速度高达 77 公里，如他 2 月 7 日骑马从蓬德博瓦赞（Pont-de-Beauvoisin）出发，当日抵达了 105 公里外的圣米歇尔德莫列讷（Saint-Michel-de-Maurienne）。

决定旅行速度的因素还有旅行者对旅途风险的判断。无论是海路还是山路的旅行，在危险系数较高的路段都会加快速度，以缩短暴露于风险中的时间。海盗活动或敌对武装势力的存在会迫使海上的旅行者减少停船补给的次数，而阿尔卑斯山区被新教徒或天主教徒分别控制的地区则会使不同信仰的旅行者不得不绕路而行。旅行者无论是走海路还是陆路，无论是传教士、商人还是朝觐者，都需要持护照或通行证，以防遭遇无理的拘捕或被没收行李。但碰到战争，这类文件的用处是十分有限的。流行病疫情也是需要考虑的因素之一。旅行者需要随身携带所谓的"健康文书"（bullette de santé），这是一种需要在沿途每个城市取得的证明文件，尤其是在疫情期间，文件罗列一路经行的地区，从中可以看出旅行者是否经过疫区，是否有传染的风险。这类文件是不可或缺的，否则旅行者可能被强制隔离，直到文件齐备才能继续上路。如雅克·维拉蒙（Jacques Villamont）在 1588 年 8 月就在走下蒙塞尼山口时被查出文件不全，随后被送到诺瓦莱萨（Novalesa）隔离。他不得不派人前往都灵，为他办理通行证件。不过，虽然耽误了行程，但他利用这段时间攀登了罗恰梅洛内山（Rochemelon）。

这里我们就触及了山区旅行速度的一个矛盾之处：在高海拔和山口地段，由于坡度陡峭、道路崎岖，旅行者必然要放慢脚步，但单日行程却高于平均水平，这是为了尽快通过这些段落，避免被暴雨或暴雪困在旅舍或临时的藏身地，从而耽误时间。于是我们发现，翻越山口时旅行者普遍会行进更长距离（8.5 公里）再作休整。旅行令人疲惫，而我们知道，在身体和精神的双重疲惫之下，人会感觉时间的流逝无比漫长。

我们在海路旅行中也会看到类似的矛盾之处：行程长短与时间消耗并不成正比，有时选择距离更长的路线反而可以缩短航行时间。安菲特里忒号受困印尼海域的经历，很能够体现出这一时代航海者普遍需要面对的时间规划问题。很多航海者因而建议选择更长但更易行的路线以节省时间。如为了解决从西欧港口出发时的逆风问题，荷兰和瑞典的航海者经常索性首先向东航行，逆时针方向绕过英伦三岛，在设得兰群岛附近转向南行进入北大西洋，而不是直接西行过英吉利海峡①。而为了避免赤道无风带，尽早抵达好望角，一些航海者会选择最大程度地利用热带大西洋的东北信风，直航巴西海岸。有评论者认为，如果以日程而非以里程计算，"在同纬度上，美洲海岸离欧洲比离非洲更近"②。当然，这一判断的前提是，船员不会过分沉醉于巴西海岸的美景酒色。举杯豪饮之间，这些令劳累的旅人身心舒畅的夜晚总是过于短暂，通过航程选择而节省的旅途时间也因此又重新拉长了。

旅行的金钱成本

旅行的另一个关键考量因素是金钱成本。近代的旅行是非常费钱的。因此，旅行者需要长期积攒旅费，出发前还需要将财产委托给亲朋好友管理，同时立好遗嘱。金钱即时间，对旅程时长和风险的预判显然会影响旅行者对钱的计算。阿尔弗雷德•茹万•德•罗什福尔认为，"有志于旅行"的人必须"备足耐心和金钱"③。

---

① Dermigny, p. 248.

② Dermigny, p. 251，引 F. Mauro, *Le Portugal et l'Atlantique au XVIIe siècle*, Paris, 1957, p. 14.

③ Albert Jouvin de Rochefort, *Le Voyageur d'Europe où sont les voyages de France, d'Italie, de Malthe, d'Espagne, de Portugal*, Paris, Denis Thierry, 5 vol.,1672, t. 1, "Au Lecteur", 4ᵉ.

对于前往中国的漫长海路旅行，钱也无疑扮演着重要的角色。安菲特里忒号从拉罗谢尔启航时，装载了"大量玻璃、水晶器皿、布匹、夹纺金银线的绸缎、细木镶嵌品、摆钟、怀表、油画 [……]以及无数其他商品"，此外还有"一箱 12000 里弗"的钱币用于船员和船只的花销，外加"29000 里弗"供领导层支配[1]。由于长期经费短缺，一些传教士也不惮介入经贸活动，如中国—日本—菲律宾之间的丝绸贸易[2]。由此也可以看出，旅行所带来的成本压力并不随着旅行者到达目的地而结束。

欧洲境内陆路旅行的成本也绝不更低。雅克·勒赛日（Jacques Le Saige）于 1519 年写道，前往耶路撒冷朝觐需要至少 436 里弗[3]。若是有身份的旅行者，出行时随员众多，成本必然更高：1517—1518 年，阿拉贡枢机主教在德国、荷兰、比利时、法国意大利等国的旅行耗资超过 15000 达克特[4]。

阿尔卑斯山区的旅行尤其昂贵。从里昂行至都灵，一路乘马、骑驴或坐滑橇翻越山口，除了旅行者的日用支出外，还要加上雇用向导（所谓的"marron"）的费用。向导不光负责带路，引导旅行者穿过谷地、翻越山口，还提供供人骑乘或驮运行李的马匹，并且安排旅行者在可靠的旅店歇脚。这些都是阿尔卑斯山区特有的、会大幅增加旅行总预算的花销。在 17 世纪中叶，阿尔卑斯山以外的旅行成本，据估算大致在每公里 1 到 1.5 苏。1643 年，卢瑟莱（Rucellai）从里昂骑马到都灵花费了 40 里弗。此外，雇用向导穿越阿尔卑斯

---

① Froger 1926, p.1.

② Vu Thanh, Hélène & Inès Županov. *Trade and Finance in Global Missions (16th-18th Centuries)*. Brill, 2020.

③ 按当时的货币兑换率，1 里弗 =20 苏，1 苏 =12 德尼埃（deniers）。按当时的货币兑换率，1 里弗 =20 苏，1 苏 =12 德尼埃（deniers）。

④ Antonio De Beatis, *Voyage du cardinal d'Aragon en Allemagne, Hollande, Belgique, France et Italie : 1517-1518*, Paris, Perrin, 1913.

山，全程 31 里弗；翻越脊骨山（Montagne de l'épine）山口需要更专业的向导，5 里弗，蒙塞尼山口，8 里弗。全程平均每公里花费 4.6 苏。翻山与航海一样，好向导是不可或缺的。因此阿尔卑斯山区的行程每公里成本相当于平地的三四倍也就不足为奇了。当时一名普通工匠的日收入在 1.5 到 3 苏之间[1]，因此光是雇向导翻越蒙塞尼山口一项，花费就相当于一个工匠两个半月到五个月的收入。

在宽阔的山间谷地，风速通常不高，因而雪崩和泥石流等自然灾害风险并不大，同时在中低海拔地带，也没有高山特有的严寒问题。旅行者最大的障碍来自河流。春秋两季，山间溪流尤其湍急，危险往往发生在涉水过河或越过并不牢固的桥梁时。1582 年，卡夫雷尔（Caverel）记录了他穿过艾格贝尔（Aiguebelle）和圣让德莫列讷（Saint-Jean-de-Maurienne）之间的莫列讷山谷时，对阿尔克河（l'arc）上桥梁的牢固性感到的忧虑。而过高山山口则需要另一类更专业的、熟悉高山环境种种变化的向导。阿尔卑斯山所有的山口（蒙热内弗尔、蒙塞尼、圣伯纳德）都有他们的身影。而前往中国的海路上，在所有海峡或港口浅海地区，也同样有专业的引水员引导远洋航船安全穿过复杂水域。安菲特里忒号在印尼苏门答腊岛就因没找到合格的向导而险象环生。这里金钱不仅是时间，更是生命，但合格的向导自然是价格不菲的。值得注意的是，destroit（现代法语通指海峡）一词在近代法语中同时可指"两块陆地夹着的海域"和"山间的狭窄通道"[2]：这是水手和山地旅行者都需要格外留意的路段。此外，一些不走常规线路的

---

① Pierre Goubert, *Cent mille provinciaux au XVIIe siècle. Beauvais et le Beauvaisis de 1600 à 1730*, Paris, Flammarion, 1990, p. 100.

② *Dictionnaire de L'Académie française*, 1694, 1re édition, art. *Destroit* (法兰西学院词典，1694 年版，*Destroit* 条) "Destroit，阳性名词，两块陆地夹着的海域。直布罗陀海峡，麦哲伦海峡。亦指山间的狭窄通道。阿尔卑斯山间多有 destroits ; destroits 易守难攻。"

旅行者也必须雇佣熟悉山地环境的当地人为向导，如茹万·德·罗什福尔攀登诺维那山口、探索罗讷河河源时，就雇用了当地向导。向导往往是当地猎人，习惯于翻山越岭猎捕山羚。这些社会下层的向导和引水员的知识与经历同样重要，然而由于史料的匮乏，我们对其了解还十分有限。

高山的时间与远洋的时间

在旅行者的主观感知中，旅行的时间也不是全程匀速流逝的，而是随着外部环境和旅行者的身心状态变化起伏而时快时慢的。高山和远洋旅行者所体验的时间快慢变化都有一定的规律可循，我们从中也可以发现一定的可比性。

高山地带时间流速的变化更多体现在高海拔山口与低海拔谷地、上坡与下坡路段的交替变化之中。上坡的段落中，旅行者气喘吁吁，呼吸急促，时间似乎永无止境，而下坡时则需要时刻保持警惕，时间因而加速到危险的程度。上文已提到，所有的旅行者在高海拔地带都会加快速度，以防被雪崩或暴风雪困住。这在阿尔卑斯山是实实在在的恐惧，也是游记作者反复描述的主题。德尼·波索（Denis Possot）写道，蒙塞尼山口有一个著名的"冻毙者礼拜堂"，死于雪崩的旅行者的尸骨层层叠放在内：

> 我们左手一石之遥处有一座小礼拜堂，人称冻毙者礼拜堂。每当暴风天气，比塞尼更高的山巅往往突然崩塌，将行人掩埋窒息而死。待积雪消融，当地人发现其尸骸，便堆放于此。[1]

因此，通过山口的旅程在里昂到都灵的六日行程中实际所占

---

[1] Denis Possot, *Le Voyage de la Terre Sainte*, 1532, p. 45.

时间比重不大，但却是最难以忘却的经历。旅行者在这一天通常都要跋涉更长时间，并不顾山路陡峭、呼吸困难，以及高原的恶劣气候（即便夏季气温仍可能很冷，甚至接近冰点，地面冰雪全年不化），集中精力、调动意志，加快行进速度。时间于是变得更加紧凑了。而且旅行者还要担心黑夜的降临：夜间路更难找，路况更难以估摸，危险系数更高，降雨和溪流也往往更湍急。某些道路甚至是在峭壁上凿石而成的，任何不可预测因素都会严重打乱旅行者的时间，例如两个乘马的旅行者相遇在同一条狭窄的山道上，错马时很容易滑落山谷；再例如遭到熊、狼、盗匪或伏兵的进攻。与平地不同，山地自然条件的障碍是旅行者不能儿戏视之的。暴风雨来临时，行人必须停止前进，找到旅舍避雨。阿尔弗雷德·茹万·德·罗什福尔于是不得不在艾罗洛（Airolo）等候了一整天，才能重新上路前往圣戈达尔山口。1634 年，孔代亲王前往蒙塞尼山口时也碰到类似的恶劣天气，被困在拉菲利尔村（la Ferrière）。1643 年 2 月 16 日，在诺瓦莱萨，卢瑟莱也受阻于天气而不能继续往山口行进，并记录了被困于条件简陋的旅舍中的旅行者的状态。

高海拔山地对旅行者是严峻的考验，对于需要连续数日，甚至数星期把守山口要道或居高临下监视山谷动态的士兵就更是如此。如 1689 年，统帅"光荣回归"的亨利·阿尔诺，率领一群武装的韦尔多派教徒，用两个星期时间跋涉了 340 公里山地，其中一半行程在高海拔地带，包括七个海拔超过 2400 米的山口，累计攀升（以及下行）的海拔高差达到 11300 米。由于军事行动的紧迫性，士兵们时常不得不冒着恶劣天气环境强行前进。如 1600 年 11 月 12 日，萨伏伊公爵查理－伊曼努尔率两万人马，顶着突降的暴雪翻过了海拔 2100 米的圣伯纳德山口。

在高海拔地带，由于呼吸越来越困难，登山的时间会显得尤其漫长。一些旅行者因而会选择乘坐滑竿，由当地向导抬着通过山口。17 世纪初的英国旅行者托马斯·科里亚特（Thomas Coryat）就选择了这种方式通过蒙塞尼山口 ①。（图4）

图 4 滑竿的形制

（托马斯·科里亚特游记插图，1611）

下山的路段，由于速度加快，人和向导牵引的骡马都随时有滑坠的风险。这时一些旅行者会在通过蒙塞尼山口后，乘坐一种滑橇（所谓 ramasse）下行到莫立安山谷（vallée de la Maurienne）的朗勒堡（Lanslebourg）。直到 17 世纪中叶，这些滑橇都是用柳条和绳索制作的，之后木质滑橇出现，牢固程度有所提高 ②。旅行者坐在滑橇的后半部，靠坐在前部的向导用钉着铁钉的鞋跟和包裹铁片的手杖插入雪中以减缓下滑速度。滑橇的速度是非常快的：从蒙塞尼山口到朗勒堡的路程步行需要两个小时到两个半小时，坐滑橇则只需一刻钟。尤其在结冰的路段，旅行者在飞驰中所感

---

① Thomas Coryate, *Coryats Crudities, hastily gobled up in five moneths travells in France, Savoy, Italy, Rhetia commonly called the Grisons country, Helvetia alias Switzerland, some parts of high Germany and the Netherlands* [...], London, W. S. [Stanby], 1611.

② Nicolas de Fer, *Le Duché de Milan et les États du duc de Savoye*, Guillaume Danet, Paris, 1705.

受到的时间加速和恐惧可想而知。16 世纪的尼古拉·奥德贝尔（Nicolas Audeber）写道，向导会经常停下滑橇，以防止速度失控，吓坏其服务的旅客。雅克·勒赛日狠狠摔了一跤却毫发无损，他起身的第一件事便是感谢他出发前祈祷过的圣凯瑟琳的保佑。（图 5）

图 5　尼古拉·德费尔（Nicolas de Fer）绘制的米兰公国地图细部的滑橇，1705.

　　与阿尔卑斯山的旅行者一样，远航前往中国的旅行者同样要经历时间节奏快慢的剧烈变化，只不过变化的规律完全不同。首先，他们没有从平地进入山地、逐渐适应旅途的机会。尤其对于初次出海者而言，旅程的最初几天由于晕船反应最严重，反而是最为漫长煎熬的时段。安菲特里忒号上的意大利画家格拉蒂尼写道："晕船是世上最难忍受的痛苦，没有任何煎熬能与之相比。人完全失去了胃口，进食犹如酷刑，而且不消片刻，强忍恶心吞下肚的食物就全奉还给了大海。"更糟糕的是，在逼仄的海船空间没有任何隐私可言，晕船的痛苦全部暴露在众目睽睽之下：每次爬上甲板上呼吸新鲜空气后回到船舱，"必须跨过十几张床铺才能回到我的铺位"。新人的痛苦还包括老水手的无情嘲笑："你越痛苦难忍，他们就笑得越开心。那些所谓的'海人'会吃掉你的饭菜、喝掉你的酒，还笑着举杯祝你健康。"[1]

这时，个体的身体素质和适应能力差异就充分体现出来了。1701年走同一条路线前往中国的传教士汤尚贤（Vincent de Tartre）写道："看到踏足的甲板大起大落，容身的舱室随风打转"，新人要想在生理和心理上完成适应过程，"大多需要五六天时间才能摆脱头晕恶心的感觉。也有人会难受更久。而我只是把第一天的晚饭奉还给了大海，这之后，别人都还无精打采、腿脚发颤时，我已经像老水手一样如履平地了。从此我就担任起了随船神父一职，直到如今"[2]。格拉蒂尼则相反，"我从头至尾都没能习惯这种生活：尽管身体的痛苦已经过去，但心灵的痛苦始终如一，我始终无法让自己相信，船板大角度倾斜并不是翻船的前兆，始终无法让自己不再恐惧"[3]。

与阿尔卑斯山的旅行者会为了尽快通过山口而减少休息次数一样，远洋海船为了节省时间，也会尽量减少停船补给的次数。但太长时间持续航行的代价就是新鲜食材、淡水以及烧火的干柴都会短缺。安菲特里忒号从好望角出发，45天顺风顺水横穿印度洋直达苏门答腊海岸的航程中，船员感受到的并不只有喜悦。格拉蒂尼就痛苦地抱怨船上的伙食："木柴烧完了，我们只能靠饼干、腌肉，以及喝酒维生，而且酒的味道差极了……这时我便痛苦地回忆起意大利的美酒，回忆起博洛尼亚的肉肠、帕尔马的干酪，回忆起新鲜

[1] Gherardini, p. 12-15.

[2] 汤尚贤神父致其父信，广州，1701年12月17日（Lettre du Père de Tartre à son père, Canton, le 17 décembre 1701, Louis Aimé-Martin (éd.), *Lettres édifiantes et curieuses concernant l'Asie, l'Afrique et l'Amérique*, Tome Troisième, *Chine*, Paris, Société du Panthéon littéraire, 1853, p. 33）。

[3] Gherardini, p. 15.

的黄油、面条、沙拉、茴香，以及所有我亲爱故乡的美食，这些硬如木料的饼干和牛肉更清晰地唤醒了那些回忆，也更痛苦地折磨着我……"[1] 新鲜食材的缺乏对船员的健康乃至生命都是巨大的威胁，这些最终都会耽误宝贵的时间。安菲特里忒号比较幸运，"病员人数不多"[2]；而 1722 年同样经印度洋前往中国的达那厄号就不那么幸运了。根据传教士宋君荣（Antoine Gaubil）的叙述，"由于我们从（法国）出发起就没有停船，船上储备的新鲜食材亦有限"，等船终于在法兰西岛（毛里求斯）靠岸休整时，"船员中病倒了一大片，还有若干人死于途中。除去离船上岸的还剩六十人，大多数都散发着坏血病的臭气，连活动手脚的力气都没有了"[3]。死于漫长旅途中的水手可以说是从一种无休止的时间直接进入了另一种无休止的时间：基督徒眼中的永恒生命。达那厄号在岛上停留休整了两周后（6 月 28 日到 7 月 10 日），才能够重新启程，开始穿越印度洋。

休整与闲暇的时间

打发闲暇时间

　　远洋旅行与穿越阿尔卑斯山之旅的一个重要区别是前者无可避免的集体性。安菲特里忒号有乘员 150 人，在数月的航程中，船上人员构成了一个高度等级化的、封闭的，且全部为男性的小社会。等级金字塔的顶端是一个十人理事会，包括 5 名舰队军官、4 名东印度公司代表，以及传教士白晋；传教士作为一个群体，投票时占两票。对于这个特权阶层而言，旅行过程需要全副精力应对的重要时间节点不仅包括与航程中每个关键地理坐标的相会，

----

① Gherardini, p. 34-36.

② Bouvet, p.18.

③ Antoine Gaubil. "Voyage à La Chine Au XVIIIe Siècle Du P. Pierre d'Incarville, Édité Par Henri Cordier." Bulletin de La Section de Géographie XXXII (1917), p.178.（宋君荣游记 1917 年整理出版时被误认为是稍晚的传教士汤执中所作。）

也包括船上小社会内部不时爆发的冲突。安菲特里忒号出发的第三天就起了冲突：船长要求拆看东印度公司领导层给船上公司代表的秘密指令。最后船长在理事会投票中胜出。弗洛热在日记里写道："这一事件证明了此类决策机制的必要性：我们已有太多先例，远洋旅行中由于未曾预料的，往往也是细枝末节的问题，最终导致严重的误会。而如果能心平气和地征询海上经验丰富的军官意见，误会本是可以轻松避免的。"① 这句话中的虚拟语态说明船上的内部冲突并不总能"心平气和"地解决。

　　而对于那些无权进入舰船决策中枢的更年轻的传教士以及画家格拉蒂尼而言，航程中关切的问题，以及时间的体验则大不一样。这也是远洋航行的一大悖谬之处：船在前行，乘员却被困在一个有限的空间内静止不动，百无聊赖。所以远洋的旅行者往往有数月的时间需要利用或打发。传教士会在途中学习汉语、学习使用各种科学仪器，为即将在中国开展的科学和宗教活动做准备。同时，他们也不忘每日定时向船上水手布道。在近现代欧洲的集体想象中，远洋水手常被认为是生活混乱、道德堕落、需要被拯救的迷失的基督徒。于是传教士在航程中会试图将水手每日的时间按天主教徒日常教区生活的规范组织起来：每日按时望弥撒，定期忏悔，按礼仪日历庆祝宗教节日。对传教士而言，这也是"上岸后的宣教活动的预演"②。于是，在传教士的游记中，各种宗教仪式构成了一套方便的时间坐标，与机械钟表记录的时间配合使用。当安菲特里忒号在西沙群岛海域由于水深突变险些触礁时，马若瑟对事故时间的

_____

① François Froger, *A Journal of the First French Embassy to China, 1698-1700*, T. C. Newby, 1858, p. 3. 此处引弗洛热日记英文版，这段话在发表的法文版中被删除了。

② Delphine Tempère, « Ce voyage que l'on ignore: la mission jésuite en mer au XVIIe Siècle », in N. Balutet, P. Otaola, & D. Tempère (dir.), *Contrabandista entre mundos fronterizos. Mélanges offerts au professeur Hugues Didier*, Paris: Publibook, 2010, p. 165–182.

记录是："五点半，我们正准备开始祈祷"，以及 "祈祷刚结束" ①。阿尔卑斯山区的旅行者在翻越山口前除了吃喝休整之外，还往往会做祷告。祈祷是近代旅行者文化中的重要部分。前往中国的旅行者在遭遇风暴、海盗袭击或进入艰险海域时，也往往有祷告的记录。最常出现在祈祷中的圣人是圣克里斯多夫和圣伯纳德。

但远洋水手也有自己的一套文化。出于精英阶层手笔的游记对此也时常报以外人好奇的目光。在水手的文化中，旅程的一个重要时刻是穿越赤道。这点所有的游记都有提及。作为舰上军官，弗洛热的记录很简单："大家照常作了洗礼。"② 而格拉蒂尼则详细地记录了所谓"洗礼"的内容："我们 4 月 18 日穿越了赤道，并举办了所有常规的仪式。在一片笑声中，大家互相涂抹污物，互相'付洗'，也就是说，大家互相大量泼水。有人被按在了装满水的大盆中；还有人全身被浇了不止一百桶水。你或者乖乖就范，或者花钱消灾，没有人可以幸免。"③ 1701 年走同一条路线赴华的汤尚贤神父作为传教士，对此大为不满，但同时也留下了一段记录，说明当水手亚文化的时间体系与教会正统的时间体系发生冲突时，双方是如何相互妥协的："我们终于过了赤道。这天是礼拜日。出于对这神圣之日的尊奉，水手们把他们称为'洗礼'的仪式推迟到了第二天。这一称呼实在是大为不敬。具体而言，之前从未穿越过赤道的人会被浸入水盆中。这在海上早已是一项不可侵犯的仪式了，除非交钱给船员，才能免去这一恼人的过程。"④ 1721 年，宋君荣神父对此的观感则似乎更多的不是恼火，而是有趣："1721 年 4 月 12 日，圣星期六。按尽可能精确的估算，我们已经到了赤道

① Prémare, p.12.

② Froger 1926, p.5.

③ Gherardini, p. 22-23.

④ de Tartre, p.35.

了：于是大家举行了水手的洗礼仪式。水可真是不缺呢。"①

旅行的时间还可以用来欣赏风景。画家格拉蒂尼写道，船过直布罗陀，他终于不再晕船，并开始有闲心欣赏大西洋上的壮美景色："接近赤道的海上美景对我这样的人（画家）真是享受。"他随后用数页的篇幅描绘了海水在蓝绿之间的层层色彩渐变，夜间星空映水闪烁，"没有任何画笔、任何色彩可以再现"②的光辉。阿尔卑斯山的旅行者则会描写开满野花的山坡，憨态可掬又富有异域情调的山羚和旱獭，以及壮美的山地风光。风光描写在17世纪以降的游记中越来越多，甚至开始出现了纯粹为乐趣而登山的旅行者。这在早期尚属罕见，不过有1492年攀登艾吉耶山（Mont Aiguille）的安托万·德·维尔（Antoine de Ville），以及1588年攀登罗恰梅洛内山（Rochemelon）的雅克·德·维拉蒙（Jacques de Villamont）。

因为去中国的海路远比阿尔卑斯山的山路更长，旅行者笔下更常流露出厌倦的情绪。用格拉蒂尼的话说："这些胜景无论如何壮观，日复一日都终究会令人倦怠。"③因此，旅程的绝大多数时间都是单调无聊的感受占据了主导。从好望角直航印尼群岛的45天时间，在格拉蒂尼游记中只有一句话："海与船都无变化，我亦无变化。"④

不同的旅行者因而会采取不同的策略，以填充无聊的时光。根据弗洛热的航行日志，安菲特里忒号上的传教士从启程后一个星期的3月15日开始，由已在中国生活多年的白晋神父开课，教授汉语和满语⑤。弗洛热本人似乎也旁听了汉语课，以至于7个月后抵达广州时，他似乎对自己的日常汉语交流能力已经颇为自信：

---

① Gaubil, p. 169.

② Gherardini, p.16-18.

③ 同上，p. 18.

④ 同上，p. 27.

⑤ Froger 1926, p. 3.

"中文最难的是发音，但任何一门语言都是发音最难，而且不要以为发音一错，哪怕遣词造句正确，也没法和中国人互相交流。好比一个加斯科涅人和一个诺曼底人可以用法语顺利交流，即便两人口音全然不同。而说到遣词造句，还有哪一门语言比中文更方便？一个单音节字可以作动词、副词、名词和形容词用，不用变格也不用变位，过去时、现在时和将来时只要加上特定虚词区分即可。当然，所有语言中都有一些固定搭配，有一些特殊句法需要留意。但只要肯下功夫，这是 6 个月内可以学会的。"[1]

不是所有人都是如此热衷学习的。格拉蒂尼的游记就对中文课未置一词。他写道，在漫长的航程中，"如果不在船上赌赌钱的话，人会无聊至死。我认识了一个年轻的巴黎人，嗜赌如命，他可以说是逼着我赢走了他的全部衣裤"以及值钱的"火绳枪、几把手枪和几块怀表"[2]。这不啻一种打发时间的方式。

海港与旅店：悬停的时间

阿尔卑斯山的旅行者每晚需要歇脚住店，正如前往中国的航船需要定期靠岸补给。这在旅行的时间中产生了间歇的悬停，也为旅行者带来了放松和慰藉，对于即将冲击山口或驶入外海的旅行者而言，这段悬停的时光更是尤为重要。

前往中国的旅行者在经历了漫长而单调的海上航行，得以停船靠岸时，通常都难以掩饰欣喜之情。当安菲特里忒号终于抵达马六甲海峡，在亚齐靠岸时，面对东南亚岛国的异域风光和民俗的迎面冲击，所有乘员的游记都变长了。时间放缓了，也变得更紧凑了。格拉蒂尼激动地写道："如此美丽的国度！"亚齐港口盖满了"数目令人难以置信的房屋"，周围环绕着"椰林、竹林、菠

---

① 同上，p. 136.

② Gherardini, p. 20-21.

萝地、芭蕉田"。他以画家的眼睛细细欣赏着当地各种族居民多元杂处的景象："中国人像女人一样干净又爱打扮，头发用发簪盘在头顶，人人手持折扇。摩尔人包着头巾，穿着长袍，留着长须，相貌甚是威风。马来人身材矮小，但很灵活壮实，表情既豪迈又温和，让人过目不忘地喜欢。"哪怕是"提香和卡拉奇兄弟一辈子也没有画出过如此美丽的人体"。总之，亚齐的"一切都是那么的不同，一切又都那么自然和美丽"。[①] 传教士马若瑟下笔比较克制，却也同样写道，亚齐是一个"天生为了让南来北往的外国人喜欢而生"的城邦，因为"亚齐能找到全世界所有的民族"。他"上百次地"遗憾自己不擅绘画，不能将这里的异域风情描绘下来 [②]。

与阿尔卑斯山间的旅舍一样，这些广纳四方来客的海港城邦是一个繁忙的十字路口，旅行者在此休整、交流，然后各奔前程。然而在短短的逗留期间，海港的多元性已然冲击了旅行者原有的价值观和思维定式：因为这种多元性不仅体现在自然风光和居民形貌上，也体现在文化习俗和宗教信仰的层面。马若瑟的游记记录了马六甲在荷兰殖民者统治下的宗教政策："这里有摩尔人的清真寺，有专门供奉中国偶像的寺庙。总之，在荷兰人治下，所有教派都允许公开传习，唯一被禁止的恰是世上唯一的正教（指天主教）。"[③] 这里，天主教，以及欧洲的中心地位都遭到了挑战。这种边缘生存的体验，对所有即将踏上中国土地、开始文化适应过程的传教士，都是一种必要的准备。

在阿尔卑斯山间，驻足休息的时间对旅行者而言也是与当地居民，以及其他萍水相逢的旅行者接触攀谈的机会。这在文化和政治精英聚居的大城市表现得尤其明显。相反，随着海拔上升，山间谷

---

① 同上，p. 38-41.

② Prémare, p.11.

③ 同上，p. 12.

地面积越来越小，这样的社交机会也越来越少。与此同时，由于高海拔地带对体力和精力的考验越来越大，旅行者对每站旅舍的期待也越来越高。旅行者到达旅舍通常已是日暮，他们又累又饿，还时常被雨雪淋得湿透，冻得僵硬。而高山的旅舍并没有很多选择，失望因而也是常事，旅行者有时还不得不睡在马厩的稻草堆上。1665年，一个旅行者和旅伴将近午夜才到达圣米歇尔德莫列讷，筋疲力尽，还遭遇了暴雨，浑身湿透。而他们找到的唯一栖身之处是一个马厩，顶棚还破了洞，大雨不停灌下来，浇透了铺盖，"我们全身躺在湍湍的流水中，我们本希望在这个可悲的马厩里获得的休息也泡了汤"。[①] 翻过蒙塞尼山口后，两名旅行者的霉运依然在继续，这次他们连稻草都没有，不得不直接睡在地上。面对这样的条件，尤其令人难以忍受的是，旅行者通常都出身自富裕阶层（既然他们都识字），因而他们平日的生活条件远比此舒适优渥。对旅行者的时间体验而言，这样的夜晚会显得很漫长，而疲劳在夜间没有得到缓解，第二天的旅途跋涉又会更显得无休无止。

抱怨旅舍条件简陋是游记的常见主题。抱怨的内容也大致相似：环境肮脏，伙食恶劣。洛卡特里和他的旅伴在离托农（Thonon）几公里的地方吃到了"变了味的香肠，还有更糟糕的发黑的面包和发霉的酒"。[②] 上文已提到，前往中国的一些旅行者（如格拉蒂尼）也在游记中声泪俱下地抱怨过海船上的伙食恶劣，并与故乡意大利的美食做对比。既然毗邻意大利，也就无怪乎阿尔卑斯山区另一些旅舍的饭菜给旅行者留下了难忘的美好回忆。还是洛卡特里，在 1664—1665 年光顾了瓦莱的圣莫里斯（Saint-Maurice-en-

---

① Anonyme, *Viaggi diversi*, 1665, Manuscrit, Aix-en-Provence, Bibliothèque Méjanes, Ms 272 R 966, p. 53.

② Sébastien Locatelli, *Viaggio di Francia : costumi e qualità di quei paesi, 1664-1665, par Sebastiano Locatelli (Eurillo Battisodo), a cura di Luigi Monga, pref. di Albert N. Mancini*, Moncalieri, Centro interuniversitario di ricerche sul Viaggio in Italia, 1990, p. 307.

Valais）的"绿十字"饭庄，"我们几乎以为身在天堂"；[①] 理查·拉塞尔（Richard Lacelle）则认为"克洛耐尔之家"是瑞士阿尔卑斯山区的锡永（Sion）最棒的旅店[②]。旅舍打尖是平民旅行者解决伙食的基本途径。而军人的补给往往更成问题。大多数时间，军队会通过沿途劫掠村民的储备来满足需要。远洋航行往往有一定军事性质，也往往存在严重的补给问题，不过在一望无际的外海上，并不容易靠抢劫解决问题。

无论是印度洋的海港还是阿尔卑斯山间的旅舍，这些歇息地的气氛往往相似：人头攒动，人声鼎沸，这热闹的气氛会给旅行者莫大的慰藉，使他们充满终于抵达目的地的喜悦。旅舍有时会奏起音乐，即兴举办晚会，邀请旅行者和当地村民一同欢歌。卢瑟莱游记中写道，他于1642年2月17日投宿在朗勒堡。门外飘着漫天大雪，"我们正在吃饭，几个农村姑娘进来唱起了她们熟悉的小曲"[③]。旅行者在旅舍往往会开怀畅饮，酒会温暖身体和心灵，乃至让人头脑发热。于是围坐一桌的旅人们也会聊天、说笑、唱歌、大呼小叫，讲一些真假莫辨的故事以活跃气氛。这些故事里常出现的一个角色是风流的女招待，这无疑不是现实的反映，而更多是男性占绝对主导的旅行者群体的大男子主义臆想。

很快，旅行者就要结束休息，或重新登上海船，或重新踏上山路，面对高山和海洋的艰险环境考验。在旅途的终点回顾来路，一些旅行者将高山与远洋旅行的艰险做对比。如格拉蒂尼在游记中感叹："我宁可余生在荒凉高山的隐修院里度过，也不想登上王

---

① 同上，p. 309。

② Richard Lassels, *Voyage d'Italie : contenant les mœurs des peuples la description des villes, des capitales, des églises*, Paris, L. Billaine, 1671, p. 74.

③ Giovanni Francesco Rucellai, *Un' ambasciata : diario dell'abate G. Frco. Rucellai*, publicato da G. Temple-Leader e G. Marcotti, Firenze, G. Barbèra, 1884, p. 61.

家舰队最豪华的航船，哪怕是以海军上将的身份。海属于鱼，陆地才属于人，人类和鱼类都应该各安其分，待在属于自己的环境里才是。"[1] 高山和海洋作为远方的代名词，在集体想象中交融在了一起。

结论

我们对阿尔卑斯山游记与中国航海游记的对照梳理就此告一段落了。最后，我们发现，在千差万别的个人经历之外，我们可以根据交通工具、场所和空间属性，归纳出旅行时间的一些特点。考虑到文献的丰富多样，我们对近代旅行经验的跨文化比较研究自然还有很大深化的空间。但我们已经看到，旅行的时间在旅者出发前已经开始了：长途旅行需要长时间的细致筹备，从季节的选择、天气条件的预测、旅行时长的估算、行进节奏的把握，到停泊休整的计划，都充满了种种可能和不确定性。旅行不仅是身体的考验，也是人生和社会的经验，包括对远方、对危险、对异质文化和空间（有时还涉及他者宗教）的体验，这都将旅行者置于多重嵌套的时间性体制之中。时间在旅行者的经验中具有地理的、生活的，也具有政治乃至医疗的维度（如在遭遇疫情危机时）。海船上漫长的航行与阿尔卑斯山间乘马或徒步的跋涉一样，会令时间显得无比漫长。只有在接近山口或海峡地带，或出现突发事件或与异域奇观不期而遇时，才会激发旅行者的兴趣或注意力。这些突发事件也包括海上风暴的袭击，或高山的暴雪骤降。旅行者此刻生怕被"山峰一般高耸的海浪"[2]（夏多布里昂语）吞没，或坠下山崖裂隙被大雪掩埋。在这种危急时刻，时间不仅加速了，也

---

[1] Gherardini, p. 52-53.

[2] Chateaubriand, *Mémoire d'outre-tombe*, Paris, Penaud frères, 1848-1850, t. 1er, Livre 8, chap. 7.

更戏剧化了（有时甚至以悲剧收场）。我们可以理解，在这种险情丛生、令人应接不暇的危机时间之后，在旅舍或海港休整期间的悬停时光是多么令人向往。而如果遭遇疫情，旅行的时间也会因为绕道而拉长，甚至由于健康文书不全、被迫隔离而彻底停滞不前。近现代的旅行与今天的旅行在这点上是一样的：旅行者永远需要面对不同的时间节奏，需要面对涂尔干所说的"生命的湍流"（torrent de la vie）。最后，成功抵达目的地的旅行者可以坐定下来，用安宁的时光撰写书信、游记或导游手册。在阅读和想象中展开的新的旅行时光也就此开始了。

时间的跨文化性是否可能？

基于 19 世纪在华英人游记的分析

萨米娅·乌努基（Samia Ounoughi）

（格勒诺布尔－阿尔卑斯大学）

译者　吴蕙仪（法国国家科研中心）

导言

　　游记文学对我们感知或理解不同文化中的时间观念有何帮助？他者的时间观念可以被表述吗？本文希望对这两个问题提出一些浅见。我的研究主要关注 19 世纪英国人的游记，分析其中的话语。这需要跨学科的视角，因此我会与历史学和地理学界的同行合作。我并非汉学家，因而我在阅读游记时主要是基于以上两个问题。在欧洲企图殖民入侵中国的大背景下，19 世纪的中英关系是紧张的，甚至不乏正面冲突。由于经济与文化的双重兴趣，在华英人留下了体量巨大的文字。在亨利·考狄（Henry Cordier）的《中国书目》（*Bibliotheca sinica*）中收录的 700 余部 19 世纪的英语著作中，有 300 多部或多或少可以归入游记的范畴。当时的游记作为一个文类，一方面供读者消遣，另一方面也有向读者介绍异国风物民俗的教育功能。它同时也扮演着重要的纪实功能，后出的作品时常会批评和纠正前人的疏漏和夸张之处。

本文选择了一系列有代表性的、最能够呈现19世纪个体经历的文本。我们会通过1804年出版的《约翰·巴罗游记》，追溯1792—1794年第一支英国访华使团。此外，我们选择的旅行者各有不同的目的：马礼逊（Robert Morrison）是传教士，他总结的中文语法被用于编写英语母语者的中文启蒙的教材；1852年出版游记的罗伯特·福钧（Robert Fortune）是植物学家，来到中国是为了寻找茶树；比他稍晚记录的康斯坦丝·高登–卡明（Constance Gordon-Cumming）是女探险家、作家、画家，她漫游远东是出于对旅行与远方的热爱；19世纪末的阿钦巴德·利特尔夫人（Mrs Archibald Little）则是作为家庭主妇，随担任公职的丈夫长驻中国。活跃在19世纪后20年的女作家伊莎贝拉·伯德（Isabella Bird）也是一个绕不开的人物，她曾多次前往中国，在华生活数年，并建立了一所妇科医院。最后，爱尔兰人艾米丽·德·伯格·戴利（Emily de Burgh Daly）也参与了在中国兴建医院的事业。从19世纪末到20世纪初，她在中国从事护士工作，生活了近25年，并在中国结婚成家。

我们会讨论，这些作者在多大程度上感受或关注到了在华生活时间的特殊性，并在游记中予以表述。本文不是从历史学角度，而是从话语分析的角度，探讨作者的叙事结构在不同层次上的组织。本文将按主题分为三大部分，从时间在生活中最显而易见的标志入手，继而讨论人在观察他者的时间观念时面临的局限，以及对于这些学习了汉语的19世纪英国人来说，语言在多大程度上能够为理解他者的时间观念起到媒介作用。

时间坐标的文化属性

在话语中发现时间并非易事。不过，时间的文化属性也会以一些具体可感的方式呈现出来。时间是划分为单元的、可数的、可度量的、有节奏的。本文所研究的所有游记都提到了中国历法及中国传统节庆，尤其是春节和清明节。其中两名作者详细地解释了中国历法的运作：约翰·巴罗的《中国游记》(*Travels in China*, 1804) 和康斯坦丝·高登－卡明的《中国漫游》(*Wanderings in China*, 1886)。二人关注中国历法的原因各不相同。康斯坦丝·高登－卡明作为作家、画家，对远方的探寻是她的散文和绘画的灵感之源。她是在此背景下向读者介绍了中国的历法，以及一年中的重要时刻。而将近一个世纪前，作为1793年首次代表英国出使中国的马戛尔尼使团的一员，约翰·巴罗之所以在《中国游记》中详细介绍了中国历法，是因为当时无论在国内还是在国际舞台上，时间的度量工具都具有重大的政治和科学意义。他在解释中国干支纪年法如何操作时，创造了一套精巧的环形图，将字母和数字组合，从内圈向外圈旋转。(图1)

图1　约翰·巴罗用以解释中国历法的环形图 ①

巴罗行文至此，已不是在单纯地"记游"了。他如同编撰技术

① John Barrow, *Travels in China*, Philadelphia, M'Laughling, 1804, p. 294.

说明书一般，向读者解释在他看来中国文化中十分值得理解的元素。从他的经验来看，与时间问题相关的内容中最有意思的，是历书。这也是巴罗讨论历法问题的切入点。皇帝需要颁行十分精确的历书，因此需要天文专家进行复杂的计算。这些学者来自世界各国，尤其是伊斯兰世界（具体籍贯不详）以及葡萄牙。由于中国的文化影响与商业财富的双重吸引力，各国人士都看到了个中的机遇。巴罗在这里讲了一个故事。一个葡萄牙传教士告诉他，自己提供了一系列日月食的计算，在此基础上制定的历书已由皇帝正式颁行，成为全中国当年顺应时节举行各类仪式的依据。然而，这名传教士私下告诉他，自己的计算其实有错，但他不敢向皇帝坦白。此事关系重大，牵涉其中的不少中外天文专家都十分紧张。因此传教士听说英国使团的到来，就冒险来找巴罗，讯问使团是否携带了科学仪器。巴罗于是给了他一份英国新出的航海历：

> 然而幸好丁维迪博士（Doctor Dinwiddie）离开伦敦时携带了一套航海历，以格林尼治子午线为基准，推算到了1800年，这被他们视作无价的礼物。[①]

在这个故事里，我们看到来自不同文化的两种时间观念的相遇，人们追求的结果相同，但背后各有各的目的。这种共时性就形成了一个时间观念的跨文化接触点。

巴罗游记中还有很多十分具体的有关时间的片段，尤其是他对钟表运作的解释。在英国送给乾隆皇帝的国礼中包括"两块镶嵌宝石的华美怀表，皇帝看了一眼，就转手赐给了臣下"[②]。巴罗还用更长的篇幅谈了英国如何未能成功开拓中国钟表市场。这不仅是由

---

① *Ibid.*, p. 112.

② *Ibid.*, p. 198.

于产品本身质量不佳，常出故障，更是因为中国市场对钟表的使用
并无文化层面的共鸣，因此最多只是将钟表看作时髦的配饰。巴罗
写道："这种专为中国市场制作的嘀答响的怀表没有人感兴趣，尽
管它们曾经销量不错。"① 从英国钟表在中国受到的冷遇可以看出，
一种只基于本国文化时间观的市场策略是难以收到预期效果的。

　　游记作者在第一时间往往只是条件反射地四处留意当地文化
与其自身文化的差异；过了这一阶段之后，作者就会打开通向他者
异质性的窗，给我们更多领略当地文化的机会。但我们在本文第
二部分会看到，并非所有的游记作者都有这种能力。例如，巴罗
的西方读者随后会在《中国游记》中读到，在 18 世纪末，皇帝的
人生是度量时间、规范时间节奏的最关键标志。皇帝的生辰是全
民的节庆；计算年、月、日也是以皇帝的在位时间为准。这对于英
国读者来说，都是令人惊异的新鲜事物。以皇帝的人生作为全国
时间的度量基准是意味深长的，因为这将政治、文化和信仰的时
间系于皇帝一人。这种规范时间节奏的方式将权力定义为社会的
支柱，而皇帝又在近乎生物学的意义上代表了权力的"道成肉身"。

　　在巴罗游记中，皇帝的生辰也是英国使团觐见皇帝的日子。
因此这一天也成了巴罗游记中的关键时间坐标。他在游记的开始
对此是持批判态度的：

　　　　但是由于（马戛尔尼）阁下迫切希望能尽快抵达京城，他谢
　　绝了停船靠岸的提议……奉命护送他进京的官员指出，如此匆
　　忙赶路是完全无必要的，因为离皇帝的生辰还有些时日。在这
　　些人眼中，似乎使团别无他事，唯一的使命就是向皇帝贺寿。②

---

① *Ibid.*, p. 181.

② *Ibid.*, p. 68.

然而，我们可以注意到，随时旅程的推进，巴罗逐渐开始将西历时间与皇帝的生辰并列，后者也成为他游记中的主要时间坐标。例如他写道："九月十四日，或皇帝的生辰三天前，传信部的代表安塞尔默神父从澳门为我寄来了致大使的信。"① 尽管收信一事与皇帝的生辰并无直接关系，但巴罗依然以此为计时的参照。这固然是外交时间的特点所决定的（使团的目的就是与皇帝会面），但我们也可以看出皇帝的生辰在游记叙事的建构中发挥的枢纽作用。

　　巴罗游记还带我们听了一出戏，这让我们看到了中国文化中时间体验的另一个具体侧面。巴罗解释说，一出戏的情节可以贯穿一整个朝代，甚至长达整整个两个世纪。英国或法国的读者在此会看到中国传统戏剧与欧洲戏剧的一处重要差异；他们会意识到，即便就戏剧艺术来看，时间在中国人的思维中也是更漫长的，而且是以政治性单位来度量的。这颠覆了欧洲人习惯的戏剧叙事原则。

　　从以上这些巴罗中国游记中有关时间的文化片段，我们可以看出，他不仅依据了自己在华期间的切身体验，也阅读了前人的著述。尽管他在前言中强调他记录的全是自己的亲身见闻，但他的知识往往是通过间接渠道获得的，并不总说明信息来源，而且也忽视了中国信仰和文化的多元性。巴罗游记尤其受制于三个方面。首先，作为外交使团的一员，他在中国期间无法自由活动。其次，他的中文水平有限，无法与普通人交流（他在游记中描述了中国人的用餐时间，但读者无法得知他的依据是什么②）。最后，他在中国只停留了几个月。我们可以看出，他的游记旨在为英国读者勾勒中国全景，但这目标难度太大，对时间的感受更是太过主观，他并没有完成他所设定的目标。所以，我们需要转向那些出于文化好奇心、在中国长期生活的旅行者。

---

① *Ibid.*, p. 115.

② *Ibid.*, p. 495.

　　游记中最具体的对中国生活时间的描述，出现在我们关注的时段的最末期。一些作者将旅行本身作为追求的目标，如康斯坦丝·高登 – 卡明（《中国漫游》，1886）；另一些作者则在中国生活多年，如伊莎贝拉·伯德（《扬子江流域及其周边》，*The Yangtze Valley and Beyond,* 1901），尤其是艾米丽·德·伯格·戴利（《一个爱尔兰女人在中国》*An Irish Woman in China*，1912）。后两位曾各自在中国参与创建了一座妇科医院。

　　我们可以首先注意到，这几位作者都没有大而化之地谈论"中国"，而总是强调她们笔下描述的是她们生活的特定地区。伊莎贝拉·伯德是苏格兰王家地理学会（1890 年），后来也是英国王家地理学会（1897 年）的第一位女会员。她的游记标题就点明了她游历的区域：《扬子江流域及其周边：以四川省及梭磨的蛮子地区为主的中国游记》（*The Yangtze Valley and Beyond: An Account of Journeys in China, Chiefly in the Province of Sze Chuan and Among the Man-Tze of the Somo Territory*）。艾米丽·德·伯格·戴利更是明确拒绝对一个民族或国家整体做本质化论断，反对中国的刻板印象：

　　　　我认为，很多人是带着关于中国或中国人先入为主的成见来到远东的。他们几乎忘了，一个如此广袤的国家自然包括各种差异巨大的气候、景观、习俗和生活条件。曾有人一针见血地说："人不可能在道出中国的真相的同时不撒一些谎。"[1]

　　她注意到，中国的四季长短完全不同于她所熟悉的英格兰或爱尔兰。例如，她写道，中国的冬天短暂而多雨。[2]

　　观察中国文化或信仰生活中特有的时间体验，最方便的是在春

---

[1]　Emily de Burgh Daly, *An Irish Woman in China*, Londres, T. Werner Laurie, Ltd. Essex Street Strand, 1912, p. 61.

[2]　*Ibid.*, p. 32.

节等节庆期间，或者在寺庙等胜地。康斯坦丝·高登－卡明对信仰生活中的时间体验描述最为详尽。她不仅描述了寺庙建筑的优美，也试图理解其所承载的信仰。其他游记作者也游览了寺庙，但由于没有译员陪同或是缺乏好奇心，他们极少解释各种仪式的意义。康斯坦丝·高登－卡明则不断地提出问题。某项仪式对应的是什么？信众到底在祈祷什么？他们膜拜的神祇代表了什么？她游览了塔尔寺，描述了寺内供奉的弥勒；她同时还细致地向读者介绍了寺内的一座水钟的运作原理，并逐字解释了中文"铜壶滴漏"的含义。她写到了寺院售卖的"计时棒"，即一种恰好十二小时烧完的棒香，她称之为"时间的看护"。对于熟悉这种文化的中国读者来说，这可能是习以为常的，但从英国读者的角度而言，他们的一位女同胞却能帮助他们以外人的眼光了解一种陌生的宗教计时方法。

以上这些片段只是中国的时间观念与时间体验方式的一些很有限的侧面。这些留下详细记录的作者是在中国生活时间较长，同时也是对中国人的日常生活观察较为仔细的。这样的经历和眼光并不是所有游记作者都具备的。

时间跨文化性的局限

这些关于中国文化中时间体验形式的记录，在我们研究的游记只占很小的篇幅。除了以上那些关于钟表或历书的段落之外，关于时间的记录其实很少。这促使我们思考游记作为考察他者文化的途径，其所包含的局限性，尤其是涉及在一种与旅行者本身文化异质度极高的文化中的时间体验。

游记作者通常都是以外人的目光看待他们的所见所闻的。因此他们尤其会注意到当地文化与自身文化的差异。于是，时间在他们笔下并不是一个显性话题，有时只是因为中西文化的时间观念差异并不大，或者说时间具有一定的超文化性。不同的文化并非全然不可通约。以罗伯特·福钧 1852 年发表的《中国产茶区之旅》(*A Journey to the Tea Countries of China*)为例 ①。这名苏格兰植物学家当时正在为英国东印度公司工作,他潜入中国是为了带回茶树的种子或树苗。他的游记因而是以各种植物从播种、开花到收获的周期为时间线的。这是一条农业的,而非文化的时间线,而在 19 世纪中期,农时仍然是全世界大多数地区共享的经验。这种时间性体验因而完全不会引起读者的惊诧或疑问。同理,阿钦巴德·利特尔夫人的《我的中国农场日记》(*My Diary in a Chinese Farm*,1894)在描述中国的农业实践时,也没有对时间问题过多着墨 ②。福钧游记中唯一出现的时间差异是中国与英国由于气候差异而导致的植物播种和花期不同。由于他的目的是在英国引种中国作物,所以对此尤为敏感。

农业不是唯一一个不同文化时间体验差异不大的领域。伊莎贝拉·伯德在比较中国和英国石匠的工作时,也这样写道:

> 需要在户外工作的工种,如石匠或木匠,他们的作息节奏似乎与我们的工匠并无二致,一年四季都可以随时停工喝茶、休息、抽烟,夏天睡悠长的午觉,冬天不到九点不会开工。③

这段关于日常生活的描述提醒我们,研究跨文化性并不一定要执着于寻找文化差异。在战争期间,不同文化的人们会以最悲剧的方式,感受到这种时间体验的相似性。在中日甲午战争期间(1894 年 7 月 25 日—1895 年 4 月 17 日),已经放弃了护士工作的

---

① Rbert Fortune, *A Journey to the Tea Countries of China*, London, John Murray, Albemarle Street, 1852.

② Mrs Archibald Little, *My Diary In a Chinese Farm*, Shanghai, Hongkong, Singapore, & Yokohama, Kelly & Walsh, 1894.

③ Isabella Bird, *The Yangtze Valley and Beyond: An Account of Journeys in China, Chiefly in the Province of Sze Chuan and Among the Man-Tze of the Somo Territory*, London, John Murray, 1899, p. 57.

艾米丽·德·伯格·戴利又重操旧业，救助战争中的伤者。此时她笔下的时间节奏明显加快了，语句变短，强调她与中国同事们在高效工作中形成的默契，行文节奏中流露着战地急救的紧迫感。

　　游记作为理解时间体验的跨文化性之素材的另一点局限，是旅行者本身的心态和处境。约翰·巴罗是作为外交使团的一员访华的。他必须遵循严格的规定，无法自由决定自己的行动。他只能远远观察普通中国人的生活，后者最多匆匆瞥一眼这支外国使团，就得继续手头的活计。大多数旅行者都与巴罗一样，无法分享当地人的生活，因而也不可能真正理解中国人日常生活的时间。1893年，阿钦巴德·利特尔夫人为了躲避酷暑，租下了一个远离重庆的农场。她在日记中记录了一个妇女与当地村民毫无交集的日常生活，而当地村民也并不十分欢迎她的到来。她不需要工作，可以随心所欲地按自己节奏生活。于是我们看到，等她起床时，四点下地的当地人已经劳作多时了。她偶然会应邀在当地人家做客，但除此之外，她完全生活在当地的时间节奏之外。她雇用的几名当地帮工逢年过节会向她请假，她虽会准假，但却提不起足够的兴趣记录与帮工的对话，以及节庆对他们的意义所在。康斯坦丝·高登－卡明也观察到，旅居国外的英国人往往抱团聚居，与当地人互不往来，每天下午的时间都围绕5点的下午茶来安排，显然他们把本国的文化习惯和时间观念都照搬到了中国。她还写道：

　　　　我必须承认，我非常惊讶地发现，中国的土地上竟有这样一个可爱的、完全是异国风情的村落，它与仅一条运河之隔的中国城市隔绝得如此彻底，就好像它们相距数公里一样。英国人聚居区仿佛一座宁静祥和的孤岛。这里原样移植了英国的社会生活，能完美地满足英国人的需求，以至于他们大

多数人几乎从不进城！ [①]

伊莎贝拉·伯德以及艾米丽·德·伯格·戴利过的是与此截然相反的生活 [②]。尤其是后者在中国生活工作了多年（主要在医院）。戴利在她中国游记的前言中特地说明，她关注的重点是普通人的日常生活。她书中记录的与中国人的交流和分享的确远多于其他作者。医学也是这些跨文化交流的重要内容。中国人的药学知识远胜英国人，而英国人则以外科技术见长 [③]。由于作者平日住在医院，这些交流也并不限于职业话题。

戴利记录了她与英国友人以及中国同事分享的日常生活点滴。她们会以朋友身份相互走动，读者因而会了解到，按当地习惯，若主人端出茶水，就是在向客人暗示，到了该"慢走、慢走"的时候了 [④]。这句话她是用宁波方言记录的。值得注意的是，戴利笔下经常会出现宁波方言词汇，她会给出翻译，对某些词汇（如花卉名称）还会逐字解释。一天，她告诉中国同事，她的英国好友每周与未婚夫见一面。读者在随后的对话中会了解到，中国（或至少宁波地区）的婚俗是，订婚后的一段日子里，未来的新人不仅不能相互增进了解，而且完全不能见面 [⑤]。这类闺蜜间的谈话，透露出中英两国文化对待婚姻这一女性人生重要时刻的异同。她们谈话中尤其有意思的部分是，她的中国朋友都认为西方婚俗更合理，对其表示尊重。就这样，两种文化形成了沟通，互相认可了各自习俗背后的世界观与特定的处世之道。

---

① Constance Gordon-Cumming, *Wanderings in China London*, Edinburgh, William Blackwood and Sons, 1886, p. 34.

② Emily De Burgh Daly, *An Irish Woman in China,* 1912.

③ *Ibid.*, p. 42.

④ *Ibid.*, p. 31.

⑤ *Ibid.*, p. 30.

所以，我们看到两类游记作者：一类始终隔绝于中国社会之外，他们的生活时间中除了工作，就是与本国人抱团生活；另一类则积极融入当地人的生活，参与节庆活动，分享一年中的重要时刻。我们由此看出，时间包含了文化和社会因素，但也是由个人定义的。时间并非客观存在，而是一种私人的感受和生活经验。从这个角度来看，要想进行真正的交流，必须有基本的语言知识，更准确地说，是语言学家常说的文化语言（langue-culture）能力。

时间中的语言因素

语言学在我们的跨学科研究中扮演了非常重要的角色。历史学家会带着当代的问题意识去研究过去，也会在不同文化之间往来穿行，因而不同文化的时间观念对他尤为重要。而语言学家则以人类特有的语言能力为研究对象，这恰好使他能够从当下和此时抽离出来，去思考过去、面对未来，构想现实的种种可能性。人需要通过语言，才能够谈论他无法直接感知的，甚至创造出并不存在的事物。要理解中国人的时间体验，因此也绕不开对当地语言（无论是官话还是方言）的深入接触。戴利与宁波方言的接触是很有启发的案例。归根结底，语言与文化是相互形塑的，正是通过对语言的掌握，戴利才得以与中国病人、中国同事分享日常生活。相反，语言不通对理解他者的文化会构成严重阻碍，尤其是在涉及时空观念等问题时。正如语言学家卢娜·费利波维奇（Luna Filipović）和卡夏·雅佐尔特（Kasia M. Jaszczolt）所说：

> 文化对认知的影响，体现在将文化特有的偏好固化下来，并施加于对环境的理解。例如，时间和空间的布局是普世认知结构与文化独有特点共同作用的结果，这限定了那些语言和文化参数在不同条件下所能发挥作用的大小。这种在语言、

文化与认知之中形成的关系，正是其多面性造就了人们同样多层次，但又高度相连的性格……[1]

语言学家普遍认为，人类思考和体会时间的方式可分两大类。首先是所有人类共有的认知方式，如人类必然都观察过星辰的运行，都明白人生有限……因此不同文化认识和体验时间的方式并不是全无共通之处的（为此我们应感到庆幸）。另一类时间观念是更多植根在习俗和心理学层面上的，因此不同文化往往彼此有别[2]。历法和节庆的时间是最典型的例子，它们永远打着当地文化的特殊烙印。

上文曾指出，在那些在中国居住时间不长、与当地人交流不多的作者笔下，很难找到中国人的时间计量单位、今昔与未来观念等内容。其中最大的问题是他们不通中文。的确，英语与中文的重要区别是，英语的一切表达都是以时态为基础的（所有的动词或系词都要区分过去时和现在时等时态，之后还可以细分出完成时和进行时等语体）。从西方语言学角度来看，中文官话是一种不分时态（temps），只分语体（aspect）的语言。动词不会根据不同时态而变形，而只区分它表达的是发生的事件还是持续的状态，这对一个以印欧语系语言为母语的学习者而言是很费解的。中文官话还有一些表示动作持续时间长短的虚词，这也是英语或法语的动词都没有的[3]。我们是用其他方式表达动作持续的长短的。同理，对于中文母语者，学习法语时面对各种动词变位也肯定是痛苦的回忆（其实对法语母语者而言也是如此）。不同语言都有各自的时间观念及其表达方式，互相不能生搬硬套。理想的状态是在一种文化语言中浸

---

① Filipović, Luna et Jaszczolt Kasia M. (Eds.) "Introduction: Linguistic, Cultural and Cognitive approaches to Space and Time" in *Space and Time in Languages and Cultures*, Amsterdam, Philadelphia, John Benjamin Publishing Company, 2012, p. 1.

② *Ibid.*, p. 5.

③ Maria Bittner, *Temporality, Universals and Variation*, Chichester, Wiley Blackwell, p. 3.

濡足够长时间，直到不再需要从自己的第一语言（例如这些游记作者的母语英语）出发寻找对应表达。达到这种程度之后，学习者不再需要以其第一语言的文化语码为思考出发点，而是可以独立运用中文知识，直接认识中国文化。寻找英语或法语的对应表达自然就不再重要了，而跨文化理解本身的意义则凸显了出来①。

1805 年发表的巴罗游记就曾指出，只有通晓中文，才能通过人们的言谈，更好地了解中国人、他们的文化及世界观。他书中有专门的篇幅讨论中文的特点，甚至试图解释为何中文语法完全没有欧洲文化所习见的时态结构。不过按今天的中国语言教学者的眼光来看，巴罗的解释是大错特错的②。

从 1807 年到 1953 年，一代代新教传教士相继来华活动。其中马礼逊编纂了英华词典、中文语法等比较中英语言特点的著作③。马礼逊明白中国各地方言差异巨大，甚至为北京方言专著一书。他 1817 年出版了《中国大观：为语文学目的而作，兼及中国编年、地理、政府、宗教及民俗》（ *View of China, for Philological Purposes; Containing a Sketch of Chinese Chronology, Geography, Government, Religion and Customs* ），书中没有区分语言与文化。而将语言与文化看作一个整体，因为这是理解不同文化世界观或时间观念的必由之路。稍晚一些的麦都思（William Henry Medhurst）也同时编纂了中文字典，并撰写了有关中国文明的著作，这说明他也是将语言与文明合二为一地看待，而不是仅关注语言④。

马礼逊在前言中承认自己的中文还不够好。他的记录因而并不都准确，但却是重要而珍贵的。我们可以注意到，他全书是按

---

① *Ibid.*, p. 1.

② John Barrow, *Travels in China*, 1804, p. 269.

③ Robert Morrison, *A Grammar of the Chinese Language*, Serampore, Mission-Press, 1815.

④ Medhurst, W. H., *English and Chinese Dictionary*, Shanghae (Shanghai), Mission Press, 1848.

英语语法范畴编次的，这当然是一大问题。然而他在每章中也介绍了中文词汇学的特点，如名词是“死词”或“静词”，动词是会运动的“活词”，等等（见图 2）。[①]

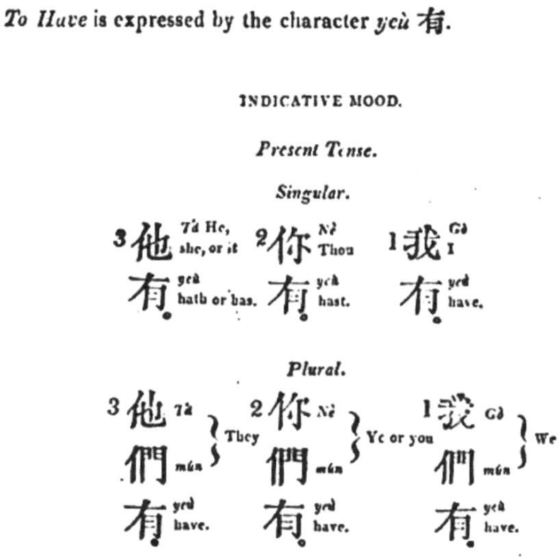
To Have is expressed by the character yeù 有.

INDICATIVE MOOD.

Present Tense.

Singular.

3 他 Tá He, she, or it 有 yeù hath or has.
2 你 Nè Thou 有 yeù hast.
1 我 Gò I 有 yeù have.

Plural.

3 他們 Tá mún They 有 yeù have.
2 你們 Nè mún Ye or you 有 yeù have.
1 我們 Gò mún We 有 yeù have.

图 2　To have 在中文中的对应表达 [②]

我们看到，马礼逊是从英语的时态出发，去寻找中文（更准确地说，是官话）的对应表达的。这类游记所提供的大多是描述性的语法，它们所缺的，是从文化视角出发，对语言的运作和词汇内涵的阐释。马礼逊以英语为出发点，注意到的是中文所缺乏的表达方法。例如他发现中文表达时态变化时动词本身不变，只在末尾添加虚词。但是这种做法是有很大局限的，因为它不能体现出中文的特殊性，如“了”所标识的语体变化，说明中文并不把时间简单看作不可逆的线性流逝[③]。我们往往会读到游记作者对中文的困惑，因为他

---

① Robert Morrison, *A Grammar of the Chinese Language,* p. 113.

② *Ibid*.

③ Hongnian Zhang, Hung-nin Samuel Cheung, Samuel Hung-Nin Cheung, Sze-yun Liu, Lilin Shi, *A Practical Chinese* Grammar, Hong Kong, The Chinese University Press, 1994-2006.

们是从英文固有的表达出发，而不是就中文自身规律理解中文的。他们从不留意中文特有而英文所无的表达，例如如何区分过往经验与全新情况。中文的部分特点对他们而言还是不可想象的。

于是，马礼逊举出的例子都是描述性、指示性的，时常与商业活动有关[1]。除此之外，他没有记录任何用以表达主观经验的语言，如仓促、无聊等等。总之，英语读者基本无法作为言说的主体将自己代入情境之中，也无法与中国人进行超出基本日常会话范围的交流。戴利在游记中也记录了她遇到的困难。她会说一些宁波方言，不过仅凭她的个人记录，我们很难判断她的水平如何。她也没有举出与时间或时间感受有关的语例。我们只知道，如果对话者足够宽容，她是可以交流达意的。她的对话者明白她是初学者，并不嘲笑她的错误，而是容许她继续努力，并从语言之外的情境中推测出她的意思。可以说，人类交流的本质就是语言工具与语外情境的相互构建，而她的朋友和同事的善意使交流成为可能。

> 一天我想吃柿子……我于是在晚餐时要了一盘柿子。可实际我说的是"狮子"。厨师没有纠正我的错误，他一脸严肃地接受了我的要求，为我端来了水果。另一次，我想让仆人把炉火拨旺一些（"熅火"），可我却让他给我"运河"。另外我永远也分不清"柜"和"鬼"，每次我让人锁上"柜"，开口都会变成把"鬼"锁好。[2]

总之，我们所关注的作者中，无一人汉语（无论官话还是方言）达到足够水平，能够记录中文特有的时间观念。他们大多还是从自身母语出发，艰难地摸索搜寻汉语的相似表达。

---

[1] 试举一例："He has a chest of opium."（他有一箱鸦片。）(Morrison, p. 114)。

[2] Emily De Burgh Daly, *An Irish Woman in China*, 1912, p. 29-30.

小结

在某种意义上，旅行也是一种阅读，只不过阅读的对象是世界的一部分。去中国之前，就像打开一本书之前，每一个人都会对旅行或阅读的内容有所预期。20 世纪 50 年代以来，德国康斯坦茨学派接受美学的奠基者汉斯·罗伯特·姚斯（Hans Robert Jauss）和沃尔夫冈·伊瑟尔（Wolfgang Iser）已经描述了这种基于我们已有的知识，又对新的经验形成过滤的"预期视域"（horizon d'attente），并在随后的 20 年中进一步阐发了这一理论 ①。若要理解他者的时间观念和感受，就必须首先接受已知与未知之间的落差。这种落差会令人不安，但它也会促使人感受到了解他者文化语言的必要，通过与他者的共处、共事、建立友谊，逐渐吸收他者文化，直到其不再完全陌生。有时我们甚至会发现，一种外语中的形象或概念更能表达我们想说的意思。所以，人能够理解和表达他者文化的时间观念吗？回答是肯定的，只不过感受他者的时间是需要"假以时日"，在他者文化中长期浸濡的。因此，游记作者提供了两个角度：他们或者观察到中国时间的特殊性并予以描述，或者更进一步，让中文的语言符号结构重塑他们的英语表达。19 世纪的作者大多没有达到后一水平。他们与中国文化的接触尚未足够深入到形成真正的文化融合的地步，尚未能以他者文化丰富自我身份。然而其中毕竟有一些人在复杂的历史政治环境中，跨越了中英的隔阂，建立了牢固的合作和友谊，这为我们的跨文化架桥工作奠定了最初的基石。

---

① Wolfgang Iser, *L'acte de lecture. Théorie de l'effet esthétique*, trad. de l'allemand par Evelyne Sznycer, Bruxelles, P. Mardaga, 1985; Hans Robert Jauss, *Pour une esthétique de la réception*, Paris, Gallimard, 1978.

历史中的周期、危机与时间更迭

罗伯特·弗兰克（Robert Frank）

（巴黎第一大学）

译者　杨天（复旦大学）

长期以来，人们将周期性的历史（histoire cyclique）与线性的历史（histoire linéaire）对立起来。前者是所谓传统社会的特征，后者则是所谓现代社会的产物。在古希腊时期，赫西奥德（Hésiode）在他的诗作《工作与时日》（*Les Travaux et les Jours*，公元前 8 世纪末）中构想出五个人类种族的承继关系，每个种族都历经了各自的兴衰。前三个时代（黄金时代、白银时代、青铜时代）的人类在周期历程中逐步退化。第四个时代即英雄时代的来临则中断了这种退化。但随着第五个时代即黑铁时代的到来，退化再次继续。出于对未来一个更优秀的人类种族诞生的希望，诗人相信永恒的回归，尽管他并不确定世界是否会完全回到黄金时代。这种时间表述启发了许多古希腊罗马的作家和哲学家。[1] 中国古代悠久的历史则经常被描绘成周期性的，每个周期都有一个辉煌的上升阶段，与之相伴的是围绕一个王朝形成统一国家，接着是一个以混乱失序

---

[1] Georgios Vassiliades, « Temps cyclique et temps linéaire à la fin de la République », *Vita latina*, n° 197-198, 2018 ; Jean-François Mattéi, « Le mythe d'autochtonie chez Hésiode et Platon », *Topique*, 2011/1, n° 114.

或无政府状态为标志的衰落阶段；之后，另一个王朝接替并重复同样各阶段的更迭。未来不见于这些概念之中，因为"将要到来"的事物实际上是永恒的重新开始的结果。而线性的历史作为一种伸向真实未来的时间应当是由西方发明的。犹太教和基督教或以一种从《创世记》到《启示录》的有始有终的时间表述，帮助了这种蜕变的完成。在很长的一段时间里，这种线性关系被视为一种步向堕落的衰败。尽管早有预兆宣告这种现代性的诞生，但对于进步的信念，或者说"进步的历史概念只有到启蒙运动时才最终获胜"①。

无疑，从很多方面来看，这种时代（époques）和时间（temps）在概念上的对立都过于简单。即使在古雅典城这样的传统社会中，修昔底德（Thucydide）也能够设想线性的、非周期性的时间②。而在中国古代，秦汉之际的历史同样能够根据世俗化和非循环的时间概念来书写。然而，在从公元1000年到辛亥革命之间的历史中，这种线性时间的概念确实大为消减了。当然，中国社会中保有各种并存的历史性。③事实上，周期性和线性的时间概念几乎在世界各地共存。因此，"近代"西方并不排斥周期性的观点。例如，詹巴蒂斯塔·维柯（Giambattista Vico，1688—1744）发展了历史循环（corsi e ricorsi）④论：他区分了三个时代（神祇时代、英雄时代、凡人时代），三者相继出现，在引向社会解体的同时重新开始周期，继续三个阶段的历程。然而，在维柯看来，这不完全是一

---

① Pierre Dockès, Marion Gaspard, Rebecca Gomez Bétancourt, « Déclin et stagnation, entre histoire cyclique et histoire fléchée », *Revue économique*, 2015/3, vol. 66.

② Emmanuel Golfin, « Thucydide avait-il une conception cyclique du temps ? », *Dialogues d'histoire ancienne*, 2003, 29-1.

③ Prasenjit Duara et Ludivine Bantigny, « Histoire et concurrence des temps. Le cas de l'Asie orientale », *Vingtième siècle. Revue d'histoire*, 2013/1, n° 117.

④ 维柯在《新科学》（*The New Science*）中提出，历史循环的本质便是 corsi e ricorsi（复演和回归）。——译者注

个导致永恒的回归的循环时间，而更多呈现出一种螺旋式的时间性，其中并不排除从一个周期到另一个周期的进步。

确切地说，自 19 世纪以来，当历史中的周期被提及时，它并不标志着一种环形的时间性，而更多呈现为一条带有箭头的断线。这条线存在时升时降的整体趋势，甚至能够在较长的周期中创造出较短的周期，但其绝不会回到所谓的初始起点。由此，我们显然可以扪心自问，历史中真的存在周期吗？难道周期归根结底不是那些懒惰的历史学家思想建构的产物吗？他们偏爱这些简单的解释，包括凡事都存在开始、发展、衰落的过程，然后一切又都在下一个周期中重新开始等等。因此保持谨慎和不要让所着眼的过去为各种周期充斥就显得尤为重要。此外，我们还需要了解到，周期的序列可以是不规则的，甚至可以是中断或隐没的。我们将对三个案例加以考察。

经济史学家重建了经济周期，每个周期包括两个阶段：首先是快速增长的阶段，接着是"萧条"阶段。长周期中还包含有短周期。此外，这些周期对社会生活的"氛围"施加了影响，这意味着"美好时代"（belles époques）和黑暗岁月的更迭。

霸权大国似乎也存在一种周期，即每个霸权国家都在历史上经历由盛而衰的过程。

自 1950 年以来的欧洲一体化建设的历史似乎也是周期性的，其中有加速建设的阶段，接着会有质疑联盟的欧洲危机的阶段，然后再是欧洲一体化的"重启"（relances）阶段，新一轮的周期又由此开始。由此，我们还可以更为具体地提出一个关于英欧历史关系的问题：在英欧关系中难道不也存在这些周期吗？英国人对欧洲大陆某种躁郁交替的情绪与这种周期密切相关，并使得英国人在入欧与脱欧之间游移不定。

通过上述案例，对"历史周期"（cycles en histoire）的批判性反思引导我们分析各种运动和历史动力（dynamiques historiques），并尝试解释它们的原初动因、约束限制、产生发展，有时甚至是它们的死亡消逝。

经济周期

卡尔·马克思（Karl Marx）在 1848 年的《共产党宣言》（*The Communist Manifesto*），以及同年约翰·斯图尔特·密尔（John Stuart Mill）在其《政治经济学原理》（*Principles of Political Economics*）中，都提到了每 7 到 10 年发生一次的"经济危机"的周期性。

朱格拉短周期

1862 年，法国经济学家克里门特·朱格拉（Clément Juglar）在《商业危机及其在法国、英国和美国的周期性回归》（*Des crises commerciales et de leur retour périodique en France, en Angleterre et aux États-Unis*）① 一书中，使用了一种能更准确描述并分析这些周期性危机的系统方法。在他看来，每个周期包含三个阶段：维续几年的繁荣期；扩张骤然停止的所谓"危机"（crise）期；萧条期或清算期，经济又反而从中"复苏"（reprise），这也意味着下一个周期的开始。在这些周期中，朱格拉标记出来的危机年份包括：1803—1804 年、1810 年、1818 年、1826 年、1836—1839 年、1847 年、1857 年。后来，他在 1891 年发表的一篇文章中 ②，又增补了 1864

---

① Clément Juglar, *Des crises commerciales et de leur retour périodique en France, en Angleterre et aux États-Unis*, Paris, Guillaumin et Cie, 1862(voir le lien : https://books.openedition.org/enseditions/1382).

② Clément Juglar, « Crises commerciales », in Léon Say et Joseph Chailley (dir.), *Nouveau dictionnaire de l'économie politique*, Paris, Guillaumin, 1891.

年、1873 年和 1882 年的危机。按照他的看法，繁荣阶段的特点是价格上涨，价格的上涨促进生产、投资、借贷，以及或许过高的经济预期，而这为后续的危机埋下了隐患；危机阶段事实上标志着形势的逆转，生意萧条、价格下跌和破产倒闭在此期间大批出现；然后，"清算"（liquidation）或整顿阶段是一段萎靡时期，但这也是储备恢复和利率降低的时期：这些现象为经济复苏创造了条件。

随着时间推移，朱格拉及之后的经济学家给出的解释也发生了变化。危机的根源是否与货币流通和信贷过剩有关？这些危机是由生产过剩还是由消费不足导致的？这些危机是否如马克思主义者所指出的那样，是资本主义矛盾表现出的症状？无论如何，大多数危机都指明了一组连续动力，包括起初推动繁荣，随后又过速失控而造成危机的正面力量；和造成萧条，却又引向经济整顿并由此开创下一个周期的负面力量。1945 年后，西方国家吸取了 20 世纪 30 年代世界危机的教训，开始主张反周期政策：1945 年至 1973 年间，没有出现像 1921 年或 1929 年那样伴随产量下降的严重危机，只有短期增长放缓的所谓"衰退"（récession）。

康德拉季耶夫长周期

1928 年，苏联经济学家尼古拉·德米特里耶维奇·康德拉季耶夫（Nikolaï D. Kondratieff）发表了一篇题为《大经济周期》（*Les grands cycles de la conjoncture*）的研究报告[①]。他在其中提出了长达 45 年到 50 年的大周期存在的观点，而朱格拉短周期则被嵌入其间。他将上升阶段（后来也被称为 A 阶段）同随后的下降阶段（B 阶段）与"资本主义社会的具体条件"联系在一起。他将第一个周期置于 1790 年至 1849 年间，其中从扩张到萧条的过渡发生

---

① Nicolaï Dimitrievitch Kondratieff, *Les grands cycles de la conjoncture*, édition française, Paris, Economica, 1992.

于 1814 年左右；第二个周期则始于 1850 年，结束于 1896 年，其中转折阶段始于 1873 年；第三周期的 A 阶段始于 1896 年，结束于 1920 年左右。在康德拉季耶夫发表他的研究的 1928 年，他尚不知晓第三周期的 B 阶段将于何时开始。1930 年，康德拉季耶夫被斯大林当局逮捕，理由是他批评土地集体化和认为资本主义具有永久的周期弹性，而这似乎同灌输给苏联公民的历史观念相违背。他于 1932 年被驱逐出境，后又于 1938 年遭到枪杀。

根据康德拉季耶夫的观点，这些周期可以通过价格和投资的演变加以解释。在 A 阶段，强劲的经济增长和价格的不断上涨形成合力，以保证充足的利润从而为投资提供财源。而当公司迫于竞争压力面临利润和流动资金减少的情况时，形势就会发生逆转。投资萎缩、需求降低和价格下跌由此成为 B 阶段的主要特征。[①]

于 1932 年移居美国的奥地利经济学家约瑟夫·熊彼特（Joseph Schumpeter），在他 1939 年的《商业周期论》（*Business Cycles*）[②] 一书中表现出了对于康德拉季耶夫周期理论的兴趣。他同样从中看到了资本主义制度蕴藏的动力，但他对此给出了不同的解释。他认为是"创新的集聚"（grappes d'innovations）为运动提供了动力，并成为 A 阶段的起源。创新主要体现为新产品或者新的生产技艺，譬如 1790 年至 1814 年间的蒸汽机和纺织业的机械化，1850 年至 1873 年间的铁路，1896 年至 20 世纪 20 年代间的内燃机、汽车、福特主义和电力。而当技术进步的潜力开始耗尽，生产率和增长率下降时，经济就会过渡到 B 阶段。不过，熊彼特并不认为这种萧条期是消极的，而在此将其视作一种"创造性破坏"（destruction

---

① Benoît Tonglet, « Les cycles Kondratieff : une philosophie critique », *Innovations*, 2004/1, n° 19.

② Joseph Schumpeter, *Business Cycles. A Theoretical, Historical and Statistical Analysis of the Capitalist Process*, New York, Toronto, London, McGraw Hill Book Company, 1939.

créatrice）的时期。他认为这种创造性破坏有利于新的科学发现。而诸"发明"（inventions）一旦成熟并被企业家引入生产体系，就能够实现技术"创新"。下一个 A 阶段则就在这种创新"集聚"的过程中发端。[1]

许多经济学家已经尝试确定随后的周期。始于 1896 年的第三个康德拉季耶夫周期似乎随着第二次世界大战的结束而告终。从 A 阶段到 B 阶段的过渡发生在 1920 年左右。而第四个周期应当始于 1945 年。其 A 阶段以"辉煌三十年"（Les Trente Glorieuses）显著的经济增长为标志，一直延续到 1973 的石油危机。紧随其后的 B 阶段曾在世纪之交时被乐观地以为已经于 1995 年左右结束。这同整整一个世纪前发生的 B 阶段的情况颇为相似。事实上，许多人在 1999 年至 2006 年间看到了经济复苏的迹象。而且根据他们新熊彼特式的设想，他们深信在 B 阶段引入的新信息和通信技术（les NTIC）将驱动这个新的扩张阶段。而 2008 年的全球金融危机和随之而来的经济衰退则使得这种论点不再成立。为何始于 20 世纪 70 年代的 B 阶段持续时间格外之长？或者说为何在这个周期出现了此种缓慢衰落的情况？这或许是因为自 20 世纪 80 年代开始的经济金融化从根本上改变了资本主义的状况，不过这毕竟只是一种假设。自那时起，作为扩张引擎的利润率始终呈现出不稳定的间歇性增长。而当增长发生时，其本质上是工资在附加值中所占份额下降的结果，而这又导致了消费和需求的相对收缩。当然，我们不应当将自己局限于"对康德拉季耶夫简单而机械的解读"，而且"走出 B 阶段的条件也并非事先写就的"[2]。诚然，自 2021 年底以来，2019 年新冠大流行退潮，这如同二战结束一样，可能激

---

[1] Jean-Marc Daniel, « Les cycles de Kondratieff », *Le Monde*, 15 avril 2005.

[2] Éric Bosserelle, « Mouvements longs Kondratieff, transformations institutionnelles et performances du capitalisme », *Revue française de socio-économie*, 2015/1, n° 15.

发显著的经济复苏，由此使人们思考或想象期待已久的新的 A 阶段腾飞。但不幸的是，2022 年的俄乌冲突和它引发的悲剧，以及它可能造成的能源短缺使得这种愿望化为泡影。无论如何，当人们思索当下时，对周期的反思就会随之变得更为复杂。因为人们需要足够的历史的后见之明来确定周期的年代，或者相反，得出如下结论：周期的动力已然消失，以至于周期本身也已经死亡。

美好时代和黑暗岁月的更迭

经济营造氛围。乐观主义是经济增长阶段的常态，而多年的萧条则会引起悲观主义。因此，指涉时期的表达往往具有后验性质。欧洲的"美好年代"同第三个康德拉季耶夫周期的 A 阶段相对应，至少延续到 1914 年为止。这种时期的提法始于一战之后的 1919 年，其展现出对于和平、经济扩张和引发日常生活翻天覆地的变化的技术创新的缅怀。美国的"咆哮的二十年代"（Roaring Twenties），德国的"黄金的二十年代"（Goldene Zwanziger），意大利的"咆哮的岁月"（Anni Ruggenti），西班牙的"快乐的二十年代"（Felices años veinte），都是指 20 世纪 20 年代，这段时期涉及的是康德拉季耶夫周期中 B 阶段的第一个朱格拉周期的开始：这些提法表现出战后的欢欣愉快、欧洲第一次美国化的文化骚动——其中包括爵士乐和查尔斯顿舞的到来，以及繁荣局面下所发生的一切。但随着 1929 年危机的到来，这种繁荣局面戛然而止。对美国来说，这一时期见证了"消费社会"（société de consommation）的诞生。1945 年到 1973 年被称作"辉煌三十年"。在第二次世界大战后的这三十年间，经济显著增长，"消费社会"至晚从 50 年代开始在美国恢复扩张并进入西欧。"辉煌三十年"的表达源自法语。正是让·富拉斯蒂埃（Jean Fourastié）在他 1979 年出版的一本名为《辉煌三十年或隐形的革命（1946—1975）》（*Les Trente Glorieuses ou la Révolution invisible, 1946-1975*)[1] 的书中，展示了这一时期如何悄无声息地深刻地改变了法国，改变了法国的经济与社会，其影响远远超过 19 世纪所有的政治革命，也包括被誉为"光荣三日"（trois glorieuses）的 1830 年 7 月 27 日、28 日和 29 日的革命。

经济形势欠佳的时代给人们留下了负面记忆，例如 20 世纪 30 年代或世纪末的大规模失业。但是除了自 1873 年至 1896 年的"大萧条"（Grande dépression），以及 1973 年之后的"可悲二十年"（Vingt Piteuses）乃至"可悲三十年"（Trente Piteuses）之外，这些时代并不会被赋名。值得补充的是，欧洲自 20 世纪 70 年代以来持续的悲观主义标志着这片大陆真正的人类学意义上的转折点。这种大规模失业，特别是年轻人的大规模失业至今已经持续了近 50 年，它首次剥夺了人们自 18 世纪以来保有的对未来和进步的全部信心。从启蒙时代到 20 世纪七八十年代，大多数父母都相信他们的子女会比他们活得更好。而近五十年来，无论正确与否，他们都不再持有这种想法。按照莱因哈特·柯泽勒克（Reinhart Koselleck）[2] 和弗朗索瓦·阿赫托戈（François Hartog）[3] 的意见，欧洲人已经改变了他们的"历史性体制"（régime d'historicité）：一个基于"过去的经验"（expérience du passé）、现在和未来（或"期望视阈"，l'horizon d'attente）之间平衡的体制已然过时。欧洲人正在经历这样一种体制：它被截断了，没有未来，仅仅基于过去与现在，基于当下主义（présentisme），基于病态怀旧或重提"没有消逝的"过去。

---

[1] Jean Fourastié, *Les Trente Glorieuses ou la Révolution invisible, 1946-1975*, Paris, Fayard, 1979.

[2] ReinhartKoselleck, *Le Futur passé. Contribution à la sémantique des temps historiques*, Paris, Éditions de l'EHESS, 1990.

[3] François Hartog, *Régimes d'historicité. Présentisme et expériences du temps*, Paris, Le Seuil, 2003.

大国周期

第二个更长且更为明显的周期案例在称霸世界的强权演变史中得到呈现。保罗·肯尼迪（Paul Kennedy）在他关于文艺复兴以来大国兴衰的著作中①，分析了长大国周期，以及国际舞台上征服地位的得失与更迭。例如 16 世纪的西班牙和葡萄牙经历了随后的权力下滑，19 世纪之后英国的地位为其他国家削弱，以及 20 世纪的美国。在此期间，世界体系中大国的兴衰取决于各自的经济实力和世界财富的流动。

大国崛起阶段

经济活力最终导致军事力量的崛起，但二者之间存在时间差。资源和工业实力是必不可少的重要储备，一个已经实现富裕的国家可以由此充分利用必要的物资，假以时日在军事力量上超过其他国家。在这个阶段，国家变得更为富裕，但它可能仍然手无寸铁，并且不会在国际关系中发挥政治影响力。但国家迟早会利用其经济实力来建立军事力量并取得霸权地位。英国就属于这种情况，其工业、商业和银行业优势的取得先于政治地位和帝国统治的确立；美国也是如此，其在 19 世纪末获得了经济优势，但直到几十年后才开始行使政治和军事霸权。

过度扩张和衰落的阶段

随着时间的推移，帝国或霸权的支出逐渐增多，负担也日益沉重。这种权力的过度扩张（surextension）最终会破坏其基础并引向衰落。而其他处于财富积累时期的崛起中的大国却能够从中受益。17 世纪以来的西班牙，20 世纪的英国都经历了这些周期。

① Paul Kennedy, *The Rise and Fall of the Great Powers. Economic Change and Military Conflict from 1500 to 200*, New York, Random House, 1987 ; traductionfrançaise : *Naissance et déclin des grandespuissances*.

而保罗·肯尼迪想要知道他写书的年代，即 80 年代的美国是否因为过度的霸权而进入大国的下降阶段。当时所有的著述都在探讨美国的衰落[1]。80 年代末的情形却并不如这些预测所料。苏联强权力量的"过度扩张"——阿富汗战争以及给国民收入造成沉重负担的军备预算，或许在苏联解体之前就已削弱了它。而美国则很好地适应了始于 80 年代的全球化进程，甚至通过控制新科技以及金融与信息网络来推动全球化。这些新兴网络不再基于领土，并且逃脱了"过度扩张"的法则。然而，保罗·肯尼迪的推论凭其对经济重要性的强调，也不应遭到抛弃。从长远来看，经济会创造周期，也会制造和破坏大国。

不过比起 20 世纪 80 年代，美国今天的霸主地位正受到来自中国崛起的考验。按照经典模式，这种考验首先来自经济，然后来自军事。因此，自从奥巴马（Obama）担任总统以来，美国人对亚太地区的兴趣日益浓厚，对欧洲的兴趣则相对冷淡。2022 年的俄乌冲突可能会改变局势，并迫使美国人在两条"前线"上都保持活跃。因此，美国这个超级大国是否会出现"过度扩张"并开始衰落呢？这或许正是弗拉基米尔·普京的赌注。他深信西方的没落，并认为现在正是应冒险深入乌克兰采取这些军事行动的时候，但他的未来意图仍难以捉摸。不过，有一件事是可以肯定的，在国内生产总值与西班牙相当的情况下，俄罗斯无法上升到中国或美国的水平，并像在阿富汗战争时期过度武装的苏联一样，承受大国"过度扩张"的新的严重风险。

欧洲一体化建设的周期

第三个例子是欧洲建设的周期。这个周期自 1945 年以来始终

---

[1]　Justin Vaïsse, « "Tout empire périra" : le débat sur le déclin des Etats-Unis », *Relations internationales*, n° 94, été 1998.

按照一种极具重复性的模式，在危机和振兴之间循环往复。

三个奠基周期（1945—1969）

从 15 世纪波希米亚国王波杰布拉德（Podiebrad）到 1930 年昙花一现的白里安（Briand）联邦计划，实现欧洲统一的设想已经存在了很长时间。直到第二次世界大战结束，这个梦想才开始成真，但也伴随着一系列的成功和失败。

第一个周期（1945—1949）主要是法英联合试图启动欧洲一体化建设。1948 年 5 月，激进的欧洲一体化倡导者动员并组织了海牙大会。但希望很快就归于失望。欧洲主义者内部分裂成了"联邦主义者"和"联盟主义者"两派，二者在制度问题上无法达成一致，前者想要建设一个联邦式的欧洲合众国；而后者则更为谨慎，强调维护国家主权本质，主张欧洲各国间的简单联合。同年，欧洲经济合作组织（OEEC）成立。1949 年，没有实权的欧洲委员会成立。事实上，这两个机构没能为欧洲一体化提供必要的推动力，法国人和英国人在其中相处得也并不融洽。然而，冷战已然揭开序幕。出于对苏联的恐惧，美国、加拿大和西欧国家于 1949 年签署了《北大西洋公约》。这也促使西欧人走向联合，但这条路还很漫长。

欧洲一体化进程的真正启动是在第二个周期。受让·莫内（Jean Monnet）的启发，法国外交部长罗伯特·舒曼（Robert Schuman）于 1950 年把橄榄枝伸向了由总理康拉德·阿登纳（Konrad Adenauer）领导的羽翼未丰的德意志联邦共和国。阿登纳同意，两国应共同向有意愿的西欧国家提议建立欧洲煤钢共同体。这便是 1950 年 5 月 9 日《舒曼宣言》的主题。这种"小步迈进"（petits pas）的举措改弦更张，表明在对将要建立的制度框架尚未取得共识的情况下，放弃从一开始就建立一个完整欧洲的计划。"欧洲一体化并非一蹴而就，也不会在整体的建设中实现；欧洲将先确立事实上的团结，在具体的成就中形成。"这个想法是分阶段进行的。随着时间的推移，这些在不同领域内形成的团结不断增强，促进有朝一日"欧洲联邦"的建成。在第一个阶段，煤炭和钢铁领域被选中。这是"一个有限但具有决定性的要点"；而在机构设置上也非常大胆：这个共同体基本上是由一个超国家的高级机构（Haute Autorité）管理。该机构在决策过程中居于核心地位。包括意大利、比利时、卢森堡与荷兰在内的四个国家接受了法德的这一提议。随着 1951 年 4 月《巴黎条约》的签订，欧洲煤钢共同体（ECSC）正式成立，六国欧洲由此诞生。法国还曾于 1950 年秋天提出组建一支欧洲军队（armée européenne）的构想。基于欧洲煤钢共同体的成功，该构想引导六国于 1952 年 5 月签署了欧洲防务共同体（Communauté européenne de Défense）条约。但法国国民议会却于 1954 年 8 月否决了该条约。失败紧随成功而至；上升阶段之后便是周期的下降阶段。值得注意的是，法国提出了建议，却又亲手使之搁浅。对于这些周期性运动，我们或许可以由此得出某种解释：在欧洲的每个成员国中，都保有彼此对立的力量，即推动欧洲一体化向前迈进的经济、社会和政治动力，以及同时存在的，抑制这一进程的动力。

1955 年 6 月的墨西拿会议重启第三个周期。六国决定在此研究两项计划：欧洲原子能共同体和基于共同市场的欧洲经济共同体。最终的成果是 1957 年 3 月 25 日签署的两份《罗马条约》，欧洲原子能共同体（CEEA 或 EURATOM）和欧洲经济共同体（EEC）由此成立。签约国从欧洲防务共同体的失败中汲取教训，此次选择谨慎行事：欧洲经济共同体委员会（commission）并不拥有如同高级机构在欧洲煤钢共同体内的决策权，这种权力在经济共同体只授予部长理事会（Conseil des ministres），并规定部长理事会在第一阶段采取全体一致同意的投票机制，而在第二阶段则采取特定多数的表决机制。国家主权似乎由此得到了维护。1958 年 6 月，戴高乐将军上台，这或许让亲欧派感到担忧。因为他此前一直坚决反对欧洲煤钢共同体和欧洲防务共同体。不过，这些担忧很快就被打消，因为他同意参与到新建不久的两个共同体中来，还全力以赴地支持《罗马条约》中勾勒的共同农业政策（PAC）的主要方针，并推动这些方针在 1962 年 1 月的《布鲁塞尔协议》中得到具体明确的阐释。不过，戴高乐将军于 1963 年 1 月首次否决了英国的入欧申请，1965 年 6 月 30 日到 1966 年 1 月间出现"空椅子危机"（crise de la chaise vide），这些都表明该周期下降阶段的到来。在"空椅子危机"期间，法国拒绝遵守条约对欧洲一体化第二阶段的预先规定，反对部长理事会内表决机制从全体一致投票转变为特定多数投票，并为此不再参加欧洲经济共同体各种机构的工作。戴高乐对这一限制会员国国家主权的新程序深表敌意。不过，戴高乐对 1966 年 1 月在卢森堡达成的协议表示满意。该协议建议凡重要决定均应在各国政府达成共识的框架内做出。 1967 年9 月，戴高乐将军第二次否决了英国的入欧申请，这激怒了法国的五个伙伴。就在前一年即 1966 年，戴高乐将法国从北大西洋公约组织的联军指挥部中撤出，并表明在不否认大西洋联盟的情况下，希望自己的国家和欧洲能够在同美国的关系中获得更大的自主权。

巩固周期（1969—1984）

第四个周期重启于 1969 年 12 月的海牙会议。法国新任总统乔治·蓬皮杜（Georges Pompidou）在与会期间同意六国共同协商英国加入欧洲经济共同体的事宜，并提议建立一个经济和货币同盟。英国的加入从 1973 年 1 月开始生效，丹麦和爱尔兰共和国也于同时加入：九国欧洲经济共同体由此接替了六国。但另一方面，本应旨在推动经济和货币同盟组建的维尔纳计划，因提出由一种作为决策中心（centre de décision）的经济政府管理统一货币的设想，而被蓬皮杜指责为过于大胆，并认为这是对国家主权的严重限制。由此，这一计划最终也于1980年宣告失败。

第五个周期在德国总理赫尔穆特·施密特（Helmut Schmidt）和法国总统瓦莱里·吉斯卡尔·德斯坦（Valéry Giscard d'Estaing）的主持下，出现了一些革新：1974年，欧洲理事会成立，其职责在于决定欧洲经济共同体的主要方向和政策；1976年，欧洲议会的直接普选得到通过，第一次选举按规定于1979年举行；体现成员国之间坚实的货币团结的欧洲货币体系开始建立。1979年，玛格丽特·撒切尔（Margaret Thatcher）在英国上台，一个危机时代由此开启。共同农业政策中一些规定的实施，实际上是对各国进口共同市场外的农产品均施以处罚，英国在共同体预算中的摊款数额也就变得尤为庞大。为此，英国首相在英国获得金融补偿前，几乎对所有决议都行使否决权。"我想要回（英国）自己的钱"是玛格丽特·撒切尔上任五年来的反复要求。

第六个周期：重建（1984—1995）

1984年6月，由弗朗索瓦·密特朗（François Mitterrand）和赫尔穆特·科尔（Helmut Kohl）主导的枫丹白露会议极为有限地满足了英国首相的要求，以换取她不再阻碍欧洲一体化进程的承诺。此前旷日持久的危机才得以结束。这一新的"复兴"开启了以惊人进展为标志的第六个周期：1985年的《申根协定》确立了一个人员自由流动的区域，边境管制从此在欧洲的边界上而非各国的国境线上实施；1986年的《单一欧洲法令》是在该领域首次以特定多数而非全体一致通过的决定，其创造了一个没有海关的单一市场；希腊于1981年以及西班牙和葡萄牙于1986年作为新成员加入；1992年的《马斯特里赫特条约》以欧盟取代了欧洲经济共同体，建立起了"欧洲公民身份"（citoyenneté européenne），启动了引导机制设计单一货币——于 2002 年开始流通的欧元，赋予了欧洲议会更多权力，还主张在警察和司法事务中的密切合作，并宣扬共同外交和安全政策（PESC）。最后一项是《马斯特里赫特条约》中唯一尚未生效的规定。周期的下降阶段始于对这个寓意重建的条约的批准流程，法国举行的全民公投仅以 51% 的微弱优势予以通过。该条约在丹麦需要通过举行第二次全民公投来推翻第一次公投的否决结果。事实上，一股"欧洲悲观主义"（europessimisme）的浪潮正在席卷欧洲：这些情况的发生使马斯特里赫特的愿景变得可怖。此外，自 1945 年以来在欧洲销声匿迹的战争随着南斯拉夫的解体而又卷土重来。发生于波黑的冲突表明，尽管来自苏联的危险已然消失，共同外交和安全政策的原则也已得到采纳，但欧盟仍无法确保其自身大陆的安全。其仍需要通过 1995 年在美国俄亥俄州的代顿（Dayton）签署的协议，以美国和北约势力的介入来结束在波黑的战争行为。

第七个周期之后，欧洲一体化周期性的历史是否就此完结？抑或是仍存在第八个周期乃至趋向第九个周期呢？

如同康德拉季耶夫周期一样，越接近当下，我们就越缺乏后见之明以定义和划分欧洲一体化的最近周期。以 1997 年到 2001 年的复兴为标志的第七个周期似乎已经存在。在此期间，1997 年的《阿姆斯特丹条约》和 2001 年的《尼斯条约》进一步补充完善了《马斯特里赫特条约》；1998 年在圣马洛（Saint Malo）举行的法英会议结束了两国在防务方面的争端：英国人虽然十分拥护"大西洋主义"，但也接受了欧洲在对北约关系中保持一定自主的想法，而法国人也同意与其于 1966 年退出的北大西洋组织联军指挥部加强合作。1999 年欧洲理事会在赫尔辛基举办的会议上表示支持圣马洛进程，并决定建立一支欧洲干预部队。这一周期在 2003 年 6 月达到顶峰。由瓦莱里·吉斯卡尔·德斯坦担任主席的欧洲未来公约委员会（Convention on the Future of Europe）起草了一份欧洲宪法草案，该草案为 2004 年 10 月在罗马签署的《欧洲宪法条约》奠定了基础。它意在使得不断扩大的欧盟[①]变得更易于治理的同时，也变得更为民主，包括将更多的权力赋予欧洲议会，以使后者获得与理事会共同决策的权力。然而，法国与荷兰分别在 2005 年 5 月 29 日和 6 月 1 日的全民公投中否决了这份条约。第七个周期由此开始下滑。但问题是，自那以后是否发生了如同 1955 年的墨西拿、1969 年的海牙、1984 年的枫丹白露或 1998 年至 1999 年的圣马洛和赫尔辛基一样的"复兴"呢？第八个周期是否于 2007 年左右开始？诚然，保加利亚和罗马尼亚在 2007 年和 2008 年作为两个新成员国加入欧盟，克罗地亚也于 2013 年加入，这使得欧盟拥有了 28 个成员国。2007 年 12 月签署的《里斯本条约》继承了 2004 年《罗马条约》的实质，但却没有将自己作为一份确立宪法的条约。最终，所有会员国经由各自议会批准了这一条约，除了在爱尔兰，条约需要经由第一次全民公投失败后的第二轮公投方得以通过。但随着包括 2008 年的全球金融危机、2009 年以来的希腊危机，以及意大利、西班牙和爱尔兰的经济困难在内的一系列危机爆发，北欧并不打算无限期地为负债累累的南欧买单，欧洲团结从而遭到严重破坏，欧洲一体化的上升趋势也由此岌岌可危，甚至有可能走向消失。旨在规避任何重大的金融危机风险的"银行业联盟"（union bancaire）确于 2014 年成立。然而欧洲在取得这一进展的同时，移民危机也在 2013 年至 2015 年间出现：来自中东

[①] 1995 年三个"中立"国家奥地利、芬兰和瑞典加入欧盟。2004 年欧盟又增加了十名新成员，包括塞浦路斯和马耳他两个岛国，以及匈牙利、波兰、捷克共和国、斯洛伐克、斯洛文尼亚、爱沙尼亚、拉脱维亚和立陶宛八个前社会主义国家，而最后三个国家甚至曾经是苏联的加盟国。

和东非的数十万难民所造成的危机正在破坏申根区，并再次暴露出欧盟成员国内部缺乏团结的问题。这些成员国不愿意与意大利和希腊等首要难民接收国一道，共同应对这一巨大的难民潮。最后，2016 年英国脱欧（Brexit）公投仿佛证实了深层的"欧洲危机"（crise européenne）。这种长期持续的"萧条"（dépression）始于 2005 年的负面公投。"民粹主义"（populismes）的兴起似乎表明，"民众"（peuples）并不总是跟随他们更"亲欧"（pro-européennes）的"精英们"（élites）。

欧洲一体化周期就此告终？事情可能没有那么简单。英国脱欧尚未被他国效仿。相反，欧洲大陆的"民粹主义"政党并不主张或者不再主张脱离欧盟。2019 年的新冠危机甚至成为展示欧洲团结一致的契机。2020 年 7 月，一项规模达到 7500 亿欧元的重大复苏计划通过决议，其中涉及了此前为奥地利和北欧等"节俭国家"（États frugaux）所反对的贷款和债务共担的内容。如今，北欧国家已经克服了对那些挥霍无度的国家的"放任"（laxisme）态度将危及欧元的担忧。接着，2022 年的俄乌冲突证实了 27 国团结的必要性，甚至推进了自 1999 年欧洲理事会赫尔辛基会议以来一直几乎处于停滞状态的欧洲防务项目。现在判定这种"复苏"是否将成为欧洲一体化的第八个或第九个周期的开端还为时过早。

英国人的欧洲躁郁症

三个多世纪以来，英国与欧洲的关系同样存在周期性。英国在同旧有的欧洲体系、之后的欧洲共同体乃至如今的欧盟的关系中，始终在进入退出之间犹豫不决，走走停停的交替从未停歇。

英国在成为一个海上强权和殖民大国的同时，也获得了发挥全球性作用的地位。但是，英国必须稳定"后方"（arrières）并确保其在欧洲的安全。因此，英国人为 17 世纪至 20 世纪中叶之间

"欧洲体系"（système européen）的建立做出了巨大贡献。作为均势政策（l'équilibre des puissances）的最早推行者，英国人防备大陆上霸权国家的出现，警戒后者会凭借其在大陆的主导地位跨越英吉利海峡侵犯英国的可能。英国因而借由不断变化的同盟成功联合各国以对抗他们认为最危险的国家：基本上即是从路易十四（Louis XIV）到拿破仑（Napoléon）治下的法国。拿破仑战败后，在1815年的维也纳会议上，英国让他们的盟友接受了"欧洲协调"（concert européen）的原则，包括通过定期会议确保维持欧洲的平衡，以避免任何遭受霸权征服的风险。在这种"均衡"中，自1815年至1914年间没有任何广泛波及欧洲的大战爆发，而英国发挥的作用却是波动不定的：他们在其中践行了进退交替的方针，因此，他们时而起到决定性作用，时而却不发挥任何影响。在第一次世界大战期间，英国选择与法国站在同一战线。而在自1919年至1938年间，他们又恢复了同欧洲大陆保持距离的态度。

第二次世界大战后，英国在欧洲一体化建设中的地位也同样历经了起伏波动。英国拒绝在1951年加入欧洲煤钢共同体，又于1957年拒绝加入欧洲经济共同体，直到1961年才改变主意申请加入共同体。在遭到戴高乐将军的两次否决之后，由保守党首相爱德华·希思（Edward Heath）领导的第三次入欧申请最终成功。一俟英国进入欧共体，英国人就竭尽全力谋求获得一个与众不同的地位。走走停停的行动仍在继续，我们可以从中略举几例。上文已提及玛格丽特·撒切尔在1979年至1984年间实施的阻挠，以及在随后几年中其主张的改变，这使得欧洲建设能够保持前进之势直到1990年。此后，她又重新恢复了她的消极态度，非常不愿意接受那些将引向《马斯特里赫特条约》的新提案。于是，保守党的亲欧派迫使她辞职。她的继任者约翰·梅杰（John Major）接受了将于两年后签署的这份条约。但是，他立即获得了在统一货币方面选择退出的可能性：英国选择了在欧元诞生时保留不采用单一货币的权利。1997 年，工党的托尼·布莱尔（Tony Blair）赢得选举，再次改弦易辙，表明自己是坚定的亲欧派。他打算结束其认为有害的英国的推诿躲闪之风：在他看来，英国在面对任何新的欧洲计划时的迟疑态度使其无法参与到谈判之中；之后，英国才迟迟意识到自己的利益所在，最终总是只能接受其最初甚至没有同合作伙伴讨论过的事项。因此，托尼·布莱尔与雅克·希拉克（Jacques Chirac）和里昂内尔·乔斯班（Lionel Jospin）一道在前文已经提及过的《圣马洛宣言》框架内勾勒欧洲防务体系。他还接受了 2004 年的《宪法条约》，而法国和荷兰人民在 2005 年通过全民公投拒绝了该条约。2007 年，他的继任者戈登·布朗（Gordon Brown）批准了继承前一条约的主要方针的《里斯本条约》。保守党的戴维·卡梅伦（David Cameron）于 2010 年和 2015 年两度赢得选举，并再度乘风转舵。在 2015 年的竞选中，面对来自奈杰·法拉吉（Nigel Farage）所领导的英国独立党（UKIP）的威胁竞争，他感到有义务做出承诺：重新就英国加入欧盟的诸项条款进行谈判，然后就英国在欧盟的去留问题组织一次全民表决。为了兑现自己的承诺，他于 2016 年 2 月从其他 27 个成员国那里博得了英国在欧盟的特殊位置，并于 6 月组织了脱欧或留欧的全民公投。他本人考虑到签署的协议于英有利，从而表示赞成"维持现状"（maintien）。卡梅伦输掉了他的赌注，以鲍里斯·约翰逊（Boris Johnson）为首的"脱欧"派成了赢家：停止似乎绝对胜过了前行。[1]

这是否意味着英欧关系长达三个世纪的周期在 2016 年走到了尽头呢？英国至少在短期内重返欧盟的可能性不大。在迥乎不同的框架下双方的关系可能会恢复钟摆运动。英国人确实比我

---

[1] 有关这种英国的欧洲躁郁症的更多细节，参见 Robert Frank, *Être ou ne pas être européen ? Les Britanniques et l'Europe du XVIIe siècle au Brexit*, Paris, Belin, 2018.

们甚至比他们自己想象得都更加欧洲化。但他们感到自己是与众不同的欧洲人。英国人的确为全球视野所吸引，关注"大洋"（grand large），并且仍然充满了对全球帝国的怀缅。因此，无论是在"欧洲体系"（système européen）时期，还是在"欧洲一体化"（construction européenne）时期，英国人都对欧洲感到结构性和持续性的不适：当他们置身"外部"（dehors）时，他们对自己被排斥在外感到不适，并且害怕被边缘化，从而考虑"加入"（entrée）或者"重返"（rentrée）欧洲，以保证他们的安全或满足他们的利益；而一旦当他们身处"内部"（dedans），他们就会为自己的主权或独立感到担忧，从而想要将自己与大陆隔离开来，并将目光投向广阔的世界。

我们可以从这几个例子中得出三点经验。

首先，历史上的周期，在其存续期间，会有诞生、活跃及至结束的各阶段，最终或如英国脱欧后的英欧关系在上文所呈现的一样，至少会有一个失去实质的时刻。康德拉季耶夫周期和朱格拉周期都伴随资本主义而诞生。此前，经济危机与气象学紧密相连，气象决定了收成的好坏，决定了接下来几年是丰年（grasses）还是会遭遇接踵而至的歉收饥馑。大国周期与强大国家的历史有关，这些大国经历了崛起、鼎盛和衰落的时期。欧洲一体化的周期也随之而来，很难预测其是否会继续、维持或消亡。

其次，周期的存续需要某种养分：两种同时存在、彼此对立的动力，其中一种力量会暂时战胜另一种力量，然后又会反过来被与其竞争的力量压倒。这种更迭的动因也与这两种力量的运动有关：每一种力量都会轮番因"走得太远"而遭到削弱，并让位于也将遵循同样路径、经历同样命运的另一种力量。资本主义强劲增长的阶段催生了乐观主义，投资会逐渐扩大直至超量过度，生产过剩扭转了周期走向，悲观情绪从而产生，甚至会由此出现股市恐慌，进而导致萧条；这又会引向市场的整顿，并且，对于长周期而言，这还会促进对能够恢复乐观主义的新兴科技的关注。这些对立的动力也对大国发挥作用。根据保罗·肯尼迪的看法，大国的崛起往往有其经济和科技原因，而其衰落则是由于力量的过度扩张，使其在面对新晋崛起的大国时处于不利地位。对于自 1945 年以来一直寻求实现"欧洲各国人民之间日益密切的联合"的欧洲人而言，从 1957 年的《罗马条约》到 2007 年的《里斯本条约》一直都在重复此种模式，他们同样在经历力量的彼此碰撞。一方面，他们被一些确然的事实所激励。欧洲人的联合结束了使他们伤痕累累的战争周期；联合展现出了欧洲人的力量；联合是一剂良药，以治疗在面对大国时欧洲各国的相对衰弱，它也是捍卫世界自由价值理念的成功手段；而这都是一种"欧洲认同"（identité européenne）的基础所在。另一方面，"民族认同"（identités nationales）仍保持着巨大活力，而且对独立性会部分丧失的担忧依然存在。每个左右欧洲统一的成员国的国家利益与每个国家维护其主权的愿望背道而驰。这就是为什么一个进展会催生一些推动欧洲一体化进一步前行的乐观情绪；而进一步前行又会引发民族担忧的猛然激增，进而导致僵局的出现；当这场危机反过来又使得人们意识到，最后对所有人都有利的欧洲一体化进程有可能永远陷入停滞时，立足于其他基础或稍作修改的同一基础之上的"复兴"就定然会出现，以克服之前的恐惧。

最后，这些周期是否有"意义"（sens）？明智的做法是避免采用一种目的论的研究路径，即相信任何成系列的事件都趋向某个目的（télos）、某个终点，相信事件的顺序能够以这个最终目的，如人类进步的最终目的来解释。尽管如此，这种目的论的路径还是很吸引人。经济周期的确呈现出一条整体上升的锯齿形曲线。这种周期从属于渐进增长的线性历史，而非回到起点的循环历史。同样，欧洲一体化周期表明欧洲建设在危机中取得了进展。这或许呈现出一种由增长和进步构成的"历史意义"（sens de l'histoire）。但在其他情况下，结果却会恰恰相反。大国周期并不指明任何方向：其中只存在权力关系在国家间的转移。而且，如果我们考虑1914年至1945年之间的世界大战周期，我们本可以相信至少对欧洲而言，存在长达几十年的进步：尽管冷战局势严峻，但在1991年至1999年于前南斯拉夫发生的短暂而平缓的战争之前，欧洲疆域内没有爆发过任何热战。当然，世界其他地区未能幸免，欧洲内部也冲突不断，但全面战争并未随之而来。然而，时至今日，欧洲大陆正面临自1945年以来最严重的战争冲突，2022年爆发的乌克兰战争正导致重新洗牌。这一切是否仅仅是"与时代不符"（anachronique）？一旦和平回归，历史的进程是否将会恢复，国家间的战争是否就会变得愈来愈少？抑或是相反，这是否破除了目的论的错觉？如同希腊神话中遭到众神惩罚的英雄西西弗斯（Sisyphus），欧洲原以为自己已经将巨石推上了和平之山的山顶，但这块巨石却突然从欧洲的手中逃脱，并顺着斜坡滚了下去：一切都在不断地重新开始。在这种情况下，历史是否从线性发展变为了循环往复？

简而言之，有些周期没有"意义"，而有些周期则具有"意义"。但是，对于后者，又该如何了解它们表面的最终目的是持久的还是短暂的？除却起伏波动，经济增长是永无止境的吗？环境约束和生态灾难的风险大大限制了这一想法。人们是否可以相信欧洲一体化建设前途无量，能够克服万难，直至到达所谓理想终点——成立欧洲联邦？这个问题没有答案。欧洲人发明了"现代性"（modernité），这一概念本身以对未来和进步的长达数世纪的信念作为标志，如今它却在欧洲遭受质疑。现代性曾经拥有过自己的周期，个中历经了一些诸如两次世界大战的倒退阶段，但每次战争之后都会出现反弹，因而对于现代性的怀疑似乎在此已然消散。然而，自 20 世纪 70 年代以来，现代性已被深刻"解构"（déconstruite），并让位于"后现代性"（postmodernité）。这也与已经提到的历史性体制的变化相合。"历史意义"在欧洲已经失落，一切都如同苟延残喘的周期一样维续，缺乏能够重启复苏阶段的动因。这个充满怀疑的时代已经由此延续了四十多年。世界其他地区，尤其是东亚，却并没有经历过这种悲观主义。这是否意味着所有这些运动会导致这个世界将会为两种人所共享，即为相信未来的人和对未来失去信心的人所共享？进而引向一种后西方世界？对此，我们同样应当警惕过于简单化的解读。历史本身不是周期性的；历史可以不时在某处形成周期，但周期节奏性和时间性的错综复杂意味着，对周期的分析能够为解释过去而非预测未来提供钥匙。

历史时间的再认识

古罗马的时间观及其表现

米海伊·科尔比埃（Mireille Corbier）

（法国国家科研中心）

译者　张茜茹（华东理工大学）

对古罗马人而言，tempus 一词首先指天气，其次才是时间。法语的 temps 保留了拉丁语的两个意思，而英语里则分化成了 time 和 weather 两个词。法语中表示时间的词汇很大一部分继承自拉丁语（tempus 对应 temps，表示年的 annus 对应 année，表示月的 mensis 对应 mois，表示小时的 hora 对应 heure，表示世纪的 saeculum 对应 siècle，表示永恒的 aeternitas 对应 éternité），还有一部分继承自古希腊语（表示遵照时间顺序的 chronologie 来自古希腊语的时间，即 chronos 一词）。

时间的计量

一个简单的事实回顾：历法是时间结构化的系统，日期的符号则是该系统的表现形式。

和其他民族一样，古罗马人的历法也是通过观察天相而制定的。星辰的运动是天文学和占星学的研究对象，而这两门学科本就无法完全分割开来。不过，许多民族的历法是根据周期为 28 天的月相而制定的，古罗马人却选择以太阳的运动制定历法，欧洲人今天使用的历法的前身就是古罗马历法。公元前46年，大权在握的儒略·恺撒（Jules César）颁布敕令，改用儒略历法；16世纪末（1582年），教皇格里高利十三世（Grégoire XIII）下令对儒略历进行微调，这以后的历法即为格里高利历。尽管有一些政权试图推行新历法，格里高利历却沿用至今。例如法国大革命催生的共和历，其12个月份的名称源自农时和气候，或者是意大利法西斯政权在1936年征服埃塞俄比亚后，试图推行以1936年为元年的帝国历，均以失败告终。

从恺撒颁布儒略历开始，一年有$365\frac{1}{4}$天，也就是说，三年365天，就要有一年是366天。一年12个月，交替出现30天与31天，2月是例外，正常情况下2月有28天，每四年变成29天。儒略历始于公元前45年的1月1日。在这以前，古罗马人的新年从3月1日算起，正因如此，在罗曼语系、英语、日耳曼语系、斯拉夫语系中，9月到12月分别对应拉丁语中的"第七""第八""第九""第十"。

古罗马人用沙漏测量时长，用日晷测量时辰。他们也用水钟，水按一定节奏滴入有刻度的容器，即可测量时长。

古罗马人把一天划分为24小时，夜晚12小时，白天12小时（从日出到日落）。因此，在夏季，白天的1小时比冬季长，同样，冬季夜晚的1小时比夏季长。

时间与历史——日期

古希腊人和古罗马人不认为时间是普适的，他们认为没有适用于所有民族的时间。他们的时间与政治（尤其是城邦的历史）紧密相连。即使罗马后来从城邦扩张为强大的帝国，版图覆盖整个地中海沿岸和过半的南欧，古罗马人还是保持着原来的时间观念。执政官会用自己的名字命名年份。

公元前 5 世纪，修昔底德（Thucydide）撰写伯罗奔尼撒战争史（公元前 431 年到前 404 年，以雅典为首的希腊城邦与以斯巴达为首的城邦之间的战争）时特别声明，自己的纪年方法不同寻常："以自然历法来计算年份要胜过使用各个城邦执政官的姓名（……）我通过计算夏季和冬季来纪年，一个夏季或一个冬季等于半年，这么一来，第一场战争持续了十个夏季及十个冬季。"不过，在他的叙事中，这场战争的开端（按我们现在的纪年法，即公元前 431 年）使用了当时的三种纪年法表示：阿尔戈斯赫拉神庙祭司姓名纪年、斯巴达执政官姓名纪年、雅典执政官姓名纪年。也就是说，修昔底德采用了两套标注时长和日期的方法。

对古罗马人而言，历史始于罗慕路斯（Romulus）建立罗马城的传说，学者推测，罗马建城大约在公元前 753 年 [瓦罗（Varron）的观点] 到 747 年之间。这些传说都被古罗马人视为史实。一些历史事件的纪年都会以罗马建城为参考 [奥古斯都统治时期的史学家李维（Tite Live）的《罗马史》拉丁语原名为 ab urbe condita，直译过来就是"罗马建城后……年"，这本书记述了罗马建城之后的编年史，绝大部分已散轶]。但这并非最常用的纪年法；当时的古罗马人一般用在位的两个执政官的姓名纪年（1 月 1 日上任，任期 1 年），历史学家也不例外，他们作品的起始和结束往往以重大的政治事件为参照，例如塔西佗（Tacite）的《编年史》（*Annales*）从公元 14 年奥古斯都死去开始，应该到公元 68 年尼禄（Néron）死去结束（《编年史》的结尾散轶了），而《历史》（*Histoires*）则从公元 69 年 1 月 1 日加尔巴（Galba）治下第二位执政官上任写起，到公元 96 年图密善（Domitien）遇刺结束（结尾同样散轶）。

与官方文件一样，私人合同也以执政官的姓名纪年。不过，在日常生活中一般只记录日、月。前段时间，报刊争相报道庞贝古城遗迹里的一个新发现，一户人家似乎正在重新装修，墙壁上用木炭标注了日期：10 月 17 日（11 月 1 日前的第 16 天），考古学家认为，该日期距离维苏威火山喷发、房屋被火山灰掩埋没有几天了，因为这行不起眼的小字甚至没有时间变淡，因此，他们得以推断出维苏威火山公元 79 年喷发的月份。小普林尼（Pline le Jeune）有一封书信留下了中世纪抄本，他在其中记述了维苏威火山于公元 79 年 8 月的喷发，这在很长一段时间里成为维苏威火山为众人公认的喷发日期，他的舅舅兼养父、博物学家老普林尼（Pline l'Ancien）在近距离观察此次火山喷发时死去。

时间与政治

现代史学家对王朝的划分并不完全符合当时的古罗马人眼中的王位继承或是王位之争（不同竞争者间突然爆发的战争；如果原来的帝王仍然在位，又出现了新的帝王，且新帝王未能保住自己手里的权力，我们就把这些人称为"篡位者"）。罗马帝国前任帝王在位的时间与新任君王权力的"合法性"之间有什么联系呢？法国君主自 10 世纪末开始就采取了世袭制（法国有谚语说："吾王驾崩，吾王万岁。"）；与法国君主不同，罗马帝王必须被人民、士兵、元老院接受并承认，下一任帝王并不能自动继承王位。

当时的钱币上往往刻有 Respublica restituta（重建的共和国）、renovatio imperii（政府更新）、beatissima tempora（被护佑的时代）、saeculum aureum（黄金时代）等拉丁语表达，它们反映了当时罗马人眼中政治制度的衰退或进步。哲人塞内卡（Sénèque，公元 1 世纪）把新帝王的登基比喻为一个新循环或者新世纪（拉丁语为 saeculum）的起点，人们都希望这样一个新起点是幸福的开端。帝王尝试通过发行钱币传播这样的理念：在其治下，人们生活在幸福的时代。

其他时间周期

在古罗马，还有一些其他时间周期：

lustrum，指 5 年，这个词源自监察官举办的净化仪式；在共和国时期，每 5 年进行一次人口统计，同样的，监察官每 5 年向公民征一次税。之后，税收均为 5 年一收。

saeculum，最初指 110 年，用来确定何时举办世纪宗教盛典（les Jeux séculaires）。但帝王生前一般都能自由决定何时举办世纪宗教盛典，例如奥古斯都于公元前 17 年举办世纪宗教盛典，图密善于公元 88 年举办世纪宗教盛典，塞提米乌斯·塞维鲁斯（Septime Sévère）于公元 204 年举办世纪宗教盛典。

indiction，指 15 年周期。从 4 世纪初起，君士坦丁大帝（Constantin）重新使用戴克里先（Dioclétien）时期就创立的 indiction 来纪年（直到 16 世纪，欧洲地中海沿岸依然在使用这种纪年法）。对今天的历史学家而言，这个纪年方法会带来一些麻烦，因为在换算过程中可能出错，尽管他们有一些帮助换算的小册子。举例来说，某些文献里会说"indiction 的第七年"，当时的人很清楚他们身处哪个 indiction，而我们却不知道，这就造成了换算的困难。第一个 indiction 始于公元 312 年。

宗教与哲学的时间观

公元前 4 世纪的古希腊哲人对时间这一观念进行了较为深入的思考，特别是柏拉图（Platon）和亚里士多德（Aristote）。亚里士多德说："通过时间，我们测量运动，通过运动，我们测量时间。"

古罗马哲人继承了古希腊哲人对时间观念的思考，公元前 1 世纪的西塞罗（Cicéron）就对时间下了哲学的定义："时间是永恒的一部分。"在古罗马，时间与历史息息相关，古罗马人眼中的时间如同一条无限延伸的线，尽管它也包含着循环。地平线一端的世界没有尽头。帝王马克·奥勒留（Marc Aurèle，公元161—180年在位）也是斯多噶派哲人，他提醒人们要认识到自己在宇宙和时间面前的渺小。时间如同"一条长河""一股洪流"。人的生命只有短短一瞬，而"你的一切遭遇从最开始就命中注定"。古罗马人的墓志铭里也常常悲叹命运（fatum）。

不可否认，时间观念的转变是基督教带来的。

基督教的时间有起点。《创世记》里说，起初，神创造天地。基督教的时间也有终点，也就是末日审判。第一个对时间进行思考的神学家是圣奥古斯丁（Saint Augustin，4世纪末到5世纪初）。他坚决否认时间与星辰的运动相关。对他而言，时间是来自人的灵魂的主观概念。至于神创世之前在干什么，圣奥古斯丁认为在此以前便无所谓以前，在神创世以前时间根本不存在。在他看来，神子的化身耶稣基督（Jésus Christ）的诞生是独一无二的事件，是至关重要的时间参照点。这也是为什么16至18世纪的学者曾努力把他们研究的文明，例如中国文明、古埃及文明等，换算成《圣经》规定的纪年。

用耶稣基督诞生的年份作为元年（其确切诞生日期不详）的纪年法最先由6世纪的僧侣狄奥尼修斯·伊希格斯（Denys le Petit）施行，后来，中世纪的史学家也逐渐开始使用这种纪年法，最后，皇家和教会的官方文件同样使用"道成肉身那一年"（Anno Incarnationis Domini）这样的字样来标注日期。

这就是我们所说的公元纪年。不过，今天的史前时代研究者使用了一种特殊的时间计算法，而避免使用公元纪年。

时间的表征

时间的表征非常重要，在这一点上，古罗马与中国应该不乏共通之处。

政治的时间表征是铭刻在纪念建筑上的执政官名录（fastes）。

个人的贵族身份则体现在家谱上。从视觉上说，在垂直的柱子上，代表过去的祖先位于高处，未来则位于低处。时间是下降的。在水平方向上，较好的例子是贵族的葬礼，在仪仗队里，处于最前面的是过去，现在则位于后方，祖先的肖像先出现，过世者的肖像后出现。

至于时间在艺术中的呈现，最知名的当数四季图，它们不仅出现在凯旋门等纪念建筑上，还会作为装饰出现在私人住宅中（年和四季以拟人化的姿态出现在私人住宅的马赛克地砖上）。

在学院派的艺术作品中，最基本的时间概念是永恒的循环，权力亦不例外。

永恒意味着过去、现在、未来不间断交替；3 世纪的古叙利亚城市安条克（Antioche）留下的马赛克拼花里有拟人化的 Aîon，即永恒，他坐在王座上，手里拿着黄道星盘，同样被拟人化的还有 chronoi，即时间，另外还有三个人物：年轻人代表未来，成年人代表现在，老年人代表过去。

宗教节日的重要性

和中世纪的基督教文化一样，宗教节日对古罗马也十分重要，这是古罗马人标记时间的重要方法。

每年都会庆祝的民间节日（例如 1 月 1 日是一年的起始，人们会彼此祝福、互换礼物，2 月的 parentalia 是每个家庭纪念死去亲人的时期，在 parentalia 的最后一天，要在家族墓地边上聚餐）。

定期庆祝的官方节日，如 4 月 21 日罗马建城日（公元前 753 或前 747 年），每年，古罗马人都会在这一天庆祝，时至今日，意大利首都罗马依然保留了这个节庆；又比如上文说过的世纪宗教盛典，或者是庆祝罗马建城的盛典——公元 47 年举办了第 8 个百年的庆祝盛典，公元 148 年是第 9 个百年的庆祝盛典，公元 248 年是千年的庆祝盛典。宗教仪式事关罗马的命运，罗马能否一直昌盛与宗教仪式息息相关，其中最不容忽视的是每 110 年举行一次的世纪宗教盛典。在这场盛典上，人们会祈求神明护佑新的世纪，举行仪仗表演、宗教歌舞、祭祀牺牲（往往会用珍稀的异域动物来做牺牲，但不会有角斗士表演）、戏剧演出等活动。古罗马最后一个用古希腊语写作的异教史学家、6 世纪初的左西姆斯（Zosime）认为，罗马帝国之所以没能抵御蛮族入侵，是因为帝王停止举行世纪宗教盛典，人们不再祈求神明护佑罗马帝国。

帝王为自己执政 10 年或 20 年举行的庆祝（通常在执政第 10 年初或者第 20 年初），祈祷下一个 10 年或 20 年能国泰民安……

4 世纪，罗马帝王将基督教定为国教，相应的，与基督生平和事迹有关的节庆变得越来越重要（基督的诞生、复活、升天等），而与自然周期、季节、农耕相关的庆祝则越来越少。很多时候，一些与星辰运动或自然周期相关的传统节日直接被基督教节日所代替，例如 12 月 25 日原本是太阳节（人们会庆祝每年冬至以后太阳的重生，此后白天变得越来越长），后来被定为圣诞节，这一天随之成为大家公认的基督诞生日。

参考文献

亚里士多德，《物理学》（*Physique*），第四章，第 10 节

柏拉图，《蒂迈欧篇》（*Timée*）

西塞罗，《图斯库路姆论辩集》（*Tuscalanes*），特别是第五卷

圣奥古斯丁，《忏悔录》（*Confessions*），第十一卷，第 4 章

封闭的时间与开放的时间：

16 世纪的两种时间观念

弗兰克·莱斯特林冈（Frank Lestringant）

（索邦大学）

译者　吴蕙仪（法国国家科研中心）

一侧是怀疑主义者蒙田，他眼中的时间是不可知、不定形、无法下结论的；另一侧是阿格里帕·多比涅（Agrippa d'Aubigné），他满怀热情地期待着时间的终结。一侧是出于对未来的怀疑而留恋现世；另一侧是急于穿越一片废墟的此刻而直抵末日的焰火。二者之间是杜巴达斯（Du Bartas）短暂停滞的时光，从片刻宁静延伸到世界的尽头。

以蒙田开始

蒙田以怀疑为一切推论基础："我知道什么？"[①]对此，他的回答是悬置判断。他时常惊讶。他惊讶于在鲁昂见到的食人族，惊讶于被西班牙人毁灭的墨西哥人（或阿兹特克人）与秘鲁人；他惊

[①] Montaigne, *Les Essais*, II, 12, éd. Pierre Villey, Paris, PUF, 1965, p. 527 : "这种奇想可以更准确地通过一个问句理解：'我知道什么？' 我把这句话作为格言，刻在一个天平上。"

本文中来自蒙田《随笔录》的引文，翻译时部分参考了马振骋中译本，《蒙田随笔全集》，上海书店出版社 2009 版，（全三卷）。——译者注

讶于世界之尚未完善和不断新生（或者更准确地说，是不断复兴），而其成长却似乎已然败坏于未发之时。

在蒙田眼中，自我解剖（l'autopsie）或自我审视是历史真相的终极保障。[1] 根据传统的"所见、所闻、所读"（visa, audita, lecta）的等级观念，亲眼所见之事在权威性上要胜过耳闻之事和书中所得之事。由这个完全符合当时科学理论的预设出发[2]，蒙田导出了一个直接结论：地志作者（topographes）格外值得信赖，因为他们的知识和雄心限于特定的"实际踏足之地"。既然写作者不可能如安德烈·特维（André Thevet）所言，"亲历一切事业"[3]，那么只有对一个个"特定"（particulière）事物的记叙才可能是可靠的。"历史"空间——在词源学意义上可以涵盖一切来自目击者的证言——因而只限于直接经验的范畴，这是一片有边界的世界，其中的景观需要步行或乘马的旅行者逐步去发现。

蒙田拒绝将世界的全部知识寄托于个人经验：这在实际上是不可能做到的。因此，他放弃了包罗一切的寰宇志（cosmographie générale），而将目光更多投向了描绘一地一邑的地志（topographies particulières）。他对地图似乎也是如此，更青睐小尺度勾勒一县一隅土地的，而不是大尺度俯瞰全球的地图。

这种空间知识的观念也可以推广到时间上。蒙田对寰宇志的

---

① Frank Lestringant, « Montaigne topographe et la description de l'Italie », *Montaigne e l'Italia. Atti del Congresso internazionale di Studi di Milano-Lecco, 26-30 ottobre 1988*, Genève, Slatkine, C.I.R.V.I., « Biblioteca del viaggio in Italia » n° 38, 1991, p. 623-642.

② 见 Bernard Guenée, *Histoire et culture historique dans l'Occident médiéval*, Paris, Aubier, 1980, p. 132 ; 关于这种等级观念在文艺复兴时代的遗存，见 Frank Lestringant, « La flèche du Patagon ou la preuve des lointains », *Sous la leçon des vents. Le monde d'André Thevet, cosmographe de la Renaissance*, seconde édition mise à jour et augmentée, Paris, Classiques Garnier, « Géographies du monde », 2021, p. 365-408.

③ André Thevet, *Les Vrais Pourtraits et Vies des hommes illustres*, Paris, veuve J. Kervert et Guillaume Chaudière, 1984, I, f. 44 v°.

批评包含两层。作为一门科学，寰宇志有着与其实际不相称的野心：它声称要"以天象仪丈量世界"，而这是凡人不可能企及的视角。寰宇志采取的是某种意义上是上帝看待其所造世界的视角，因此它在时间上也是永恒无限的。它自信能超脱于世代沧桑之外，不随岁月流逝发生必然的变化与崩解，因而可以"完全把握其对象"[1]。它试图以一种虚幻的永恒性，将世界框定在几何形的边界之中。然而我们知道，在蒙田看来，"世界只是一架永动的秋千"，万事万物都摇摆不停，"既有'公摇'也有'自摇'"[2]。他对寰宇志的这种自负本质批判得很到位：上溯一千年，谁敢"怀疑（托勒密）寰宇志中的学问，以及人们基于此形成的观念"，那就是在作皮浪式的诡辩；"谁若承认对跖点的存在，那就是离经叛道"[3]。

不仅世界会变，而且令世界的表象更加变幻不定的是，我们对世界的认知也在变。地理大发现刚刚向旧世界揭示了一个占全球半壁的新世界的存在，在蒙田看来，这绝不是变化的终点。

蒙田因而摒弃了一门建筑在虚妄的普世性和永恒性之上的空中楼阁的学问，而转向一时一地的特定知识。这种谨慎，或者说这种对一门相对人类能力而言野心过大的学问的不屑，可能不是《随笔录》的作者所独有的。与他同时代的一些寰宇志作者也在力图使他们的工作摆脱这种好大喜功之讥，例如弗朗索瓦·德·贝尔弗雷（François de Belleforest）。他斥责对手安德烈·特维的不谨慎，自己则更愿意将寰宇志删繁就简，看作历史学下属的一个普通分支，一种以地理为纲的叙事体例。[4] 他与蒙田以及很多同时代人一

---

① Montaigne, *Les Essais*, III, 2, p. 805："我无法完全把握我的对象：他飘忽不定，摇摇晃晃，如醉汉一般。"

② *Ibid.*, p. 804-805.

③ Montaigne, *Essais*, II, 12, p. 571-572.

④ François de Belleforest, *La Cosmographie universelle de tout le monde. Auteur en partie Munster, mais beaucoup plus augmentée, ornée et enrichie*, Paris, Nicolas Chesneau et Michel Sonnius, 1575, t. I, f. iij.

样，认为世界正在走向衰败，"日月食以及各种星宿运行的乱象"已经彻底打乱了托勒密时代以来的宇宙秩序[1]。因而贝尔弗雷在他的《普世寰宇志》（Cosmographie universelle）一开篇就宣布，不把宇宙的几何结构等天文学问题纳入书中。

蒙田心目中最好的历史是当代人写的当代史。最好的历史学家是事件的亲历者，甚至是事件的直接策动者。后者的典型如恺撒，更何况他还对高卢的山川地理做了细致准确的描绘。然而即便是恺撒也不可能"亲见其大军所到各处"，不得不在叙述战役的具体细节时，以其手下将领的汇报为依据。[2]

恺撒，以及近代的弗兰切斯科·圭恰迪尼（Francesco Guicciardini[3]）是理想的历史学家，因为作为"身居前列的参与者"[4]，在他身上行动与写作是密不可分的，主导世事走向的那只手同时也是记录事件进程的那只手。作者所宣叙的真相之强大力量即来源于此。不过这些人物都属特例。我们很容易发现他们作为历史的主导者，居高临下、俯瞰时局的偏颇。他们的作品长处在于表面上对世界与人的宏观把握，而不可避免的短板则是其素材的主观性。恺撒使用了其手下将领未必忠于现实的汇报；圭恰迪尼有些"学究气的毒舌"，太喜欢"借题发挥，宏论滔滔"[5]。至于郎吉（Langey）的领主纪尧姆·杜·贝莱（Guillaume du Bellay）的《回忆录》（Mémoires），由于本人的高官、廷臣身份，读来更像是维护弗朗索瓦一世的辩护词而不是史书。所以，仅由"曾尝试有所作

---

① *Ibid.*

② Montaigne, *Essais*, II, 10, p. 418.

③ 1483—1540，佛罗伦萨的政治家、外交官，著有《意大利史》（*Storia d'Italia*），记录 1494—1534 年的意大利史事，由于开创性地使用原始官方文献著史，常被认为是现代史学的先导。其姓名在法语中写作 François Guichardin。——译者注

④ Montaigne, *Essais*, II, 10, p. 419.

⑤ *Ibid.*

为"的人物亲笔记录其"事功"——所谓"*res gestae*"——是不够的，还需要写作与行动真正的合二为一。

蒙田因此形成了一种"盗猎"（braconnage）式的读书法，这是米歇尔·德·塞尔托（Michel de Certeau）用以描述一切阅读中"不声不响、打破禁区、讥诮不经"的活动①。蒙田最早意识到泛读优秀作者获取信息之不持久、不可靠。他因而将注意力从书中描绘的画面转向了读者主体。阅读的困难常被比喻为旅行的艰险，或是"人类漫游的坎坷"②，它促使人反躬自省，回到自我与此刻。这样，最终的问题就不再是历史写作者与历史行动者这两重身份的难以合一，而变成了心不在焉的读者与书籍所载的集体记忆之间的永远难以确定的关系。他认为最值得镜鉴的"低矮无华的生活"，其所需的布景不再是普世历史的广大舞台，而是"书斋"——蒙田闭门写作《随笔录》的环形书房内部——的狭小空间。

世界的摇摆嬗变会不断消解人凭意志所作的徒劳的努力。对此，人为了"在无声处、不觉中保全而持久"③，必须有意识地拒绝将近日现实投射到其起源或未来。没有了历史的希冀，又搁置了宗教的焦虑，此时此刻便成了知识最重要的对象："我相信，我们唯一可能精研的是有关现在的学问，而不是过去，更不是将来的学问。"④

这段可以视作《随笔集》纲领的宣言，表明蒙田对过往作家名言警句的认同都是有时限的。是引用的动作，通过亲手将一段文字从一个文本抄录到另一个文本的运动过程，使得一个主体短暂地拥有了一项知识。

---

① Michel de Certeau, *L'Invention du quotidien*. I. *Arts de faire*, Paris, UGE, « 10/18 », 1980, ch. XII, p. 289.

② André Thevet, *Cosmographie de Levant*, Lyon, Jean de Tournes et Guillaume Gazeau, 1556, p. 6.

③ Montaigne, *Essais*, III, 10, p. 1023.

④ *Ibid.*, I, 25, p. 136.

在蒙田笔下，占有——无论是对知识、爱情还是旅途风光的占有——都如斯塔罗宾斯基（Jean Starobinski）所说，是处于某种"窄时间"（temps étroit）中的。[①] 这种"窄时间"意味着对事物的近距离观察，对应到空间中，略同于上文所说的地志。大尺度的世界地图与纵观古今的编年史一并消失了。

"论马车"或蒙田的愤怒

"我们的世界不久前发现了另一个世界。谁能向我们保证这是他最后的兄弟？"[②] 蒙田在"论马车"一章中问道。这是刚过去的历史，同时也是开放的、未了结的、不可测的历史。对此，人能说什么呢？只能等待、质疑、静观其变！但在同一章里，蒙田紧接着就谴责了西班牙人对新世界的征服和残酷掠夺。他谴责欧洲人对美洲财富的剥削，乃至对整个新大陆的毁灭。

"可鄙的胜利！"他写道。墨西哥的阿兹特克或秘鲁的印加等伟大王国覆灭了，整个民族灭亡，壮丽的城市被夷为平地，而这一切，只不过是"为了买卖珍珠和胡椒"。"有史以来，即使野心和国家间的仇恨也从未驱使人们如此可怖地相互残杀，带来如此可悲的灾难。"[③] 历史对蒙田而言意味着什么？时间又是什么？它是一条奔流不息的河，但它的水流是不均匀、无规则的，有时掀起大浪，有时断流，突发的灾变之后不知多久才能缓慢地回归常态。

在写到西班牙对美洲的征服和毁灭之前，蒙田在《随笔录》的同一章里回忆了他在法国的河上乘船旅行的经历。水路在当时还是最便利的交通工具。蒙田在旅途中时常晕船，有时感到极度不适，甚至几乎昏厥过去。是什么让他反胃？是船的急停和突然启动，是水

---

① Jean Starobinski, *Montaigne en mouvement*, Paris, Gallimard, 1982, p. 334.

② Montaigne, *Essais*, III, 6 : « Des coches », p. 908.

③ *Ibid.*, p. 910.

流过缓时桨手不一致的划船动作。历史的川流也是一样，它并不是匀速流淌的，而是不断急停，复动，再急停，再复动，如是往复，没有规律可言。时间无始无终，不知下一刻流向何方，这令人反胃、呕吐、生疑。蒙田对追溯历史源头和遥望历史终点都不感兴趣。他感兴趣的是颠簸不定、没有可预测的目的地的、进行中的历史。

杜巴达斯的《神圣星期》或微缩的世界

《神圣星期》（*La Sepmaine*）是新教诗人杜巴达斯（1544—1590）于1578年发表的作品，一问世即在全欧洲大获成功。作品用七篇长诗叙述了上帝六日创世、第七日安息的过程。这样创造的世界不是一成不变的。之后不久杜巴达斯又开始了续作《第二星期》（*Seconde Semaine*），将人类的历史浓缩为七个时刻，直到末日审判。这项宏大的工程在诗人去世时都没能完成，但一些国外诗人延续了他未尽的工作，其中最著名的是弥尔顿的《失乐园》和《复乐园》（1667）。

作品基于这样两个问题：世界的年龄几何？世界还将存在多久？

答曰：16世纪的世界已有五千年历史。这个判断直到18世纪末，随着居维叶和古生物学的创立才基本被推翻。至于未来，谁也不知道世界还将存在多久，因为福音书有言，"那日子，那时辰，你们不知道"[①]。人们普遍认为世界末日已经临近，如新教诗人阿格里帕·多比涅（1552—1630）的长诗《悲剧》（*Les Tragiques*）将世界末日定在1666年。《悲剧》发表于1616年，即恰好在"世界末日"前五十年。

看哪！大审判官即将在王座上就座，

---

① 《马太福音》（25：13），此处采用和合本译文。——译者注

只待时间指向我们的一千六六六年。（第五篇，1415—
1416 行）

　　杜巴达斯也认同这种观念，尽管他表达得没有那么直白。末
日审判是《第二星期》终章的第七日，而他终其一生只完成了前两
日的定稿和第三、第四日的草稿[1]，因而末日将近的紧迫感也被纾
解了。《第二星期》原计划把伊甸园到世界末日的人类历史概括为
七天：亚当、挪亚、大卫、西底家（Sédécias）[2]、弥赛亚，最后一
天是永恒的安息日[3]。诗人 1590 年去世，这使作品成了未完成的残
稿。用其英文版编者的话说，"死亡迫使我们尊贵的诗人停笔，夺
走了我们最后三日的诗篇"[4]。

　　在《神圣星期》的第七日，世界已经完成了。诗中用"片段风
貌"（VII, 1）微缩呈现了创世的盛景：羊羔咩咩叫着欢跳，猎人
埋伏着等候野鸽飞过，牧羊女一边纺纱，一边等待羊群回圈。到
了秋天，田野中近处能看见耕牛"一步一发力"地拉着犁铧，而若
极目远眺，越过城堡和市镇的炊烟，则能看到远处一艘航船正在
和风浪搏斗。我们可以想到老勃鲁盖尔的名画《伊卡洛斯的坠海》
（La Chute d'Icare）：农人在田垄间季节性的劳作占据了画面大部，
而扣人心弦的悲剧事件发生在极远的背景中，几乎不可见，只有

---

① 参见 Frank Lestringant, *La Quinzaine Du Bartas. Lire* La Sepmaine, La Seconde Semaine *et Les Suittes*, Paris, Classiques Garnier, « Géographies du monde », 2021.

② 西底家，犹大王国末代君主，亡国于巴比伦王尼布甲尼撒二世，是为巴比伦之囚。
事见《圣经·列王纪下》。——译者注

③ Du Bartas, *La Seconde Semaine (1584)*, éd. Yvonne Bellenger *et alii*, Paris, Société des
textes français modernes (S.T.F.M.) 1991, 2 vol. ; *Les Suittes de la Seconde Semaine*, éd.
Yvonne Bellenger, Paris, S.T.F.M., 1994.

④ Du Bartas, *His Divine Weekes and Workes, with a Complete Collection of all the other
most delight-full Workes, translated and written by the famous Philomusus, Iosuah
Sylvester Gent.*, Londres, Robert Young, 1633, f. 67.

伊卡洛斯的一只脚露出水面。在这幅名画中，神话故事的地位远不及扶犁的农人谦卑耐心的耕作。如杜巴达斯所言，生命中安息日的意义"在于给人教益"（VII, 426）。

在《神圣星期》的第七日，上帝像欣赏自己作品的画家一样，凝视着他刚创造的世界[①]。如果前六日的诗篇是逐步展开的长卷，那么第七日并不是之前篇章的摘要，而是一个可以在瞬间尽收眼底的微缩宇宙。把之前逐一描摹的世界各部分、把分散在全书各处的细节凝练为一个画面，这意味着观察者站到更高处，将绘制地图的大比例尺换为小比例尺，将近距离的微观视角换成远距离、全局性的宏观视角。

如列维－斯特劳斯在《野性的思维》（*La Pensée sauvage*）中所强调的[②]，"微缩模型"有诸多优势。它能帮助人把握一些本质上无法接近的事物，如天穹、星辰、体形最大或最凶猛的动物。天文学家的浑天仪、土地测量员或海船导航员的图纸、博物学家的图册和植物标本集都是为了更好地把握世界而且是对世界的微缩再现。列维－斯特劳斯写道，在一个微缩模型中，"对整体的知识先于对其各部分的知识"[③]。这是与人的常规经验相悖的：我们通常对一个事物的认知是在其天然尺度下，从认识其各个部分开始，进而掌握各部分之间的关联，从而穿透迷雾，扫除认知的阻力。而微缩模型作为一种倒转了人类知识惯常秩序的认知进路，在本质上属于造物主和为其代言的诗人。在这个意义上，长诗开篇（I，

[①] Du Bartas, *La Sepmaine*, éd. Yvonne Bellenger, Paris, Société des Textes français modernes, 1981, *Septième Jour*, v. 1-44, p. 303-305. Sur ce passage précis, voir Yvonne Bellenger, « Les paysages de la Création dans *La Sepmaine* de Du Bartas », *Cahiers de l'A. I.E.F.*, mai 1977, n° 29, p. 7-23.

[②] Claude Lévi-Strauss, *La Pensée sauvage*, Paris, Plon, 1962, p. 33-44 ; *Œuvres*, éd. Vincent Debaene, Frédéric Keck, Marie Mauzé et Martin Rueff, Paris, Gallimard, « Bibliothèque de la Pléiade », 2008, p. 582-593.

[③] *Ibid.*, p. 35 ; *Œuvres*, p. 585.

261-268）出现的胚胎的意象是非常值得重视的。按生命发育的顺序，最先出现的是胚胎或卵，它在"第一日"中被上帝孵化，诞生出世界（I, 297-304），随后世界各组成部分才逐渐舒展成形。按诗歌创作的顺序，最先确立的是总体的意义，它在动笔的同时就已经明确，被诗人的直觉或信仰所感知，随后的各章才逐一对这个整体作出阐发和解释。

最后，在末章的安息日，这个微缩的小宇宙又隐隐地重新接续上了广袤的大宇宙。16 世纪有一句在词源上做文章的格言，称"宗教即综绳"（la religion relie）。为整部作品作结的蒙恩祈祷在神圣的安息日重新肯定了上帝与其造物，以及宇宙、自然、世界的大剧场与人间土地的连接。上帝以其无上庄严驾临寰宇，而人间这一隅土地则在漫长旅程结束时，为回乡的诗人提供休憩和静思之所。

杜巴达斯的世界是以地球为中心的世界，它被精心创造，原则上恒定不变，并且有其目的和终点。然而读者知道，这个封闭不动的世界同时也在永恒不息地孕育，不仅是创世的前六日，即便是安息的第七日，世界也在不断成长、变化。造物主安息了，但世界却比平日更加生机勃勃。

米歇尔·雅纳雷（Michel Jeanneret）在他的专著《永动：从达·芬奇到蒙田的思想与艺术中的创作之形变》中，很有见地地以关于杜巴达斯的一章开篇[1]。杜巴达斯的世界是不断变形中的世界。这种边界流转、生机四溢、变化不休的世界观不仅源自《圣经》，也源自卢克莱修和奥维德。《神圣星期》的前六日就在《圣经》历史的线性叙事中不时向前跃进，展现这种此刻与将来之间的往复摇摆。

米歇尔·雅纳雷指出其中显然的矛盾或悖论："世界是固定的，又是变化的；上帝一劳永逸地校准了世界这部机械的运转，又赋予

---

[1] Michel Jeanneret, Perpetuum mobile. *Métamorphoses des corps et des œuvres de Vinci à Montaigne*, 2e édition revue, Genève, Droz, 2016, ch. Ier, p. 19-40.

了自然无限的创造力。这两种声音交替出现，针锋相对，贯穿了《神圣星期》始终。[①]" 这种矛盾到第七日是否最终解决了？更确切地说，矛盾被暂时搁置了，因为它到了续作《第二星期》再次出现并愈演愈烈了 [②]。到讲述地理大发现的第七书《殖民地》（*Les Colonies*），这两种声音之间的张力达到了顶点，直到时间尽头最终合流。

　　逼仄的世界，广大的世界；弯曲的世界，平面的世界（无论在空间中还是书页上）。世界永远说不尽、完不成、停不下。在《神圣星期》之后，世界还在扩大、膨胀，万物充盈，人口增长。《殖民地》可以说是这种属于人类历史的扩张的一场总爆发。

《殖民地》的地名盛宴

　　《殖民地》是《第二星期》的第七书，根据《创世记》第 10 和 11 节，叙述诺亚三个儿子的后人逐渐繁衍全球的过程。这里思维的跳跃幅度是惊人的：一户不过"四张卧榻"[③] 的人家的历史，如何变成了全人类的历史。杜巴达斯结合了《圣经》故事与近代地图学的新知，其中包括 1569 年墨卡托（Mercator）出版的世界地图还有亚伯拉罕·奥特柳斯（Abraham Ortelius）1570 年出版的更便于翻查的地图册《寰宇全图》（*Theatrum Orbis Terrarum*）[④]。

　　杜巴达斯的诗作，以及诗中人类的迁徙是有地图学基础的。

---

① *Ibid.*, p. 35.

② Du Bartas, *La Seconde Semaine (1584)*, éd. Yvonne Bellenger *et alii*, Paris, STFM, 2 vols, 1991 et 1992 ; *Les Suittes de la Seconde Semaine*, éd. Yvonne Bellenger, Paris, STFM, 1994.

③ Du Bartas, *La Seconde Semaine*, « Journée seconde », livre VII, « Les Colonies », v. 472, p. 404. 这里杜巴达斯在回应对他的质疑："孤零零一户人家 / 卧榻不过四张"，如何就能繁衍覆盖全球四大洲？

④ Abraham Ortelius, *Theatrum orbis terrarum*, Anvers, G. Coppens van Diest, 1570, 全册 38 叶对开，共 53 张地图。1569 年墨卡托地图有 1961 年复制版：Rotterdam-La Haye, supplément nᵒ 2 à *Imago Mundi*。

这种对地图的使用在当时也不算特例。另一位新教诗人阿格里帕·多比涅在 1616 年出版的《悲剧》第五书《黑铁》(Les Fers)中描写宗教战争时期的大屠杀时，也参照了地图。他面对一张绘制了各大河流及其支流的法国地图，追踪杀戮如何在全境蔓延。鲜血流成溪，不久便流成河！鲜血从河谷流到河口，染红全流域直至海洋。法国水文地图一片血红，汩汩的鲜血沿着曲折任性的溪流与河谷浇灌平原，淹没盆地，最终倾泻入海，令洋面为之上涨。天使出现了，他们拿出贵重的酒杯接住四处流淌的鲜血，再把一杯杯的鲜血倒入圣体匣中。匣体高耸，直抵天际[①]。

多比涅的《悲剧》总体限于法兰西王国境内，只偶然涉及海外（如巴西）[②]；而杜巴达斯在《殖民地》中则将目光和笔触放宽到了全世界，穿过地峡，跨越大海，横渡大洋，从一片大陆跳跃到另一片大陆。但沿着这些地峡和海峡扩散的不是鲜血，而是活生生的人类，是一个个繁衍生息、放牧着牛羊的民族。杜巴达斯比多比涅更早地将地图知识入诗，但他使用的是世界地图，或者更准确地说是地球仪。

《第二星期》改造了来自《圣经》的连祷体（litanie），为它赋予了新的内涵：杜巴达斯一边从《创世记》中照录了挪亚的家谱，一边罗列了他浏览地图所得的一串串地名[③]。这种以地图为基础的诗学有意识地牺牲了空间的连贯性以迁就音韵的规则。地理参照系被打乱了，取而代之的是节奏、音节、音步的划分。地名根据它们之间语

---

① Agrippa d'Aubigné, *Les Tragiques*, V, « Les Fers », v. 1447-1532。关于这段话的解读，详见 Frank Lestringant, « Le Songe du Vieillard Océan. Une églogue marine en épilogue d'un livre de massacres. *Les Tragiques*, V, 'Les Fers', 1447-1564 », *Les Muses sacrées. Poésie et théâtre de la Réforme entre France et Italie*, sous la direction de Véronique Ferrer et Rosanna Gorris Camos, Genève, Droz, 2016, p. 285-298。

② Agrippa d'Aubigné, *Les Tragiques*, IV, « Les Feux », 330-346：“上帝对撒旦宣战，紧追不舍 / 直到美洲……”

③ Tom Conley, *À fleur de page. Voir et lire le texte de la Renaissance*, Paris, Classiques Garnier, 2015.

音的亲缘性重新组合，辅之以谐音，统之以韵脚。杜巴达斯留意过书籍目录中的丰富词汇，也充分认识到了地图册中隐藏的诗歌资源。

套用墨卡托地图的副标题来说，杜巴达斯基于地图的诗歌写作是一种"寰宇志式的沉思录"（méditations cosmographiques）。地图是理解《圣经》的捷径之一：这不仅因为地图上的岛屿、大洲都承载着创世之初的记忆，而且因为它将保存着这段记忆直到时间尽头。地图上凝聚了全世界的全部历史，从创世直到最后审判，而它自己则立于过去和未来的间隙中。它是对过去的总结，也是对未来的投射，是过去行动的收束，又不断将这一进程重新启动，朝向着一个不可见的终点。神学家的和殖民者的话语因它而形成了默契，注入了能量。

为了更具体地理解地图阅读在杜巴达斯笔下获得的这种修辞力量，我们可以举同时代的英国地理学者理查德·哈克卢伊特（Richard Hakluyt）的例子。在他编纂的《英国主要航海、航行、交通和地理发现》（*Principall Navigations*, 1589）的开篇致弗兰西斯·沃辛汉（Francis Walsingham）爵士的献词中，他这样归纳自己一生以神甫而治地理学的志业源起：他的堂兄老理查德·哈克卢伊特一天在自己的书房里接待了他，引导他的目光从地球仪看向《诗篇》。"他从地图出发将我引向了《圣经》"[1]。

这条从图到书的道路是值得玩味的。对熟谙地图语言的学者而言，地图和《诗篇》一样，是对上帝创造的世界荣光的赞歌[2]。为地图作注也是对性灵的操练，并且它还有额外的好处，即不必将信徒的内省与世俗实务区分开。面对地图，信徒对上帝所造世界

---

[1] Richard Hakluyt, *The Principall Navigations, Voiages and Discoveries of the English Nation*, Londres, George Bishop & Ralph Newberie, 1589, « To the Right Honorable Sir Francis Walsingham Knight », f. *2 r°.

[2] Psaume 107, v. 23-24.

的崇敬与殖民者或地理学者对物产资源的关注是并行不悖的。宇宙的美正在于其实用价值，以及基督徒能从中获得的利益[①]。

法国自成一世界，又位居天下之中，南北之交，对法国的礼赞，是人类从大洪水后的示拿地（Sénaar）出发，如涟漪般逐渐扩散至全球的必然逻辑终点。从示拿地这个元初中心出发直到世界最遥远的角落，人类的大流散终将结束在向着法兰西这个第二中心、"欧洲明珠"、"人间天国"的归流（v. 710）。《诗篇》最后对和平的颂歌间接点出了全篇暗伏的殖民主题。

《殖民地》开篇，上帝发怒的雷霆将"建造幼发拉底河高塔（即巴别塔）的匠人"驱赶出示拿地（v. 29），向三个不同方向流散：闪（Sem）的后代向亚洲（v. 45-64），含（Cham）向非洲（v. 65-82），以弗（Japhet）向西，经由欧洲直至新大陆（v. 83-100）。杜巴达斯随后驳斥了海外居民是从当地的沃土中自然化生的理论（v. 383-388）：他们不是暴雨后的"笋瓜、芜菁、莙荙菜"（v. 393-394），不是一夜之间从"土地的膏腴"中萌生的蟾蜍（v. 393-394）。在杜巴达斯的诗中，美洲是紧密从属于旧世界的：美洲的先民是穿过亚洲——更准确地说，是穿过行在（Quinsay），即中国（杭州）——继而跨过阿尼安（Anien）海峡，即今天的白令海峡，最终抵达新大陆的（v. 419-460）。不过移民中的一部分应当是经斯堪的纳维亚半岛和爱尔兰，取道格陵兰岛（"Grotlande"，v. 461）和拉布拉多地区（"les champs de Labour"，v. 462），另一些则应当是经西非而抵达圭亚那海岸和巴西（v. 463-464）。

应许之地：杜巴达斯、多比涅

人解脱了一切植根乡土的羁绊，才能在大地上实现救赎。但

---

① Voir Frank Lestringant, *L'Atelier du cosmographe ou l'image du monde à la Renaissance*, Paris, Albin Michel, 1991, Ouverture, p. 17-18.

这种自由不是无目的的流浪。它遵循神意的规划，调和了人类动与定、守土与开疆的双重使命。解决这两种看似矛盾的使命的关键，是《殖民地》开篇引用的《圣经》。在人类出发向全世界扩张之时，诗人祈求了神的帮助（v.4）。这段祷词中有两个典故，都是来自《圣经·出埃及记》的意象：

> 白日里哪朵淡褐色的云指引着我的路？
> 哪团火焰又在夜间带领我扎营止宿？
> 它已许诺给每个民族，早在男女人类
> 在伊甸园双双获得源起之初。①

我们在这一节诗中可以辨认出耶和华日间用云柱、夜间用火柱引领希伯来人走出埃及的典故。以《出埃及记》的这个典故（XIII, 21-22）开篇并不完全是杜巴达斯的独创。多比涅的《悲剧》开篇，以更隐晦也更凝练的方式，宣布埃及为巫觋和伪先知的谎言国度，埃及出现的兆象只会将人导向歧途：

> 无论水星的运行何时与金字塔相交，
> 我自有日间云柱、夜间火柱引导。②

在日间云柱、夜间火柱的光辉之下，水星和金字塔都黯然失色：这个意象是完美的开场白。对于受神意启迪、向人间转达上帝天语的诗人而言，这就是未来的路，偏离此正路者必将背叛其使

---

① Du Bartas, *La Seconde Semaine*, t. II, livre VII, « Les Colonies », v. 7-10.
② Agrippa d'Aubigné, *Les Tragiques*, livre I, « Misères », v. 21-22. 这两句诗还可以与杜巴达斯1574年的《友弟德》(*La Judit*)（对《圣经·友弟德书》的改写）中的这段文字对读"……可靠的指引／在日间是乌云，而潮湿的夜里／是火焰的巨柱"(II, 213-214)。

命。这条一往无前的直路印证了上帝召唤的不可违逆。在多比涅笔下，它还反复突破边界和禁忌，明确要求人克服祖居之国对他身体的束缚，依次越过"着火的阿尔卑斯山"、"混浊的卢比孔河"、罗马的长城以及红海[1]。

在多比涅和《悲剧》之前，杜巴达斯本人以新的摩西的形象出现在诗中，举起双臂分开红海，带领他的人民，也是上帝的选民走出沙漠。与《悲剧》一样，《殖民地》中的这个姿态是与作品中凝聚的暴力密不可分的：人类骤然涌向世界，如波涛般前赴后继，直到大地尽头，这一过程的暴力是神意规划的一部分，它的力量能够冲破地理上最不可逾越的天险，征服海洋、山脉、沙漠，一浪接一浪，让生机盎然的人类遍布世界。

人类靠着航海技术沿河湾、山谷、地峡、海峡，从一片大陆扩张到另一片大陆，直至最遥远的岛屿，这再现了，也在大尺度上重新演绎了上帝的选民出埃及的过程：离开肥沃的埃及而走向西奈的沙漠；离开富足的、人口过剩的栖息地，到贫瘠的孤独中去接受上帝播撒的吗哪和涌出的清泉。这或许是杜巴达斯对《圣经》故事最大胆的挪用：希伯来人向应许之地的行进，被扩容为了所有民族各自寻找上帝创世之初为他们定下的目的地的旅程。这一旅程早在伊甸园中的"男女人类"、亚当子孙的共同先祖被创造之前就开始了（v. 9），全人类各民族都无差别地参与其中。这种扩容在某种意义上也是符合福音书教诲的：上帝选民的福祉变成普世所有人类所共享，而不再专属某一个民族。

通过与《圣经》相关段落的对读，《殖民地》的主旨逐渐变得明晰了。自创世以来，每个民族就都有属于它的应许之地，之后

---

[1] 对这个开篇的分析，详见 Frank Lestringant, *L'Architecture des* Tragiques *d'Agrippa d'Aubigné*, Rouen, PURH, 2013, ch. III, « L'ouverture des *Tragiques* : d'Aubigné, César et Moïse (I, 1-34) », p. 45-58。

一代代的子民会始终怀着这个目标，逐渐向它进发。杜巴达斯是加尔文派，"预定"（prédestination）的概念对他比对多比涅更具有根本的重要性。凭借这个概念，杜巴达斯从根本上解决了人类整体的运动迁徙与每一地人类的守土不移、一个民族历史上不断流浪与其在新世界殖民定居的矛盾。上帝永恒的规劝，"事态萌发之初，即需预见其果"[①]，让两种起初似乎平行的时间、两个相互矛盾的模型得以调和。全书叙事之所以协调，在于普世史的统一：人类历史在时间中逐渐展开，却又整体包含在创世之初已经设定、永不磨灭的神意规划之中。人间与上帝于是可以达成和解，在历史的无穷混乱之后，世界又可以找回它元初的秩序，回归这种普天之下每个民族、每个人类都依照造物主的初始蓝图，在地球上各得其所的和谐。

封闭的时间，开放的时间。地图是空间，也是时间的展开。《第二星期》的未完成在某种意义上象征了这种时间的无尽延伸。

多比涅的激情

让我们以多比涅，这位宗教战争期间的战士、热烈的新教诗人结束本文。多比涅创作包含七章的长诗《悲剧》的同时，也用散文撰写了两巨册《普世史》（*Histoire universelle*，1618—1619）。

这两部几乎完全同时写作的作品，其时间观却截然不同。《悲剧》的时间是封闭的，《普世史》的时间是开放的，未完成的。

《悲剧》像是杜巴达斯《神圣星期》的反演：结局愉悦的喜剧变成了惨然收场的悲剧。多比涅认识杜巴达斯，两人都是新教徒，是邻居，甚至可能是朋友。多比涅在一封信中曾略带不屑地提到杜巴达斯。他肯定读过《神圣星期》，并彻底颠覆了它的叙事。

---

① Agrippa d'Aubigné, *Les Tragiques*, I, 42.

《悲剧》和《神圣星期》一样包含七章，但最后一歌不是安息日，不是休憩与安宁，相反是世界和大地上所有生命的毁灭。最后诗人升天，留下一片虚空。

让我们简要回顾全诗的七个步骤或七篇长歌：《惨境》（Misères）再现的是那个内战、穷困的时代的惨象，尤其是农村地区。诗人赞美了"淳朴的农人"，控诉那些剥削、要挟、掠夺、残杀他们的人[1]。

《君主》（Princes）和《金屋》（La Chambre dorée）讽刺了权贵、富人、执政、法官，即所有剥削和藐视《惨境》中的受害者的人。

随后的《火焰》（Les Feux）和《黑铁》（Les Fers）描写了烧死异端（即新教徒）的火刑柱，内战以及内战期间的大屠杀，其顶点是 1572 年 8 月 24 日巴黎发生的圣巴托罗缪之夜。屠杀持续了数日，甚至之后数星期、数月都没有完全止歇。

第六歌《复仇》（Vengeances）梳理了历代恶人受到的惩罚，最后一章《审判》（Jugement），见证了末日审判中恶人被罚下地狱、义人得到永生，从而为历史画上句号。

所以，《悲剧》是被反演、被倒转、被截断的《神圣星期》。它从现在追溯过去，再望向未来，但未来已经来日无多，只剩下 50 年！《悲剧》的问世是 1616 年，而它预言的世界末日是 1666 年，不过 50 年之后[2]。

因此，《悲剧》是对人类和世界之末日的预演，而 40 多年前发表的杜巴达斯的《神圣星期》讲的是世界之起源，是将创世之初的美好呈现给世人，无论是新教徒还是天主教徒。它很快被翻译成六七种语言，在全欧洲无论是天主教徒还是新教徒中都收到一片

---

[1] Agrippa d'Aubigné, *Les Tragiques*, 1616 ; I. *Misères*, v. 275.

[2] *Ibid.*, V, *Les Fers*, v. 1416 : « Sitôt que l'ère joint à nos mille trois six ».

美誉。

《悲剧》的七篇长歌最后留下的是沉默。第七歌《审判》是这样
结束的：

> 我的感官已无知觉，精神开始飞升，
>
> 盈满的心沉默了，口中不再发一言。
>
> 一切都死了，灵魂逃逸，复归其本位，
>
> 迷狂地昏睡在上帝的圣光之中。[①]

长诗结束在一片耀眼的白光、一片虚空中。读者可以自行解
读这种沉默的意涵。它可以意味着完满，也可以意味着空无。因
此《悲剧》的成功十分有限，只有很少读者能够品读其中深意。

《普世史》则完全不同。其开篇和收尾都不像《悲剧》那样突兀
和激烈。这里需要首先说明，书名中的"普世"只是相对于局限于
一国一境的专史而言的。它写的不只是法兰西王国或其境内发生
的历史，而在很大程度上是超越国境，波及全欧洲乃至全世界的
历史。多比涅这里仿效的典范是罗马时期的希腊历史学家斯特拉
波（Strabon）。《普世史》以五到六年为一单位，在此时间段内以法
国为中心，按日晷指针方向，沿北、东、南、西的顺序叙述各邻
国史事。

《普世史》没有总体史的野心，它实际记录的只是法王亨利四世
（1553—1610）在世期间的历史，跨度仅57年，刚过半个世纪。它
因此没有追溯世界起源，而只是以一个凡人的出生开场；它也没有
写到世界末日，而是结束于同一个凡人的突然死亡（1610年亨利四
世被拉瓦尼亚克刺杀）。这部历史是可以无限制续写下去的，而多比
涅的确在不断修改、续写，直到他本人于1630年去世都没有完成。

[①] Agrippa d'Aubigné, *Les Tragiques*, VII : *Jugement*, v. 1215-1218.

所以，在多比涅的生命和作品中至少有两种时间性制度，一宽一窄，一开一闭。《圣经》的时间是封闭的，从创世到末日审判，从一个绝对的起点通向一个彻底的终点。而历史的时间则是开放的，需要永不停歇地书写下去。

或许有人会说，这是多么精神分裂的作品，多么精神分裂的多比涅！我在上文中的确强调过，这两种时间性制度是并存、平行的。《普世史》发表于1618—1619年，而《悲剧》的写作花了40年，发表于1616年，在1630年做了增补。

而且，很可能多比涅身上除了诗人和史家之外，还有第三重人格：一个有血有肉的时局中人，蓬斯（Pons）和圣昂日（Saintonge）的法官之子，后来成了普瓦图沼泽地带一片富有领地的管理者。他管理过盐业贸易，曾与天主教徒坚决作战，率军入侵过奥莱龙岛（l'île d'Oléron），身经百战。1620年之后，他成了瑞士日内瓦一名位高权重的流亡者，主持加固日内瓦的城防工事，在市镇委员会上就战略问题建言，注意维护其与讷沙泰尔和洛桑的盟友关系。他在流亡时也将藏书和大部分财产转移到了瑞士。作为广受尊敬的著名流亡者，他晚年再婚，迎娶了一名意大利贵族妇女勒内娅·布尔拉马奇（Renée Burlamachi），最终死于1630年，此时在中欧地区，三十年战争还打得难解难分。

这一切该如何总结呢？我们需要谨慎，不能将不同作者之间的多样性和分歧性仅仅视作个人独特思想的表达。这种解读必然是不全面的，也定然会抹杀作品更丰富的意义。这点在多比涅和蒙田的作品中都能看出来。把蒙田归纳于"怀疑"必然是狭隘的，即便由于他的怀疑主义，这种见解并非没有道理。然而除此之外，蒙田在当时的一些核心议题上发表了立场，如西班牙对美洲的征服和毁灭。此时，敌视西班牙的"黑传奇"（leyenda negra）方兴未艾。相反，多比涅超脱了《悲剧》中封闭了作品以及人类命运的短时间，找到了开放的、进行中的历史的长时间。时间会悬停，但那只是暂时的，是为了给人反思令人失望乃至绝望的时事的机会。

让我们重读蒙田的《随笔录》最后一章《论阅历》（De l'expérience）中这段明朗而又代表了怀疑主义精神的宣言："我跳舞时就跳舞，睡觉时就睡觉。在美丽的果园独自散步时，即使有一阵子会浮想联翩，大部分时间思想还是会回到散步、果园、这般独处的好处和我自己 [①]。"

这段伊壁鸠鲁式的宣言将末日抛掷到了时间和视界之外。时间还没有结束流淌，一如果园还在年年披上绿装。

[①]　Montaigne, *Essais*, III, 13, p. 1107.

19 世纪，现代性的世纪？
——重读时间的差异

克里斯托夫·夏尔（Christophe Charle）

（巴黎第一大学—先贤祠—索邦大学）

译者 肖琦（华东师范大学）

现代性：法国和欧洲的新理念

现代性观念诞生于 19 世纪，它首先试图赋予该世纪以某种特殊性。在欧洲，人们一般用一个形容词或名词来代指前面的世纪，例如文艺复兴、伟大的世纪、启蒙的世纪等。19 世纪是第一个被其同时代人用一个序数词来指称的。[①]

在此之前，人们尚古，甚至视古代为后世的榜样，然而主张现代性的历史观不接受对过去与传统的一味尊崇。从 17 世纪古今之争、启蒙思想对传统和教条的批判来看，现代性史观有着悠久的历史渊源，但正是在 19 世纪，这种新的对历史时间的构想才完全发挥效应，影响到整个社会和人类活动。"现代性"这一新名词最著名的用法之一出现在波德莱尔广被征引的 1859 年的一个文

[①] *L'Invention du XIXe siècle. Le XIXe siècle par lui-même (littérature, histoire, société)*, textes réunis par Alain Corbin, Pierre Georgel, Stéphane Guégan, Stéphane Michaud, Max Milner et Nicole Savy, Paris, Presses de la Sorbonne nouvelle, Klincksieck, 1999, p. 4, l'introduction de Max Milner.

本中：

> "现代性是短暂的、偶然的、艺术的一半，另一半是永恒不变的。每一位古代画家都有一种现代性。"①

如这段引文中所述，现代性的概念首先是为了表达一种诞生自浪漫主义艺术的新的历史性，此后该词的意义逐渐延伸，其产生与变化需要放在一个长的时间段和全球的社会空间中进行研究。而随着内涵的拓展，现代性也对未来提出了一种新的认识与总体构想。它在动摇了艺术的永恒性之后，逐渐渗入包括文学、科学、技术、城市规划与宗教在内的其他一切领域。在本文中，我们将探讨这种变化与对其的认识之间的联系（或此种联系在不同的地点、环境与时刻中的缺席）。这里的观点部分源自我的《时间的谬误》（2011 年）、《放宽文化管制：欧洲文化史论》（2015 年）两部作品以及我为与丹尼尔·罗什（Daniel Roche）共同主编、于 2018 年出版的《欧洲历史百科全书》所撰写的导言。这意味着要将思想史、文化史、表征史、社会史，甚至更广泛地说，将所有形式的历史结合起来，使之具有意义和讨论性。这一"时间谬误"的普遍化正如一种历史时间的新形态，它意味着重新建构一部社会表征史，一部每个个体与其所处时代之间关系的历史。人们常常把整个 19 世纪和部分 20 世纪的历史笼统地写成一部现代性的历史。然而，我不想这样泛泛地空洞地谈现代性，而是想正视它，解决几个基本问题：那时的人们如何思考他们与未来、现在及过去的关

---

① Charles Baudelaire, *Œuvres complètes*, Paris, Gallimard, éditions de la Pléiade, 1976, p. 695 et «Le peintre de la vie moderne», dans *L'Art romantique*, éd. Conard des *Oeuvres complètes*, 1925, notice, notes et éclaircissements de J. Crépet, p. 66 (étude parue dans *Le Figaro* des 26, 28 novembre et 3 décembre 1863, écrite en 1859-1860).

系？他们如何衡量自身与过去的世纪，特别是与未来世纪的不同之处？后者是现代性这一观念的功用之一。当时的作家、思想家、学者和艺术家们都坚决要理清他们与未来的关系，而此前的人们则常常回避这个问题（18 世纪除外），因为那时占主导地位的是基督教神学中的堕落与救赎。这些先锋派们是否成功地将这一新的理念更为广泛地传播开来，它对全球社会产生了何种影响？这些过程是连续的还是间断的，是一致的还是冲突的？

为了回答这些问题，我将从"时间谬误"的出现开始我的论述。

时间的差异

首先，对时间差异的认识与莱因哈德·科泽勒克（Reinhard Koselleck）所说的鞍型期（Sattelzeit），即 18 世纪 19 世纪之交的转型时期相关。从法国人的视角来看，与之对应的是革命时代，革命时代并非我们传统上认为的 1789—1799 年或 1789—1814 年，而是 1790—1830 年这四十年。拿破仑在 1814—1815 年输给了旧制度的君主制，复辟的波旁王朝试图抹去这些动荡岁月的记忆。1830 年的七月革命确实在法国甚至在更广泛的欧洲范围内恢复了在拿破仑当政时期一度中断的革命势头。这一时间的上下限是依据那些事件亲历者的反思来选择的，他们最早试图将革命视作一种断裂与新时代的开端（在英国有埃德蒙·伯克，法国有反革命阵营中的夏多布里昂，还有对立阵营中的孔多塞、基佐与米涅）。他们无论是赞成还是反对革命，都认识到这是一次改变了人们对历史的看法的重大断裂。

其次，此种与历史时间的新关系的结果是，无论是国家（统治、政权）还是宗教都希望更新对历史时间的理解，引入新时间序列下新的有代表性的行动者、阶级、平民、人民及思想运动，他们的时间性不再是去凸显国家历史或世界伟人传记中的重要事件。在此，我们可以看到 1830 年后或 1848 年对"人民"的强调。

最后，对历史时间关系的颠覆与法国乃至与欧洲及世界其他地区内部的时间差异和不一致性一道，逐渐传播开来。它表现为我所说的关于"现代性"的理念（该词诞生于 19 世纪 20 年代已经成为共识），即一个面向未来、无法预测、永远不可控的历史时间性（区别于以前的周期性时间如季节、宗教庆典、王朝更替等）。这种新的时间关系要求我们不断地重新思考现在与过去，其结果就是始终处在一个悬而不决的状态中，面对这一令人既期待又害怕的未来，乌托邦与各种预言大量涌现出来。它们与 16—18 世纪的乌托邦或预言不同，它们不是梦想，而是一种对未来的现实主义愿景。这些愿景必须指导现在，因此也必须指导行动（包括对革命前夜的想象，在社会主义或共产主义运动中等待未来革命，以及革新天主教或新教的新基督教运动）。

也正是在出现了与对法国革命及其后续事件（1830 年、1848 年）的思考相关的关于时间差异的反思之时，历史学家乃至作家们开始对历史分期进行重新思考。他们以"现代性"为轴心（现代性思想的结果），将文艺复兴视为革命的预演。甚至在宗教改革的发源地德国与英国，文艺复兴被视作革命的替代品，人们害怕革命，认为那是敌对的法国入侵者的象征，而且革命还通过去基督教化动摇了宗教的根基。

这方面有许多著名的作品，我想谈谈维克多·雨果在 1831 年出版的《巴黎圣母院》中著名的"这将杀死它"一章。这是一位 19 世纪的作家在 1830 年革命（具有强烈的反教权色彩）的影响下撰写的一个未来的虚构历史。在 1832 年再版时，作者为这一章加上现在这个标题（又一个时间的差异）。雨果在一个虚构的 15 世纪的框架中，宣布了与印刷术的发明相关的未来文艺复兴与宗教改革的进程。在他看来，印刷业的发展从根本上挑战了神职人员的话语垄断地位，它将使所有人都能获得书籍，还将解放思想，解放那些在整部小说中仍然受到奴役的人：

> "印刷术的发明是最重大的历史事件，它是革命之母，它是人类完全革新了的表现方式，这是抛弃了一种形式而获得另一种形式的人类思想，是从亚当以来就象征着智慧的那条蛇的最后一次蜕变。
>
> 在印刷的形式下，思想比任何时候都更易于流传，它是飞翔的，逮不住的，不能毁坏的，它与空气融合在一起。在建筑艺术统治时期它就以大山的形式出现，强有力地占领一个地区，统治一个世纪。现在它变成了一群飞鸟，飞散在四面八方，同时占领了空中和地面。"①

不久之后，米什莱在法兰西公学（College de France）的课程中提及了同一主题，讲授内容以"文艺复兴"为名于 1855 年出版；雅各布·布克哈特（Jakob Burckhardt）在其著名的《意大利文艺复兴时期的文化》一书中（1860）中也对这段历史表现出强烈兴趣，较之思想的层面，他更关注的是艺术创新和社会生活方式的部分。更晚近的是 1939 年诺伯特·埃利亚斯（Norbert Elias）在其探讨文明进程的一书中对此进行过论述。19 世纪上半叶创造的文艺复兴概念是通过后革命时代的回溯性投射，对历史做出的一种革命性的、个人主义的解读，宣告了资产阶级在今天所谓的"现代"时期的胜利。然而必须强调的是这两部作品出版于特殊的历史背景下。1848 年革命后，民主派的米什莱感到希望破灭，而来自瑞士巴塞

---

① V. Hugo, *Notre-Dame de Paris, op. cit.*, p. 246-247. 参考中文译本《雨果文集》第一卷，陈敬容译，人民文学出版社 2002 版，第 211 页。

尔的贵族布克哈特则受到农村动乱的威胁，他在书中表达了对作为新文明与人文主义摇篮的意大利贵族共和国的怀念。[1] 这一对将个人从神权或君权下解放出来的运动的颂扬，是对人民感到极度失望（米什莱）或恐惧（布克哈特）之后重拾希望的一种方式。

如果说与 18、19 世纪之交的巨变相关的时间的差异为新的历史分期与新历史性体制的思想奠定了基础，那么在第二个阶段，现代性的积极一面，即对更美好未来的承诺是如何发生的还有待考察。19 世纪崇尚"进步"，在各个领域的作品中甚至是大量普通人的书写中都能找到一个首字母大写的进步（Progrès）一词。

现代性观念的产生及传播

在两种时空差异反复出现的情况下，新的历史性体制是如何产生与传播的？它如何被越来越多的社会阶层所认同？这即是我在书中所说的古典现代性的到来。

通常我们可以从话语传播的角度来予以解释（逐渐模仿的现象，即人们在一些主流的评论性话语中经常使用的模式）。在政治经济学中，人们所说的英国"工业革命"模式这一表达方式由阿道夫·布朗基（Adolphe Blanqui, 著名革命家[2] 的兄弟）首创。在政治上，法国革命模式的影响波及许多国家，例如 1830 年比利时的诞生及 1848 年的欧洲革命。在社会问题上，自 19 世纪后半叶以来，尤其是在世界博览会期间举行的国际会议上，许多社会改革者进行了交流。而工人运动是在国际层面上组织起来的（1864 年、1889 年），面对新历史进程中的社会矛盾，所有国家都有一致需要

---

[1] 关于巴塞尔的思想环境，见 Carl E. SCHORSKE, « Formation civique et culture savante à Bâle: Bachofen et Burckhardt », *Histoire de l'éducation*, 62, « Les universités germaniques, XIXe-XXe siècle », 1994, p. 15-30.

[2] 即路易·奥古斯特·布朗基（Louis-Auguste Blanqui, 1805—1881），法国早期工人运动活动家，革命家，巴黎公社议会主席。——译者注

解决的问题。

另一种是实用主义与适应调整的解释，即当一个解决方案被证明是有效的，其他团体或社会将试图复制它。然而这两种解释模式实际上均假定问题已经解决。如果一个人模仿或调整自己适应了他人，那是因为他已经拥有了与那些先锋派相同的表征与价值观体系。因此这就意味着接受新的历史性体制，从而强调了其与其他群体或社会相同的时间或空间关系。

在笔者看来，现代性所隐含的对时间观的接受也是如此，它是通过多种途径与渠道传播的，而不是通过所谓的从一个中心散播出去的模式。例如在《时间的差异》中，我强调了学校与科普活动中广泛传播的对科学和科学家的崇拜，在国内或国际展览上展示的技术进步，在发行量巨大的新闻媒介上不断歌颂技术进步与创新的作用。甚至一些传统文化领域也经历了这一转变，这就是我在书中特别重视探讨的戏剧、文学与艺术，它们是19世纪中将不同群体或社会空间联系起来的主要象征性空间。

在艺术领域，在诞生于19世纪且互为竞争对手的卢浮宫与奥赛博物馆中，均有着丰富的例证。如前所述，现代性这一概念是在波德莱尔对其同时代艺术的反思基础上建构及传播开来的；它重拾了司汤达（《拉辛与莎士比亚》）与雨果（《克伦威尔》的序言），甚至更早些时候斯塔尔夫人（《论德国》）已经探讨过的主题。在这三位作家看来，每个新的时代都有一种新的艺术与对主流规则的挑战。首先是诗歌与戏剧（浪漫主义），之后有绘画（德拉克洛瓦的历史浪漫主义，然后是现实主义、印象派），随后雕塑和音乐领域（印象派、象征主义、新艺术）也紧跟这些潮流。直至20世纪60年代，这场斗争至少持续了几代人，但它一直是建立在对一个新的艺术的历史性体制的信仰之上，认为艺术是不断向前迈进的。

为什么在浪漫主义运动，包括在绘画领域已经表达了此种现代性理念的情况下，这一现在被普遍接受的想法在当时仍然引发了轰动？因为在此前的历史性体制中，"美术"应该是体现永恒、超越历史偶然性的。古典主义就是建立在美是永恒的基础上，实现美的规则和过程是恒定的，否则就会陷入各种非主流及装饰艺术或轶事画中，并不能持久（表现为风俗画与伟大绘画、装饰雕塑或洛可可与伟大风格的区别）。

当波德莱尔宣称现代性可以成为"艺术的一半"时，他其实放弃了原来雄心勃勃的目标。尤为重要的是，现代艺术不能再满足于从前的模式，因为与工业相关的新艺术（摄影、冶金、电镀）与绘画、雕塑或建筑形成了竞争。拒绝传统即意味着拒绝学院教育体制，因此在波德莱尔经常交往的一些画家中，库尔贝就首先拒绝在官方定期举办的展览中进行学习。其他现代画家如马奈（在托马斯·库图尔的工作室里学习了几年）原本仍然坚持学院教育，后来与之决裂，并通过故意"不恰当"与"挑衅性"的作品（《草地上的午餐》《奥林匹亚》）来挑战学院派艺术。在此我们并非要重复这个已经说了上百遍的故事，而是要从中得出关于这一社会新的表现形式的一些结论。

新的审美不仅在一代人的时间里成功地被人们所接受，而且成为艺术界新的主流标准；当然，并非所有未来的画家或艺术家都热衷于此，否则就无法将先锋派从其他艺术家中区分出来，但先锋派之间的竞争确实是愈益激烈了。其他艺术家越来越多地受到这些前卫思想的批判（甚至贬低），他们被评价为"真诚的"、"不真诚的"、真正的创新或虚假的创新、已经过时或仍然引领潮流的先锋派。这是这些团体的发言人及盟友们在媒介上进行空洞无用的争吵的根源，他们仅在一件事上达成一致，就是去谴责传统或那些更早期的先锋派的追随者们。所有这些都是基于对艺术历史性有一种共同方向的信念（即使在某个特定的时间点仍然存在多种选择）。艺术评价逐渐不再与之前的荣誉（奖项、学院、奖章）相挂钩，而是在于市场及国际的承认，更多地取决于新的荣誉、销售评级、回顾展和日渐到来的博物馆化。

那么新的艺术体制如何推动了这种现代性信仰的传播？首先，它让各界精英（商人、收藏家、商人、评论家、作家、博物馆馆长、政治家、赞助人）在此相遇，当后者逐渐认同这种新的艺术体制及其与时代的关系时，他们的联盟与合作就能发挥作用。媒体与那些伟大的艺术之城也在呈现这些新的表现形式方面发挥着决定性的作用。此处的失败可以为别处的成功所弥补；正如贝亚特丽斯·茹瓦约－普吕内尔（Béatrice Joyeux-Prunel）[1] 在其关于先锋派及其国际化的多部著作中详细阐述的那样，空间上的差异性可以被弥补。随着新历史性体制的到来，图像地位的变化及其可复制性产生了马尔罗所说的"想象博物馆"，构成了视觉变化的一个组成部分：不同文明的所有人类作品均可复制，视觉法则已经大大扩展。这就促成了先锋艺术家们（日本主义、东方主义、原始艺术等）的思想与实践的变革，也逐渐改变了评论家与公众的审美判断。先锋艺术在世界博览会上的"出圈"并非偶然。在博览会上，尤其是在一些定期举办博览会的主要城市中，发达国家、新兴国家与殖民地国家集聚在一起，在几个月的时间里，展示了现代世界的时空差异。

1855 年，库尔贝也决定在世博会上展示其画作《画家的工作室》。在部分作品被拒绝选入后，他最终将该作品悬挂于在世博会展览馆主入口对面所建的"现实主义展馆"中；在 1867 年世博会期间，马奈还自费在阿尔马桥附近举办了一次特展。印象派艺术家在 1889 年世博会上受到了认可，而他们的第一次集体展览可以

---

[1] Béatrice Joyeux Prunel, *Nul n'est prophète en son pays, l'Internationalisation de la peinture d'avant-garde parisienne*, Paris, Nicolas Chaudun/Musée d'Orsay, 2009; *Les avant-gardes artistiques 1848-1918, une histoire transnationale*, Paris, Gallimard, « Folio », 2015.

追溯到 1874 年；此后的一些先锋运动（新艺术、后印象派）集中在布鲁塞尔，或者是一些不太核心的大城市，如慕尼黑、布拉格、魏玛，20 世纪后集中在纽约。在巴黎，相互竞争的先锋艺术家们逐步投身于秋季沙龙、独立沙龙等各种沙龙展之中，以摆脱传统沙龙展览的束缚。20 世纪初最激进的先锋艺术之一未来主义则将新的历史时间观的逻辑推向极端，甚至要求意大利放弃过去和古代。而在意大利，古罗马与文艺复兴是其正在进行的国家建设的参照基础。该运动的支持者们在欧洲各城市举行了声势浩大的抗议活动，以期通过在一些猎奇的媒体上进行宣传来增进公众的认可。随着历史时间的加速推进，新的艺术运动必然加快到来。

可能有人会反对说，这些团体只影响到少数公众，但令人震惊的是，他们很快就得到了媒体的广泛报道，并制造了一些话题来维持这种热度，以至于使得人们忘记了艺术领域有部分群体依然遵循着古老的法则，并受到广大公众的青睐。这是因为先锋艺术满足了现代社会中越来越多的文化中介的期望，我称后者为两面人（les hommes/femmes doubles），包括评论家、导演、杂志编辑、舞台演出经营者、艺术代理商等。他们对新旧事物进行分类，履行"摆渡者"或对大多数人无法理解的事物进行解释的职责，这使得他们成为时代的主人或先知。此种态度由来已久，我们在那些在报刊上发表评论的最伟大的作家如波德莱尔（以怀疑的方式），热情的青年左拉或后来的马拉美、米尔博（Mirbeau）、阿波利奈尔，以及更鲜为人知的评论家（阿尔贝·奥里埃[1]、夏尔·莫里斯[2]）身上都能发现这种态度。那些鲜为人知的评论家们因其有预见性地与新的前卫艺

---

[1] 阿尔贝·奥里埃（Albert Aurier, 1865—1892），法国诗人、艺术评论家、画家。——译者注

[2] 夏尔·莫里斯（Charles Morice, 1861—1919），法国诗人、剧作家、文学评论家、象征主义运动的代言人。——译者注

术结盟，最终得以在艺术史上占有了一席之地。

在关于马奈的文章中，左拉明确地指明了历史的发展方向：

> 既然没人这么说，我就要说，我要大声呼吁。我非常确信，未来马奈先生将成为大师，如果我有钱的话，就会在今天买下他所有的画，从而达成一笔好交易。再过 50 年，它们的售价将是原来的 15 倍、20 倍，现在不到 40 法郎的画作届时将涨至 4 万法郎。[①]

这样一位年轻的记者在相关机构面前扮演了先知的角色，更值得注意的是这一预言的正确性。1912 年，在这篇文章发表后不到 50 年，马奈的这三幅画作的售价分别为 12 万、9.2 万与 9.7 万法郎，比左拉之前预测的还要多得多[②]。

左拉将马奈置于"流行艺术糖果商"[③]的对立面。他指出，马奈的绘画方式虽然不符合官方标准，却是唯一真正反映现代真实的方式。马奈的画"只不过是力透墙壁"[④]。左拉接下来的这段话又在马奈与库尔贝，以及与伟大艺术的传统之间，建立起了一种一脉相承的联系。这段话对马奈的艺术地位的评价，远比他对马奈画作的投资前景的分析来得明朗：

> 马奈先生在卢浮宫占有一席之地，正如库尔贝以及所有

[①] E. Zola, *Mon Salon* (1866), in *Œuvres complètes*, Paris, Nouveau Monde éditions, 2002, p. 638.

[②] 分别是《音乐课》《海滩》《裸体女子半身像》三幅作品，于 1912 年 12 月 9—11 日在巴黎被售出。见 E. Bénézit, *Dictionnaire critique et documentaire des peintres, sculpteurs, dessinateurs, graveurs de tous les temps et tous les pays*, nouvelle édition entièrement refondue sous la direction de J. Busse, Paris, Gründ, 1999, tome 9, p. 139.

[③] E. Zola, *ibid.*, p. 640.

[④] E. Zola, *ibid.*, p. 641.

具有独创性与鲜明气质的艺术家一样。除此之外，库尔贝和马奈先生之间没有任何相似之处，在正常情况下，这些艺术家必然是相互否认的。正是因为毫不相同，他们才能各自活出自己的人生。[①]

这类声明在支持先锋派的声音中反复出现，久而久之，它成了一种与新的建立在当代观众与当代艺术之间的不和谐性基础之上的历史性体制一致的表达。由于它不断得到证实，从而使得任何反对该信念的不同意见都被怀疑是一种试图回到传统的、保守的，甚至反动的观点：例如过去三十年以来围绕后现代主义、现代性与当代艺术的终结、先锋派历史学家的消亡，甚至是 19 世纪学院派的复兴等概念的争论等。

在我称之为古典现代性开端的 19 世纪 60 年代出现了许多现象，它们强化了这种认为未来已经出现的叙事，而现代艺术只是其中一个极端的例子：例如法国、欧洲与美国的铁路网的建设，这些铁路网缩小了物理距离，颠覆了时空概念。蒸汽船的出现加速了世界化进程，从根本上缩短了旧世界与新世界之间的距离。同样的电报与电话网络也建设起来。至少在最现代的国家中，科学与医学的进步影响到了普通人的生活。正是在这几十年里，因为入学率、识字率的提高，以及交流的拓展，对进步的崇拜开始变得普遍起来。所有这些都是众所周知的，但重要的是社会由上至下达成了一种共识。而在过去，普通大众普遍则拒斥进步，特别是反对机器生产、接种疫苗与官方医疗。

然而是否可以说，时间的差异正在减弱或消逝，古典现代性会带来一个光明的未来与和谐的人类社会？

---

① E. Zola, *ibid.*, p. 641.

从古典现代性到批判现代性

有两个因素阻碍了古典现代性达到这种平衡。首先，由于前面提及的各种革命的发生具有不均衡性，它们不均等地惠及不同的社会群体，并在外部（国家、帝国或殖民地战争）和内部（罢工、社会动荡、内战）引发新的对立，包括在法国这样最现代的国家中，也最早经历了一连串的失败。因此不同区域环境之间、国家之间、各大洲之间严重的不平等现象持续存在，甚至愈演愈烈：有现代化计划的拿破仑三世政权仍然垮台了，法国输掉了与德国的战争，巴黎公社内战，法兰西共和国直至19世纪70年代末都充满了政治不确定性。在此期间出现了一股悲观与批判性地看待进步主义的潮流，包括一些曾经拥护进步主义的知识分子们也持这种观点。天主教会自我封闭起来，他们拒绝现代世界（从教义大纲、梵蒂冈第一届大公会议上得到体现），所有忠于教会的信徒，例如法国、意大利、德国和西班牙的信徒都拒绝现代观念及与此相关的事物。反对奴隶制的斗争曾经是进步与自由的倡导者的重要事业，尽管他们在内战中取得了积极的结果，但随着美国南部各州逐步推行种族隔离，这些进步与自由主义人士却在曾经的奴隶们进一步提出平等诉求的情况下对其进行迫害，废奴斗争的结果喜忧参半；在殖民地国家，各种形式的种族主义发展起来。现代化并未阻止人们在南美洲对土著人民的残害（印第安种族大屠杀），以及在非洲或亚洲对殖民地人民的持续压迫。虽然一些殖民者以文明使命的名义为自己辩护，但伴随这种统治而来的丑闻与屠戮（例如在赤道非洲）的事实也最终大白于天下。

越来越多的知识分子为进步信念与所有这些负面事态的发展之间的落差感到震惊，19世纪上半叶叔本华的悲观主义思潮对他们产生了巨大的吸引力。这位黑格尔的劲敌酝酿出一种新的现代性批判话语，在法国甚至欧洲范围内迎来了自己的辉煌时刻。在《当代法国的起源（1875—1893）》一书中，泰纳描绘了一个负面的民族历史形象；在左拉的一些小说例如《生之欢乐》（1884）或《萌芽》（1885）中，矿工们的罢工以失败而告终。正如左拉自己在写给《费加罗报》的马尼亚尔（F.Magnard）的信中为自己的作品辩护的那样：

> 也许还有时间避免最终的灾难。但你们要速速行义，否则就有危险：地球将开裂，各国将陷入历史上最可怕的动乱中。[①]

19世纪90年代的焦点是围绕科学及其所谓的破产展开的辩论，随之而来的是作为对当前困难的一种补救的宗教思潮的强势回归。

当时欧洲最畅销的两本书分别是马克斯·诺多（Max Nordau）（1893）的《衰退》与古斯塔夫·勒邦（Gustave Le Bon）的《乌合之众》（1895）。事实上这两本书都是对现代性的尖锐批评。第一本书质疑了巴黎的先锋派，它认为这是法国衰落的标志之一；第二本书对民主的到来提出异议，作者认为民主是由议会"群氓"或城市群氓主导的，而这正是共和计划及其不稳定性的基础。

在政治舞台的另一边，新的政治意识形态正在崛起，挑战着主流的自由主义与乐观主义思想。在19世纪的最后二十年里，马克思主义的社会主义思潮在法国的发展相对较弱，在德语国家更具影响力。其分析是建立在对资本主义即将崩溃的信念之上，而这一崩溃是由其内部矛盾造成的。这就是"革命前夜"的主题，即

---

① E. Zola, lettre du 4 avril 1885 à F. Magnard, *Correspondance*, Paris, Bernouard, 1928, tome 2, p. 650-651, cité par R. Ternois, *Zola et son temps, Lourdes, Rome, Paris*, Paris, Les Belles Lettres, 1961, p. 59.

社会主义激进分子们准备在预见的历史时刻到来时夺取政权的问题。19 世纪末的经济与社会危机似乎证实了这种认为社会主义的善马上就会从资本主义的恶中诞生的分析。[①] 然而，当它所宣称的灾难姗姗来迟之时，一股修正主义思潮悄然兴起，对这一关于崩溃的教条发起了挑战。第三种趋势是无政府主义，它试图通过暴力行动，甚至是在不同国家发生的越来越多的恐怖袭击来加速这一进程。他们声称要在那些通过直接攻击其权力代表（如国王、王后、皇帝）都未能推动其社会迅速变革的地方，强行建立独裁社会；直接行动的无政府主义者同样相信未来更美好，但他们毫不犹豫地利用犯罪来达到目的，犯罪往往会伤及无辜或引发独裁反应，这就偏离了他们原来追寻的目标。所有这些不确定性与矛盾都证明了现代性不再是理所当然的，古典现代性的天真幼稚不再是理所当然的，这就是为什么我称之为批判的现代性。

19 世纪 60 年代的乐观主义与科学主义的现代性直至 19 世纪 80 年代才在机会主义和实证主义的共和国中找到其官方的政治与意识形态的表达，它试图通过教育的普及与共和国的文化项目深入法国社会。与此同时，一部分作家、艺术家与知识分子们对日益发展的民主状况越来越持一种保留态度。民主的发展往往使他们边缘化，这让他们重拾堕落、不确定性的话语，并将这些进步解释为文明的倒退。

1889 年的巴黎世博会是一个象征性的事件，它反映了人们在法国甚至更广泛的欧洲范围内关于未来的认知上的分歧。从共和国政权的角度来看，这既是为了纪念法国大革命，以此作为法国所体现的进步观的起点，也是为了向世界表明在 18 世纪 70 年代

---

① Marc Angenot, *L'Utopie collectiviste. Le grand récit socialiste sous la IIe Internationale*, Paris, PUF, 1993; *Les grands récits militants des XIXe et XXe siècles : religions de l'humanité et sciences de l'histoire*, Paris ; Montréal, l'Harmattan, 2000.

的严重危机之后，共和国通过其技术和艺术成就使法国达到了鼎盛。然而欧洲君主制各国并不打算支持这一双重计划，因为这对它们的政治合法性提出了疑问。所以，即使这些国家大多有不同行业的私人代表团参加了博览会，官方也未正式参与；经济现代性与政治现代性之间的不一致是显而易见的。世博会的亮点——古斯塔夫·埃菲尔设计的高达 300 米的铁塔也引发了争议：一份请愿书谴责这座铁塔会对首都的文化遗产和美学观感造成了破坏，而埃菲尔则希望将其技术成就作为工业现代性的宣言，并通过在第一层栏杆上刻上那些科学家与工程师名字的方式向他们致敬。

根据思想史、社会史或政治史的经典解释，这些不同领域的因素所表现出的紧张关系并不似欧洲在 1848 年革命失败后所经历的那样，仅仅是对进步主义冲击的一个反映。有些反现代主义者仍然为如何理解未来历史的意义所困扰，很少有人相信只要回到过去就能够找到失去的和谐；各种乌托邦思想的涌现、幻想文学或科幻小说的流行表明，我们不会回到过去，因为即使是像沙皇俄国这样最古老的国家也在试图接受现代性，而中国与日本也被迫向现代世界开放。

然而在世纪末的悲观主义思潮之后，直到第一次世界大战之前的十年间，我们都不能称之为古典现代性的乐观主义时代的回归。首先，由于时间的差异与世界各地区在进步竞赛中的差距进一步扩大：西欧的先进性现在受到其他欧洲以外的大国（美国、日本）的挑战，这在欧洲引发了前所未有的不安。尤其是 1905 年俄罗斯对日本的战败表明，在当时的主流理论看来理所当然的"白种人"的优越性绝非不言而喻。欧洲以外或欧洲内部冲突的增加证明，技术的进步伴随着军备竞赛与权力竞赛，可能导致进一步的灾难，而反对这一进程的国际力量（社会主义运动、国际和平主义等）则非常薄弱。再也无人敢像维克多·雨果（Victor Hugo）在

19 世纪 60 年代末所做的那样去谈论某种欧洲合众国，并视之为人类可能的未来。试以埃米尔·左拉晚年的一部小说为例，该书试图传达一个对更美好世界的希望，但同时也包含了一些关于可能发生的重大灾难的描绘。

左拉在 1902 年出版的《劳动》一书中描绘了一个以劳动为基础，融入了多种社会主义思潮的理想城市的图景。其中最为突出的是法伦斯泰尔模式，在该模式中，有薪工作被废除，工作成为一种快乐，而非负担。[①] 而所有这些最终都是通过科学技术的应用来实现的。大量科学技术的创新减轻了人们的痛苦，创造了财富，从而消除了冲突与竞争的根源。这部作品的最初轮廓让人想起儒勒·凡尔纳（Jules Verne）的《蓓根的五亿法郎》中两个工厂与两座城市之间的竞争。一方是军工厂，是邪恶的深渊，象征着工业资本主义与以逐利与暴力为目的的无节制的剥削。另一方是建立在合作与和谐基础上的傅立叶式的城市，在主人公路加（以撰写了福音书的圣徒路加为名）与学者若尔丹的领导下，实现了阶级调和，建立了一个和平的社会。

左拉在此似乎也乐观地幻想着人间天堂的到来，但当他在小说结尾预测到一场欧洲范围内的政治大动乱时，又缓和了这种和平进化主义的论调。回溯历史，左拉所说的政治大动乱不能不让我们想到第一次世界大战，想到 20 世纪初国际紧张局势加剧，而当时左拉正在撰写此书：

> 在民众对未来社会巨大的恐惧中，一半欧洲国家与另一半欧洲国家之间爆发了战争，各大洲紧随其后，各个大洋上都有舰队在争夺对水域和陆地的控制权。没有一个国家能

---

① Gian Carlo Menichelli (dir.), *Il Terzo Zola. Emile Zola dopo I "Rougon-Macquart"*, Naples, Istituto Universitario Orientale, 1990.

够置身事外，他们相互操练，两支庞大的军队排成一行，他们的胸中燃着祖辈们的怒火，决心要消灭敌人，仿佛在经过一片空旷荒芜的田野时，两个人中只有一人能通过……（第599页）。

在对进步方向做出的前后矛盾的诊断上，左拉并非个例。法朗士（Anatole France）、威尔斯（H.G. Wells）与许多其他被遗忘的作家均提出了与现代社会的演进相反的观点，这有助于在读者心目中塑造出批判现代性这一新阶段的形象。

结论与展望

最后，我称之为现代性的那一建立在时间差异基础上的新历史性体制，在19世纪经历了一个三阶段的循环。

第一阶段的现代性是革命思想的继承者，以艺术审美与政治领域的先行者为代表，在19世纪30—50年代占据主导地位。该阶段的第一波浪潮以戏剧、文学和社会问题为中心。在1848年的欧洲革命中，人们相信各国人民追求实现法国大革命理想的国家、社会与自由的目标是相一致的。革命的失败导致该阶段现代性的中断。

矛盾的是，正是在这一失败之后的政治上的反动阶段（第二阶段）产生了我所谓的"古典现代性"。它深刻地改变了文学的社会角色（社会小说、大众传媒、散文诗）与科学的社会角色，科学成为拥抱新事物、不断进行反思与共同进步的新源泉。它还涉及库尔贝与马奈及其追随者们的突破性绘画创作。摄影技术的兴起对传统绘画发起挑战，迫使艺术家们重新思考时间的图像表现。此外，古典现代性通过扩大国际交流和信息传播（通过自由贸易和建立快速运输与信息网络）改变了与世界的关系。1880年后，法国大力推行共和教育，旨在使全体人民相信进步，对抗天主教传统。

第三阶段是批判现代性。现代性的倡导者面临着更为激进的反现代主义潮流，也遭到了极端现代主义者的质疑。批判现代性产生于新的领域中，它试图征服一个新的内部世界（用科学心理学和精神分析法）或即将到来的外部世界（期待"革命前夜"或社会主义社会的到来）。它助长了现代战争引发的焦虑，挑战了艺术与新的先锋艺术如立体主义、未来主义、超现实主义、现代建筑运动、电影等之间的界限。在每一个阶段，现代性都会以不同的方式重新安排与现在、过去和未来的关系，维持一种更为批判的与不确定的平衡。

当然，这种对时间差异的解读并未随着 19 世纪的终结而结束，我考察的时间下限是 20 世纪 30 年代，我在结语中也将很快地审视了一下 1945 年后的历史。经过比照，我们发现了类似的现象。尽管地理范围发生了变化，古典现代性与批判现代性之间的先后顺序也不尽相同，但时间的谬误均在不同的国家或大陆上以矛盾的方式共存。众所周知，在最近的一段时间里，有人对最近发生的历史提出了新的解释，例如后现代性历史学与伟大叙事的终结；弗朗索瓦·阿尔托格倡导的当下主义（présentisme）；记忆的崛起压倒历史，造成所谓不肯过去的过去；对生态问题的关注促进了人们对灾难、倒退与崩溃的重新思考。

因为时间的关系，我无法对所有这些问题一一展开。有一个词似乎总结了我们所处时代的不确定性。中国有句成语——"骑虎难下"。西方与世界的现代性中的人也是骑在虎上，停不下来。[①] 如果他停下来，就会掉下虎背被吃掉。如果他继续跑，就不知道

---

① Cf. Hartmut Rosa, *Accélération, une critique sociale du temps*, traduction française, Paris, La Découverte, 2010.

这只老虎将把他带到哪里。印度、巴西还有其他一些国家为了加入这段赛跑，已经开始去抓这只老虎了，还有其他国家想加入进来。也有国家厌倦了这一加速度，想驯服这只猛兽。只有一件事情确定无疑，那就是，我们可以吸取迄今为止的历史教训，未来的事情是我们所有人都意想不到的，正如第一、第二和第三阶段的现代性所带来的那样。

柯林武德与科泽勒克论历史时间

陈慧本（上海师范大学）

柯林武德曾是我国史学理论研究者们的重点研究对象，然而在"后现代主义"史学逐渐广为传播的今天，对柯林武德的研究似乎也渐趋黯淡。在国外学界，也有不少学者认为柯林武德的史学思想较为过时。也有学者们尝试沟通柯林武德的史学理论与叙事主义史学理论[①]。

柯林武德的史学思想真的过时了吗？为了解答这个问题，我们或许需要转变视角，在多样化的学术思想语境中进行思考。本文试图以历史时间问题为例，考察柯林武德的相关思想，并将其与德国史家科泽勒克的历史时间理论做简要的比较。通过这种相互对照的方式，我们或许可以更加全面地为柯林武德在史学思想谱系中定位，进而在充分关照当前史学理论研究新趋向的基础上，重新挖掘柯林武德思想的价值。另一方面，以柯林武德为参照来理解科泽勒克，这可以视作一种"隐喻"式（由近及远）的认识方法，本文试图借此引介科泽勒克的史学思想，弥补我们对二战后德国史学界认知的空缺。

---

① 柯林武德曾是我国史学理论研究者们的重点研究对象，然而在"后现代主义"史学逐渐广为传播的今天，对柯林武德的研究似乎也渐趋黯淡。在国外学界，不少学者认为柯林武德的史学思想较为过时。也有学者尝试沟通柯林武德的史学理论与叙事主义史学理论。

柯林武德与科泽勒克皆具有丰富的历史学实证研究经验，同时他们在各自的时代学术语境中努力思考历史学的理论问题。本文试图表明，关于历史时间的理论思考是史学理论的重要基础和组成部分，而历史学实证研究与理论思考也是相辅相成的。

柯林武德论历史时间

柯林武德主要是在 1926 年的诸多作品中重点思考了历史时间的问题，其中最早的讨论是在《历史的观念》这部论文集中。在写于 1926 年的《历史哲学讲稿》中，时间话题集中在篇首和篇尾，其他各篇文稿中也基本承袭了该时期他对时间的见解。我们或许可以就此推断，对时间问题的思考乃是柯林武德史学理论的重点，他后来对历史学其他问题的思考都是以其时间观念为基石的。

柯林武德批判"剪刀加浆糊"（scissors-and-paste）历史学，其重要理由之一便是这种史学研究模式预设了不恰当的时间观。在他看来，这类历史学家囿于物理时间的概念，仅仅搜集堆砌过去事件的证词，而没有把收集起来的证词转换为一种能够提供理性解释的叙述。他强调，这种时间观仅仅是把过去当作"死掉的过去"（dead past），[1] 是将历史等同于生物学中进化般的自然进程。有些历史学家尝试提供对历史的解释，但他们往往也无法挣脱这种时间观的窠臼。例如，柯林武德谴责斯宾格勒采用错误的时间概念来研究人类文化，以致后者竟荒谬到如同谈论有机物般地谈论文化的"生命周期"。[2]

柯林武德认为，澄清时间概念的首要条件便是放弃把时间视作一种空间维度的看法。将时间空间化就是陷入了思维的幻觉之

---

[1] R. G. Collingwood, *An Auto-biography*, Oxford: Oxford University Press, 1939, p. 106.

[2] 自然主义的凯歌……在斯宾格勒这里则贯穿到一切细节之中，参见 R. G. Collingwood, *Idea of History*, p. 183.

中，认为过去和未来是存在的。实际上，它们在当下对我们而言是不在场的。一个事件是由其过去、现在和未来的三部分构成的，我们可以说作为整体的事件正在发生（happening），但是其中的过去和未来的部分并不是正在发生的。因此，柯林武德论述道，"这并不意味着作为过去的过去继续存在。真正继续存在的是过去对现在所产生的作用"。①

在消除了空间化思维所导致的时间谬误后，柯林武德道出了自己对时间的理解，时间"是一个永远持续变化的现在，它以某种方式连接着一个不存在的将来和一个不存在的过去"。② "只有现在是实际存在的：过去和未来都是观念的，并且只能是一种观念。"③柯林武德对时间的界定是以现在为基点的，现在是一个具体且持续变化的实在，而非一个空洞抽象的数学点，因为现在包含了观念性的过去和未来。说过去和未来是观念性的，是针对心灵而言的，并且这两者只能作为心灵的对象而存在。"如果没有心灵，那么在任何给定的时刻都没有过去和未来"，通过我们心灵的记忆和历史性思维，我们才使过去存在。作为现在之不断变化的时间，乃是"先验实在的"（transcendentally real），④它是任何其他思想的逻辑预设。

那么，现在是如何与过去和未来产生关联的呢？按照当时流

---

① R. G. Collingwood, "Some Perplexities about Time: With an Attempted Solution", *Proceedings of the Aristotelian Society*, New Series, Vol. 26 (1925-1926), p. 144.

② R. G. Collingwood, "Some Perplexities about Time: With an Attempted Solution", p. 145.

③ R. G. Collingwood, "Lectures on the Philosophy of History[1926]", in: his, *The Idea of History, Revised edited with Lectures 1926-1928*, ed. by Jan van der Dussen, Oxford: Oxford University Press, p .364.

④ R. G. Collingwood, "Some Perplexities about Time: With an Attempted Solution", p. 150. 柯林武德这里使用的"先验"概念，是康德意义上的，即指某种虽先于经验，但除了使经验成为可能以外还没有得到更进一步规定的东西，参见康德：《纯粹理性批判》，《康德三大批判合集》（上），邓晓芒译，人民出版社 2009 年版，第 16 页。

行的生理或心理学的记忆理论，过去的事情能够在人们的生理或心理机体上留下持续的印迹，因而人们能够记住过去的事情，如同数据储存在电脑的储存器中那样，记忆也会留存在人的大脑中。我们所记得的不是普遍的过去（the past），而是我们自己的过去（our past）；同理，我们所期待的不是普遍的未来（the future），而是我们自己的未来（our future）。也就是说，柯林武德认为记忆并不足以说明过去、现在与未来如何在人们的思想中产生关联。①

柯林武德所构想的时间不是那种纯粹由各种事件构成的线性时间，也不仅是物理时间，而是一个无始无终的动态历程，他晚年用"囊缩"（incapsulation）来表示这种时间的运作方式。②囊缩不仅存在于历史进程中，也存在于人们的主观经验之中。我们知道，在柯林武德那里，一切历史都是思想史，史家需要去重演研究对象的思想，才能真正地认识历史。在他看来，这些思想正是囊缩的思想，它们能够被现在的史家所重演。当然，这些思想是变化着的，因为研究对象与史家有着各自的特定历史情境或语境（context）。

柯林武德以抽烟为例来说明何为"囊缩"：某个人成功戒烟，但是他想要抽烟的欲望并没有因此消失，它囊缩在他日后的生活

---

① 值得注意的是，柯林武德所理解的"记忆"有其时代性，在柯林武德之后，有关记忆的研究已经大为改观。记忆与历史是当代史学理论中的一个热点话题，相较于柯林武德从主观—客观以及特殊—普遍的视角分析记忆与历史的差异，当代史学理论在讨论记忆时呈现出更多样的路径。如鲁尼亚从心理分析的视角探讨记忆、过去与在场之间的关系，参见 EelcoRunia, *Moved by the Past: Discontinuity and Historical Mutation*, New York: Columbia Univerity Press, 2014.

② "如果历程 P1 转化为历程 P2，不存在这样一条分界线来标明 P1 的终止和 P2 的开始……历史没有开端和结尾。史书有始有终，但它们描述的事件没有。如果 P1 在 P2 中留下了自己的痕迹，生活在 P2 的史家能够通过对证据的解释发现，如今的 P2 曾经是 P1，如此一来，P1 于现在的痕迹不是已死的 P1 的尸体，而是真实的 P1 本身，尽管它被囊缩在自己的另一个形式 P2 中，它仍活生生地发挥主动作用。"参见 R. G. Collingwood, *An Autobiography*, p. 98.

之中，作为一种未被满足的欲望继续存在。一旦遇上适当的情境，使得抑制他抽烟欲望的理由消失时，这个人或许就会重新开始抽烟，这并不意味着他没有戒过烟，而恰恰是因为他从来没有失去抽烟的欲望。[①] 在此，柯林武德所想表达的意思，思想之所以尚存于现在并非因为它得到了重演；恰相反，正因为某个思想以"囊缩"的方式存在于现在，所以它是可重演的。

柯林武德的历史时间观与他"一切历史都是思想史"的命题休戚相关。他区分了历史事件的外部和内部。所谓事件的外部，指的是事件中可以作物质描述的部分，如恺撒率领军队所跨过的卢比孔河；所谓事件的内部，指的是事件中只能凭借思想来描述的部分，如恺撒对罗马共和国的态度。历史学家应当关心的是过去的行动（action），而行动是事件的外部与内部的统一体，所以他必须使自己进入这个行动中去思想，从而辨识出行动者的思想。"历史知识乃是对囊缩于现在思想背景下的过去思想的重演，现在思想通过与过去思想的对照，把后者限定在另一个不同的层次上。"[②] 对于囊缩着的思想来说，关键在于：唯有从尚存于现在的痕迹出发来展开一系列的"问答逻辑"，进而重构出该思想得以表达的情境，我们才能够真正重演思想。进而言之，对思想的重演也是从现在出发的，通过理解过去的情境，我们也进一步认识了自己，获得了关于自己的知识。

在柯林武德那里，历史时间是由作为实际存在的现在与作为

---

① 参见 R. G. Collingwood, *An Autobiography*, p. 141. 对于柯林武德"囊缩"概念的研究，参见 Jan van der Dussen, "The philosophical Context of Collingwood's ReEnactment Theory", International Studies in Philosophy, Vol. 27, No. 2 (1995), p. 81-99; Chinatsu Kobayashi and Mathieu Marion, "Gadamer and Collingwood on Temporal Distance and Understanding", *History and Theory*, Theme Issue 50 (Dec., 2011), p. 97-103.

② R. G. Collingwood, *An Autobiography*, p. 114.

观念的过去和未来构成的，现在是持续变化的，每个时刻呈现为过去、现在和未来的综合体。他将时间与变化纳入对历史实在的思考之中，这种对历史时间和历史实在的认识与科泽勒克有着不少相近之处。科泽勒克认为人们对于历史的认识必然是受限于自身的视角的，而这种视角正是由特殊的时间经验和历史情境所决定的。不仅是在事后解释历史的史家，即便是处于事件之中的行为主体，也是通过自己的视角出发来认识历史的。在柯林武德和科泽勒克看来，这就意味着在历史认识中无须谈及物理的时间距离，彻底的视角主义并不会导致历史的虚无。因为历史实在及对其认识的有效性必须以时间性和历史情境为基础，所谓的时间距离就在其中被消解了。

科泽勒克论历史时间

类似于柯林武德，科泽勒克同样吸收了康德思想的因素，他的历史知识理论不把"历史本身"（Geschichtenselber）当作可直接认识的对象。科泽勒克和柯林武德都看到了传统历史实在论是站不住脚的，人们所能够认识的"过去"和"历史"，必然是虚构的。所以科泽勒克说："通过历史学的方法被确立和呈现的事件，取决于对事实的虚构，实在本身已经消逝了。"但这并不意味着历史事件可以随意或武断地被确立，更不意味着历史书写等同于文学虚构。就历史实在而言，放弃传统的历史实在论并不等于完全解决了问题，我们仍然需要找到一种更具说服力的替代方案。科泽勒克决定为历史学的认识论寻求更坚实的基础。由于过去本身的"不可复原"，这种认识论的基础和前提条件必然不是康德为自然科学所提供的时空先天范畴。

历史认识究竟如何可能呢？科泽勒克给出的回答是历史时间。科泽勒克所谓的"历史时间"，指的是人类的时间经验，它关乎人类在历史进程中对自身的定位，因而它不同于自然时间。[①] 他选择"回到"海德格尔，以人类存在的时间性和历史性为前提，在过去、现在与未来之间变动不居的相互关联中思考历史认识的可能性。这意味着，科泽勒克同样相信人类在时间中的自我筹划不仅关乎自我理解和自我解释，最终也关乎自我建构。这也意味着，人类的时间经验构成了历史的真实内容，并且未来在科泽勒克的理论中有着显著的重要性，"若是没有行为主体的经验和期待，历史是无法构成的"。[②] 这还意味着，科泽勒克借由跳过伽达默尔而回到海德格尔，为自己赢得了一个更少依赖于语言的历史认识论立场，他将更加重视历史行为主体的时间经验和行动本身，因为历史认识归根结底是从认识主体自己出发的，虽然历史学家唯有通过语言的表现才能够认识研究对象的时间经验；即便是那些未被语言表达的时间经验，如恐惧、期望、幻想，它们可能或确实影响了历史行为主体的行动，从而影响了历史事件，科泽勒克也尝试将它们纳入历史研究中。[③]

他将历史时间当作元史学的或人类学的范畴来理解，[④] 历史时间的理论是其历史知识理论的精髓，"如果我们想弄清楚'历史本身'与无穷多的复数历史之间的关系，无论如何我们都需要一种历

---

① 有关"经验"概念的辨析，另参见 David Carr, *Experience and History: Phenomenological Perspectives on the Historical World*, , p. 8-30.

② Reinhart Koselleck, "Erfahrungsraum und Erwartungshorizont: zweihistorisches Kategorien", in: ders, *Vergangene Zukunft: Zur Semantikgeschichtlicher Zeiten*, S. 351.

③ 科泽勒克研究过纳粹统治时期受迫害犹太人的恐惧和梦境，虽然他的史料仍是文字记录的梦，参见 Reinhart Koselleck, "Terror und Traum (1971)", in: ders, *VergangeneZukunft*, S. 278-299.

④ 科泽勒克更多使用"人类学的"（anthropologisch），但也使用"元史学的"（metahistorisch），就笔者所见，首次使用后者是 1970 年，参见 Reinhart Koselleck, "WozunochGeschichte?" *Historische Zeitschrift*, Bd. 212, H. 1 (Feb., 1971), S. 2.

史时间的理论"。^① 但是他也认识到，海德格尔没有真正把对时间
问题的思考扩展到历史时间上来，从此在的分析中能够推导出历
史的主体间时间结构吗？科泽勒克对此持保留态度，因为此在的
时间性毕竟是以个体的"我"为中心展开的，而历史学更应当考虑
社会时间性。^②

"经验空间"（Erfahrungsraum）与"期待视域"(Erwartungshori-
zont) 是科泽勒克历史时间理论中的一对关键范畴。^③ 科泽勒克的前
提假设是，经验空间与期待首先是纯形式范畴，从它们本身之中无
法推导出具体内容，因而两者并不表达任何的历史实在。他将经验
比作洗衣机的滚筒，其中包含着的是绞缠在一起的衣物，一个由各
种能唤起的自我记忆和对他人生活的认知所构成的整体。期待被
视作一条视线，目力所及之处便是期待的界限。期待只是部分地来
自经验，因为它还受到某些必须被期待发生的条件的限定；期待一

---

① Reinhart Koselleck, "Wozu noch Geschichte?",S. 16.

② 科泽勒克的这种看法部分源自卡尔·洛维特，后者从伦理学和人类学的视角为人类
的主体间性寻求基础，试图用第二人称的"你"来补充第一人称的"我"，参见 Karl
Löwith, *Das Individum in der Rolle des Mitmenschen*, Darmstadt: Wissenschaftliche
Buchgesellschaft, 1969.

③ "经验是现在的过去（gegenwärtige Vergangenheit），其中的事件已经融入现在，并
且能够被记起。在经验中包含了理性的加工和无意识的行为方式，这些行为方
式必然不是或不再是在意识中在场的（präsent）。除此之外，还有一种陌生的经
验，它包含且保存在通过世代和制度来传递的特殊经验中。在这个意义上，历
史学自古以来也被理解成一种有关陌生经验的知识。……与经验相类似，期
待也同时在个人和人际的层面发生于现在，期待是（在过去）被想象出的未来
（vergegenwärtige Zukunft），它针对的是尚未发生之事（Noch-Nicht）、没有被经验
之事（das nicht Erfahrene），以及只能推断之事（das nur Erschließbare）。希望和畏
惧、愿望和意愿、操心（sorge），理性的分析、接受的呈现，以及好奇心，这些都
进入期待中，共同构成了期待。尽管经验和期待都具有当下性（Gegenwärtigkeit），
但两者并不是对称的互补概念，即它们不是如镜像般相互对称地指认对方为过去
和未来。"参见 Reinhart Koselleck, "Erfahrungsraum und Erwartungshorizont: zwei
historisches Kategorien"，S. 354-355.

且作出，便也成为经验的一部分。此外，两者又包含着不同的时间层次（Zeitschichten），比如源自古罗马时期的习俗、中世纪的宗教理念、对昨天的记忆，又如对明天的期盼、对命运的恐惧、对末日审判的向往等，它们都以不同的速率汇入现在的时间经验中。在他看来，若是没有经验和期待，其他任何历史中的范畴都是不可想象的，相比民主、战争、国家等概念，这对范畴有着至高的普遍性和不可或缺的应用性。在现实生活中，人们必须协调自己的过去与未来以便生活，这是每个人与生俱来的强烈冲动。

根据这种观点，一切可能的历史都以行为主体的经验和期待为基础。一方面，人们基于自己的经验空间展开行为，另一方面，人们的行为总是与特定的期待视域有关。随着时间的流逝，新的经验聚集到经验空间之中，而原有期待的落空也迫使人们产生新的期待，于是"经验与期待之间的张力，总是以不同的方式激发出解答，从而萌生出历史时间"。[1] 两者构成了现在的某种时间差异，现在以不同的方式与过去和未来相互交织，这也意味着不同的时间层次以各自的变化速率汇入现在。由此，历史时间的变化就不仅开启了也限定了人们在历史中的存在状态，甚至人们对"历史"概念的定义，也是基于历史时间的变化。

在科泽勒克看来，历史时间经验还能说明历史研究是如何展开的。根据科泽勒克对"经验"的概念史考察，在古希腊语中，"Historia"最初的含义乃是德语中的"经验"（Erfahrung）。所谓的"获得经验"（Erfahrungmachen），指的是人们从一个地方到另一个地方，这同时也是一个发现之旅。科泽勒克指出，首先必须通过报道旅行并反思对旅行的报道，历史学（Historie）才能真正成为科学。正因如此，他将历史学称作"纯粹的经验科学"（Erfahru

---

[1] Reinhart Koselleck, "Erfahrungsraum und Erwartungshorizont: zwei historisches Kategorien", S. 358.

ngswissenschaftschlechthin）。对历史的认识取决于"早与晚""上与下""里与外"等范畴。所谓"早与晚"指我们是所报道事件的同时代人抑或后来者；"上与下"指我们在社会权力等级关系中的位置，比如是失败者还是胜利者；"内与外"则指我们是否属于涉事的社会群体，是"朋友"还是"敌人"。科泽勒克进而区分了三种历史书写的主要模式。（1）写下（Aufschreiben）：在事件发生时随即书写历史。（2）抄写（Abschreiben）：在事后对原有事件经验和意义的延续。（3）重写（Umschreiben）：新的经验改变对事件的看法，迫使我们寻求新的解释。[①] 期待落空的强度越大，重写历史的愿望也就越迫切，所以科泽勒克得出一个结论：相比于胜利者，失败者对于历史的反思更加深刻，"胜利者书写短期历史，失败者深刻反思长期的历史。经验导致不同的方法，方法使经验延续"。[②] 科泽勒克还考察了历史书写的时间，在他看来，这些多层次的时间也是历史文本的特质。[③]

科泽勒克的历史认识论因而是一种受限于时间性的视角主义，他援引歌德的说法，世界历史总要时不时被重写，这不是因为新

---

① 在这里，我们可以发现霍尔舍尔所设想的"新编年史"接受了很多科泽勒克的基本观点，参见 Lucian Hölscher, "The New Annalistic: A Sketch of a TheoryofHistory", *History and Theory*, Vol. 36, No. 3 (Oct., 1997), p. 317-335.

② "历史的变化是由失败者阐发的。只要他们幸存，他们就能制造所有历史的那种不可取代的原初经验，失败者常常认为，历史的实际进程往往与其中的人们所意图的不同。这种总是独一无二的经验是不能被选择的，也是不可重复的。但是，通过追寻那些可重复的中期或长期的原因，失败者可以领会这种经验。这突显了方法的重要性。方法可以从独特的事件中提取出来，它们可重复应用。这种曾经被失败者——从长远来看哪个胜利者最终不是失败者？——通过方法转化为知识的经验，超越所有经验的变化而仍然能够被唤起。其中或许包含了一种慰藉，或许是一种收益。在实践中，它或许将使我们躲开胜利。但是每个经验都反对它。"参见 Reinhart Koselleck, "Erfahrungswandel und Methodenwechsel", in: ders, *Zeitschichten*, S. 77.

③ Reinhart Koselleck, "Die Zeit der Geschichtsschreibung", in: ders, *Zeitschichten*, S. 287-298.

材料的发现，而是由于人们的处境与经验不同了，即视角也变化了。[①] 历史认识必然要求多元的视角，对历史事件的表征因而总是受限于历史学家的时间经验和视角，历史解释因而总是暂时性的。这是他遵循海德格尔的思路、从历史行为主体的时间性出发构想历史世界图景的必然逻辑后果。包括科泽勒克对理论的看法，"只有在通过假设引入的前提框架中，才能够找到令人信服的理由"，理论的合理性，归根结底来自史家的自我筹划，历史学的理论乃是史家自我筹划的一部分。

在科泽勒克看来，如果说历史认识要以对历史的深刻反思为前提，那么这种反思就应当充分涉及历史时间。概念史一方面证实了他的部分理论设想，另一方面他也从实证研究中淬炼出一些有关历史时间的形式范畴，他相信这些范畴能够适用于更为普遍的历史认识，有助于我们理解历史实在。历史与经验同时伴随着事件的出现而展开。事件的出现导致人们同时生发出两个问题，即"发生了什么？"以及"这是如何发生的？"[②] 因此，科泽勒克将历史学称作"纯粹的经验科学"，他的历史时间经验能够在历史与历史学研究之间确立连续性。[③] 根据他的设想，用以解释历史的语言必须得到明确的澄清，必须符合历史解释者自己的经验。如此看来，历史书写的历史也就成了历史学家所用语言的演变史，因为历史学家们总是需要找到契合自身所处历史情境的语言。进而言之，优秀历史学家的特质之一，便是充分自觉地意识到用语言

---

① Johann Wolfgang von Goethe, *Materialien zur Geschichte der Farbenlehre, Sämmtliche Werke*, Bd. 29, Stuttgart und Tübingen: J. G. Cotta, 1851, S. 95.

② Reinhart Koselleck, "Erfahrungswandel und Methodenwechsel", S. 43; 另参见 John Zammito, "Review: Koselleck's Philosophy of Historical Time(s) and the Practice of History", *History and Theory*, Vol. 43, No. 1 (Feb., 2004), p. 129.

③ 在第五章中，我们将从历史表现与历史实在之关系的角度出发，进一步展开对该问题的讨论。

把握研究对象之经验是极为困难的，尽管如此，他仍会致力于更好地表现历史。这种由历史时间所导致的语言与历史之间持续变动的张力，一方面阻碍了历史学的发展，另一方面却也提供了历史学的合法性，使其成为一门充满严峻挑战的科学，而这门科学关乎人类存在与时间经验。

小结

至少在历史时间的问题上，科泽勒克与柯林武德的思想可以在很大程度上相互对照。这也是思想谱系中的有趣现象之一，即学术思想的传承并不是线性的，毋宁说它是一种网状结构，因此我们往往能够在两个看似毫无干系的思想家身上发现奇妙的亲缘性。或许我们可以说，思想史的时间也是具有多元层次的。通过考察两者的历史时间观，我们可以在一定程度上达到互文的效果。

在德国学界，伽达默尔曾推广过柯林武德的思想，他翻译并出版了后者的《自传》，并为该译著撰写导言。① 而在《真理与方法》的重要章节中，伽达默尔也用大量篇幅探讨了柯林武德。他在诠释学的谱系中评述了柯林武德及其问答逻辑，他对柯林武德评价颇高，认为后者的思想中已经隐含了"完全性的前理解"（Vorgriff der Vollkommenheit）与"视域融合"等诠释学的核心概念。

---

① 伽达默尔在导言中写道："对德国读者而言，柯林武德迄今仍是个完全陌生的名字，《自传》德文译本的问世意味深远。以一种令人惊奇和费解的方式，这位外国作者不再是外国人，而当他用德语向我们诉说时，他几乎就像是某个回到家乡的人，仿佛是某个尽管在国外生活和工作，但却从未忘记自己的精神故乡的人。他的故乡是宽广的德国浪漫派和历史学派——黑格尔、谢林、洪堡、兰克、德罗伊森、施莱尔马赫和狄尔泰……在这个传统中，柯林武德就像在家里一样……"H.-G. Gadamer, "Einleitung," in Collingwood, *Denken, n: Eine Autobiographie*, Stuttgart: K. F. Koehler Verlag, 1955, S. vii. 英译版参见 H.-G. Gadamer, "Introduction to *Denken*, the German Translation of An Autobiography," *The Collingwood Journal* (Spring 1992), pp.9-14.

但是伽达默尔随即指出，柯林武德的问答逻辑忽略了文本作者与读者（或解释者）之间的时间距离，解释者只能去理解文本本身的意义而非作者的意图。[①] 质言之，伽达默尔的诠释学预设了文本作者与读者之间物理时间的距离，而柯林武德认为，在历史理解中根本就不存在这种时间距离，而他的时间概念也不仅是流俗的物理时间。如果说科泽勒克一定程度上在历史时间方面"回到"了海德格尔，那么柯林武德也以自己的方式宣告了海德格尔思想在历史学中的可能性，保罗·利科便探讨过两者的相似之处。[②] 当然，就术语而言，在柯林武德那里没有明显相近于海德格尔"本源时间"（urspruüngliche Zeit）的概念，[③] 但他的"囊缩"或者充当了对应的术语。

柯林武德与科泽勒克的历史时间理论，为我们思考主体间性的基础提供了启示。柯林武德的问答逻辑与时间观互为表里，问答逻辑是重演过去思想的过程，这个过程不是独白式的，而是一种对话，即囊缩于现在的"你"的思想与身处现在的"我"的思想之间的持续互动。科泽勒克考察过欧洲历史上的"我们—他们"观念的演变，他分析了三组看似对立的范畴：希腊人—蛮族，基督

---

① Hans-Georg Gadamer, *Hermeneutik I: Wahrheit und Methode: Grundzüge einer philosophischen Hermeneutik*, S. 374-381. 近来有学者指出，当伽达默尔评判柯林武德时，他混淆了历史意义与对行为主体意向行为的理性化或实践的解释，即"解释某个行为主体做出某个行为的理由，与他/她没有预见到一些或所有（因其行为导致的）意料之外的历史后果是毫无关系的"。参见 Chinatsu Kobayashi and Mathieu Marion, "Gadamer and Collingwood on Temporal Distance and Understanding", *History and Theory*, Theme Issue 50 (Dec., 2011), p. 86-87.

② Paul Ricœur, *Memory, , History, Forgetting*, Chicago: University of Chicago press, 2004, p. 380-381.

③ 海德格尔用"本源时间"来反对流俗时间，并用前者来解释后者，"本源时间"并非仅仅是不在的（Vergangenheit），而是曾在（Gewesenheit），因为"此在"（Dasein）的存在本身便是时间性的，所以它才能够历史地存在，参见 Martin Heidegger, *Zeit und Zeit*, ElfteAuflage, Tübingen: Max Niemeyer Verlag, 1967, S. 405.

徒—异教徒，人—非人。根据他的分析，这三组对立范畴其实都是存在相互转化和相互承认的可能性的。即便是看似对立程度最剧烈的"人—非人"，一旦我们为其注入时间性，就会发现那些被西方主体称作"非人"的其他人群有着迈进更高文明阶段的潜力，他们也可以成为真正的"人"。因此在科泽勒克那里，相近的经验空间与期待视域，或许是认同的基础，"视域融合"是可能的。但是这种融合也是有限度的，比如他本人对于跨文化的概念史持保留态度。并且我们也必须注意到，上述三对范畴其实都是源自西方中心主义视角的产物，这也体现了科泽勒克本人及其历史情境的时间性和有限性。

在柯林武德和科泽勒克各自的历史时间理论中，空间隐喻都扮演着不容忽视的角色。前者的"囊缩"将过去的思想比喻成被压缩进胶囊的物质，而后者也是用了"空间""视域""层次"等空间隐喻。这就导致了一个疑问：我们是否必须借用空间的隐喻来言说时间呢？柯林武德所谓"空间化的时间"在历史学中是以什么形式呈现出来的呢？这值得我们进一步探讨。

历史分期与历史时间的思考

李宏图 （复旦大学）

目前，对"时间"与"历史时间"的研究成为国际学术界的一个热点，很多学者特别关注时间与现代性、时间与全球化等主题，不过在我看来，对照中国的实际，特别是历史教育的现状，还应该扩展视野，对自然时间、历史时间与历史分期之间的关系展开分析，关注自然的时间如何变成历史的时间，如何被标示为历史的分期。本文拟从时间的维度来对此加以思考，希冀丰富对历史的理解。

一

从时间性维度来给人类自身的活动进行分期古已有之，中国历史学所创立的纪年或王朝断代即是如此。如果在现代"社会"的意义上来进行历史分期则是在 16 世纪的欧洲，特别是 18 世纪的欧洲启蒙运动时期，一批思想家在对社会与人类社会未来发展的思考中，从进步主义思想的出发对"历史"作出了新的"历史分期"，将人类社会的演进划分为不同的阶段。例如孔多塞在《人类精神进步史表纲要》一书中，以欧洲历史发展为依据，把人类的进步划分为十个时期：第一，原始部落时期；第二，畜牧时期；第三，农耕和发明字母时期；第四，希腊时代人类心智进步时期；第五，古代罗马科学的进步时期；第六，科学衰落的黑暗时期；第七，文艺复兴时期；第八，印刷术发明和科学哲学挣脱宗教桎梏时期；第九，从笛卡儿到法国革命时期；第十，法国革命以后人类完美的理性王国时期。人类的这种进步，具体体现在，它是朝向知识和智慧的进步，朝向普选权、教育、言论和思想自由、法律平等，以及财富再分配这些普遍目标的进步。总之，是人类在身体、精神和道德上的全面和谐的进步。[①]

如果说，进步意味着走向未来，那么，这些思想家们是在过去、现在和未来的时间中建立起了连续性，从而为未来找到更为坚实的基础。他们关注历史，但研究历史不是目的，而是手段，历史显示着人类进步的真实历程，是人类精神进步的教育工具。正如伏尔泰所说，我的目的绝非积累大量总是自相矛盾的事实，而是选择最重要最确凿的事实，以便读者能够自己判断人类精神的毁灭、复兴和进步，使他能够通过各民族的民俗来认识他们。孔多塞也说道，历史应当观察、记录人类社会进步的不同阶段，分析揭示各阶段发展的连续性和变化的秩序，这样做将使历史成为一门预见、引导和促进人类进步的基础学科。因为只有通过审视、反思人类进步及完善的规律，我们才能理解我们今后进步的希望和所能达到的限度。正是在这一思考中，这些思想家们建立起了过去、现在与未来这一时间秩序，形成了社会阶段直线发展进步性的时间观。

从社会发展阶段论出发，以亚当·斯密为代表的苏格兰启蒙思想家认为人类社会要通过狩猎、畜牧、农业和商业社会这样四个不同的阶段，商业社会的到来实是劳动分工所致，因此，斯密在《国富论》一书中首先从劳动分工开始着手论述。其实关于劳动

---

① 详见孔多塞：《人类精神进步史纲要》，何兆武等译，生活·读书·新知三联书店 1998 年版。

分工这一问题，他的老师，苏格兰启蒙运动的泰斗哈钦森和与他同时代的弗格森等人也都进行过论述，但却是在斯密这里获得了更为重要的意义，其要旨在于：正是由于劳动分工，每个人自我需要的满足也就无法依赖于个人自身的劳动，而是要依靠市场交换，正是频繁的市场交换引发了社会组织结构和机制产生一种革命性的变化，商业社会也就随之形成。斯密在《国富论》中说，"分工一经完全确立，一个人自己劳动的生产物，便只能满足自己欲望的极小部分。他的大部分欲望，须用自己消费不了的剩余劳动生产物，交换自己所需要的别人劳动生产物的剩余部分来满足。于是，一切人要依赖交换而生活，或者说，在一定程度上，一切人都成为商人，而社会本身，严格地说，也成了商业社会"。[1] 这一观点被有些学者认为是一个革命性的转折。法国思想史家罗桑瓦隆就说过，斯密"用市场观念来取代契约观念，不再从政治上而是从经济上理解社会，从而成为双重的革命者。于是，亚当·斯密以一种特殊的方式完成了现代性运动"。[2] 也就是说，社会的基础不再是以前思想家们所强调的是通过政治性的契约来形成，而是一个更密切、更频繁、更自发的市场交换过程。于是，社会的基础和社会机制的运行等基本问题都在此得到了全新的阐释。正是在这一意义上，苏格兰启蒙运动最大的贡献是关于社会组织理论的。正是如此，英国学者巴瑞教授才会说，斯密"商业社会"的核心是"社会"，这一"社会"不是指政治组织，也不是氏族，尽管这个社会会包括政府和家庭。[3]

---

[1] 亚当·斯密：《国民财富的性质和原因的研究》上卷，郭大力、王亚南译，商务印书馆 1997 年版，第 20 页。

[2] 皮埃尔·罗桑瓦隆：《乌托邦资本主义——市场观念史》，杨祖功等译，社会科学文献出版社 2004 年版，第 80 页。

[3] Chrispher J. Berry, *The Idea of Commercial Society in the Scottish Enlightenment*, Edinburgh University Press, 2013, p. 194.

由此，从社会出发来划出历史发展阶段，或者说，社会发展的阶段性体现在对历史分期的界定中就成为 18—19 世纪一批思想家的共识。19 世纪初，法国思想家孔德相信人类社会历史发展是不断走向进步的，为此提出了历史发展的三阶段论，神学阶段，形而上学阶段，而现在则到了实证主义阶段。这三个阶段在社会组织上则对应为军事和战争为主的古代；从 14 世纪文艺复兴到 18 世纪法国大革命时期所出现的以主张人的权利为代表的抽象原理和概念的形而上学阶段；现在的实证主义阶段则是工业革命阶段，以生产与科学占据主导，实业家成为社会的核心力量。而 19 世纪中后期的英国思想家斯宾塞则划分了军事型社会和工业型社会。随着工业革命的行进，一批批判工业资产阶级的思想家如欧文、傅立叶等，从批判现实的资本主义，实现社会主义社会入手，来划定社会发展阶段，而这些划分则由马克思定格为历史发展的五种社会形态，即从原始社会到共产主义社会。从此，社会，特别是社会主义社会不仅成为历史分期的基础和标准，而且也成为理解历史时间的坐标。

二

正是从社会出发，不同的思想家们对社会发展的阶段作出了不同的划定，如果要详细进行分类的话，还可以有其他诸种。例如在以欧洲为中心的帝国维度下，将欧洲视为文明，非欧洲地区则为野蛮，由此就使殖民主义的占领与侵略活动获得了一种合法性。再如 1789 年法国革命中，革命者将自己要推翻的体制称为"旧制度"，从而凸显了革命者所要建立的体制为"新制度"，从此，在世界历史上出现了这样一个通例，后来的"革命者"在推翻了前面的体制或者政权之后，都会将自己标识为"新"，前面的则为"旧"，由此，形成"新"与"旧"的两分和对立。同样，这一两分对立的历史分期还体现在传统与现代、保守与激进、殖民与反殖民等之上。

从这些历史分期的表达中，我们仍然可以窥见与体会到隐含在这一历史两分法背后的进步主义世界观。可以说，时至今日，我们仍然还没有跳出进步主义的思维及其价值观，还是坚信，人类社会将会，甚至必然从一个阶段走向另外一个阶段，其内在的动力和指向都是因为一种规律而存在于人类的实践活动之中，并体现和表征为过去、现在和未来这一三分法的时间观和历史观。殊不知，当以理性主义为基础的进步主义兴起时，就遭到了以法国思想家卢梭、德意志思想家赫尔德等为代表的浪漫派的批评。他们认为，理性的兴起，科学的进步并不必然带来人类社会的进步，相反却会导致人类的倒退。对此，卢梭在《论科学与艺术是否有利于道德的淳化》一书中有着精彩的论述。而他与同为启蒙运动思想家的伏尔泰的争辩更能反映出两人对待历史分期的不同看法，以及背后的时间观。针对卢梭对进步主义历史观的批评，伏尔泰就痛斥道：难道要让我们重回原始森林，重做四脚爬行的动物吗？

应该看到，社会分期的划定只是社会形态的时间化，或时间的社会形态化，但这一时间观未能充分考虑到在自然时间转化为历史时间过程中，时间的一维性并非仅仅一定就是向前运动式的流逝，而可能历经曲折与倒退。例如，20 世纪初，当欧洲多数人都沉浸在文明的进步中而乐观欣喜时，带来人类灾难的第一次世界大战却爆发了。战争不仅体现在具体的有形的牺牲和损失上，战争所带来的死亡、破坏和恐惧也严重影响了每个国家民众的心态和情绪。对此，法国思想家德·迈斯特的思想具有很深刻的意义。通过对法国革命的批评，他打破了"文明与野蛮"的两分法，发展出了一种新的文明观，认为，野蛮就根植于文明之中，而非之外，问题只是什么力量可以阻止其发作，而什么时候它将要发作。[①] 这一思

---

① 详见张智：《约瑟夫·德·梅斯特反启蒙思想中的野蛮与文明》，复旦大学出版社2012 年版。

想则将自然时间和历史时间融为一体，不再分离与对立。由此可以认为，虽然自然时间具有一维性，但历史时间常常可以倒退，甚至逆转。如此，问题的指向就成为，人们的活动以及选择在多大程度上可以制约野蛮的降临，从而脱逃历史相似性重演的悲剧。

因此，对历史的分期则促使人们去思考时间的"流逝"问题，是巨变还是缓慢的变化，而这始终与人们对时间的态度和认知密切关联。革命与保守，新与旧，古与今，激进与保守等二分究其本质无非意味着是将时间理解为加速，还是将其理解为是缓慢，甚至是静止。同样，特定的历史时刻，会导致时间的突然加速化，或者时间的断裂性转化。由此，看似社会的转型，实则意味着时间的断裂。最为典型的莫过于在法国大革命中，革命者响亮地喊出：我们是一代新人。他们把将要推翻的体制称之为"旧制度"。针对这群"新人"，托克维尔说道："1789 年，法国人以任何人民所从未尝试的最大努力，将自己的命运断为两截，把过去与将来用一道鸿沟隔开。为此，他们百般警惕，唯恐把过去的东西带进他们的新天地：他们为自己制定了种种限制，要把自己塑造得与父辈迥异；他们不遗余力地要使自己面目一新。"[1] 与此相似的还有在现代化理论中，传统与现代这一两分法也指示着这一断裂，从原先的连续性转向激烈的断裂。正如福柯在思考启蒙运动与现代性关系时所说，"现代性经常被刻画为一种时间的不连续的意识，一种与传统的断裂，一种全新的感觉，一种面对正在飞逝的时刻眩晕的感觉。当波德莱尔把现代性定义为'短暂的，飞逝的和偶然的'时，他就是如此"。[2] 这样，速度成了历史时间研究中绕不过去一个变量性要素，是速度还是加速度，是停滞还是减速，这些都是研究社会转型的要素。

---

[1]　托克维尔：《旧制度与大革命》，冯棠译，商务印书馆 1992 年版，第 29 页。

[2]　汪晖、陈燕谷：《文化与公共性》，生活·读书·新知三联书店 1998 年版，第 430 页。

从历史上看，每逢重要的历史转折时刻，人们对时间的理解与认知都会发生重大的变革。中国改革开放40多年来，我们经历了对时间和空间的巨大变化，这一变化并非自然时间发生了什么变动，而是我们对时间的感受与体验发生了改变。时间的社会性（或者说时间被注入了社会性意义后），导致了人们对时间感受的方式和途径也都与过去大相径庭。在社会的意义上，社会需要重塑时间，也重新建构了时间体系，重新对社会以及每个个体进行时间的再刻度化。无论是作为全球标准的"格林尼治"时间刻度的形成，还是工业革命时期的"工业时间"，概莫能外，与其相连的则是时间成为权力争夺的资源。例如在工业革命中，资本家和工人对"钟表"的争夺不仅体现为权力与权利的对立，更体现了权力对人们的规训，因此，时间也就成为统治者和管理者用于规训的重要资源，无论在政治性意义上，还是在社会性意义上都是如此。

从历史的长时段来看，社会的更替和变革持续行进，不会停止自己的步伐，对此，引发出另外一个不容忽视的问题是，当社会中的某些人还保留着过去的历史时间，还没有处于被再度时间化的状态下，社会的权力该对此如何处置，这是衡量一个社会是否宽容的重要指标。正如福柯在评价反现代性的思想家波德莱尔时所说，"对他来说，成为现代人并不在于认识和接受这个永久的时刻；相反，它在于选择一个与这个时刻相关的态度；这个精心结构的、艰难的态度存在于重新夺回某种永恒的东西的努力之中，这种永恒之物既不在现在的瞬间之外，也不在它之后，而是在它之中"。[1] 如果转换到另外一个维度来看，也就是说，尽管某一社会时间的"时代"已经转换，但一部分人依然还是保留着过去的时间刻度，留存着过去时间所烙下的时代精神气质，例如在法国思

---

① 汪晖、陈燕谷主编:《文化与公共性》，生活·读书·新知三联书店1998年版，第430页。

想家托克维尔的身上就鲜明地体现了社会时间与个人之间的复杂关系。请看这一描写，爱德华·甘斯 (Edouard Gans) 曾这样写道：我的对面坐着一个面容苍白，甚至有点病态的年轻人……这位年轻人的举止有着上一代人的优雅和礼貌，这在当代法国人中已越来越少见。他引起了我的注意。于是，我问我的同伴："这个年轻人是谁？"我得到的答案是："这是德·托克维尔先生，他刚刚出版了一本关于美国民主的书，非常了不起。"这本书得到的反响十分奇特：所有的政党都很喜欢它。自由党和卡洛斯派都推崇它，中间派倒也不指责它……人们追逐他，喜爱他：所有的沙龙都竞相邀请他。他虽然来自一个古老的家庭，却非常向往自由。他的出身为他带来了贵族姓氏，而他的思想则让他心属自由。①同样，英国思想家约翰·密尔对他父亲做出过这样的评价，"他可以说是最后一个 18 世纪的人。他带着 18 世纪的思想感情进入 19 世纪（虽然并不是毫无修正与改进），对作为 19 世纪上半叶重要特征的、对 18 世纪的反动的影响，不论是好是坏，他都没有接受。18 世纪是个伟大的时代，是产生许多坚强而勇敢的人的时代，他就是最坚强最勇敢中的一个。他的著作和个人影响使他成为他那一代人的中心。在他后来一些岁月中，他是英国激进知识分子的泰斗和导师，与伏尔泰是法国哲学界的泰斗和导师一样"②。

由此引发一个不容忽视的问题是，在对时间的理解中，还需注意到时间的多样性和多速性，或叠加的时间。例如在目前全球化的过程中，从全球不同的空间中，可以看到分布着不同的社会组织结构、不同的社会形态，或者说有着不同的发展阶段，其在本质上就是存在着不同的历史时间，以及对时间的不同理解，尽

① 吕西安·若姆，马洁宁译：《托克维尔：自由的贵族源泉》，漓江出版社 2017 年版，引言，第 9 页。

② 约翰·穆勒著，吴良建等译：《约翰·穆勒自传》，商务印书馆 1992 年版，第 122 页。

管我们可以共享着相同的自然时间。同样，就同一个空间而言，也存在着如此相似的景象，如在中国，东西部之间有着截然不同的时间刻度和对时间的认知，就是在一个城市的同一个空间，不同阶层的时间也会截然不同。科幻小说《北京折叠》鲜明地体现了这一点。对此，时间的政治化和社会化成为鲜明的特征，社会成员的差异与冲突不仅反映在词语表达上的冲突，也体现为时间刻度上的差异，以及对时间认知上的巨大反差。例如英国工业革命时期被认为这是最好的时代，也是最坏的时代，因而这一"时代性"的时间特征对不同群体而言，其认知与感受是大相径庭的。由此，我们在思考历史分期与提炼历史分期所具有的特性时，切忌追求最大公约化，进行高度抽象化与简约化的概括，而是要更为细致深入地思考，找寻其内在的差异性和多样性。犹如德国历史学家于尔根·奥斯特哈默所说，一位历史学家越不相信每个历史阶段都具有可以识别的"客观"特征或特性，或者说，如果他更多是把时代划分看作为排列时间顺序而达成的人为约定，他便越有可能对以百年作为时间分期这样一种简单而程式化的做法提出异议。[①] 也就是说，如果我们越发重视这种差异性和多样性，那我们对历史的认识也就越发深刻。

同样，自 18 世纪开始，时间的观念不是独自演进，而是和空间的观念紧密相连。如在启蒙思想家那里，这种联系表现在历史分期的社会时间观中。伴随着进步主义的兴起，各个民族空间具有差异的历史进程被人为地编排进入编写者的历史时间之中。这就意味着历史分期仅仅是近代编写者特定时间观的体现与表达。当西方的历史时间顺序俨然变成与自然时间一样的"普世知识"和计量标准的时候，非欧洲地区的民族和国家则统一地被纳入了这

[①]　于尔根·奥斯特哈默：《世界的演变：19 世纪史》，强朝晖等译，社会科学文献出版社 2016 年版，第一卷，第 97 页。

一历史时间所支持的历史分期的谱系之中，并按照这一线性的时间来编排自身的历史内容。同样，我们也会看到另外一种情景，各个民族和国家则又从自身独特的历史时间出发，来安排自己的历史分期，形成自身独特的历史分期。因此，普遍性和特殊性两相冲突，这也是长久以来困扰人们的问题，我们是否可以共享一种历史时间，以及一种历史分期？我们又如何处理这一历史时间，以及长久以来被谱系化的历史分期？对此，德国历史学家于尔根·奥斯特哈默说，假如一个人不认同每一个历史时期的所有"生命表述"都具有某种统一的"时代精神"这一带有神秘色彩的判断，那么在历史分期问题上，他必然会遭遇"文化地域的分期差异性"的困扰。作为首创长时段理论的"年鉴学派"大师，布罗代尔则提出了"世界时间"的概念，其含义为：为了简化世界史，并使之条理化，总的说来，我们拥有的手段不容低估，我们能推导出一种世界规模的经验时间：世界的时间，但它既不是，而且也不应该是人类历史的总和。[1] 今天，如何处理这一内在的张力则是这一全球化时代一个异常紧迫的事宜。

三

可以设想，如果没有历史分期，我们只能生活在自然的时间中而无法对自身的历史形成记载与记忆，致使我们自身也无法存在，从而迷失在流逝的自然时间中；一旦引入历史时间，以及将自然时间转换成为历史时间，那就等于是认可了历史学家（或者史官）所建构起来的历史时间，并成为我们理解历史的基础和起点。依靠它，我们构建起了自己的历史叙述、历史记忆，进行历史实践，以及创造出未来。从上述给出的几种历史分期来看，正是秉持着不同

---

[1] 于尔根·奥斯特哈默：《世界的演变：19世纪史》，强朝晖等译，社会科学文献出版社 2016 年版，第三卷，第 2 页。

理念的历史学家为历史作出了不同的划定，形成了不同的历史分期。在今天全球化飞速发展的时代，我们能否共享历史时间，认同早已划定的历史分期？正是在这一意义上，人们在创造自己历史的同时，也在不断地创造出自己的历史时间。如何以及怎样接受这一历史分期和历史时间，不仅仅取决于历史分期的划定者，这还是一场巨大博弈后的胜利者或者说是权力的一种安排的产物。因此，在思考这一历史分期和历史时间的同时，探讨其背后的权力体系以及运转的过程和逻辑显得尤为迫切。也正是在这一意义上，面对着急速发展的全球化，尽管人员流动和商品交换在飞速行进，但隐含在其背后的对时间的认知差异将决定这一历史进程的最终走向。或者说，如果人们不能在历史时间上达成一致，共享认知，那么这场全球化的进程则会出现因为多速和差异而导致冲突。

按照一些历史学家的观点来看，历史仅仅是一种书写，其实不仅如此，历史还体现在书写者对待过去的认知：他是秉持着一种什么样的观念来处理与建构过去，将无意义的自然时间处理成为带有特定含义的历史时间的？在这一意义上，历史就是如何看待过去，如何组合过去、现在和未来的一种方式。并且，它还要去回答考斯莱克所说的，"在每个当下时刻，过去和未来的时间维度是如何建立起联系的"问题。① 正如英国学者彼得·奥斯本所说："1800年前后，革命、进步、发展、危机、时代精神、时代和历史本身都获得了前所未有的时间界定：时间不再是全部历史的发生所凭靠的媒介；它获得了一种历史的质……历史不再发生在时间中，而是因为时间而发生。时间凭借自身的条件而变成了一种动态过

---

① 弗朗索瓦·阿赫托戈：《历史性的体制：当下主义与时间经验》，黄艳红译，中信出版社 2020 年版，第 20 页。

程的和历史的力量。"①

　　具体而言，历史时间问题的核心不再是讨论历史如何在时间中展开，而是我们对时间的观念，对凝聚在时间点、时间段和时间之维度上的历史的理解。可以说，我们生活在自然的时间中，但只有通过对时间的划定，才能将自然的时间转化为历史的时间。正是在这一时间的刻度中，历史才被以过去、现在和未来的方式展开，成为"历史"。因此，历史不是在时间中进行的，相反，人们对待时间的观念，以及对时间的分割和确立形成了历史。或者说，时间通过被编排而形成秩序，其含义是前后次序和控制。② 时间成为历史的表现或表征，成为我们的一种建构，并被赋予意义。当我们提到历史时间时，并不完全是指历史学家对过去、现在与未来之间关系的理解与认识，而是指历史学家在对这些关系的认识中，他们被如何赋予了特权，并利用历史学特有的专业技术如材料、文字等建构起了不同的时间特性。历史就是因为有了这些时间刻度才成为历史，否则它便只是一维的自然时间。这样，历史时间问题的核心即为历史学家在每个当下的时刻，是如何组织起历史叙述与历史叙事的。"各种事件不仅仅是在时间'之中'发生的，还是'通过'时间发生的：时间成为参与者，如果不是行动者的话。"③ 也就是说，体现过去、现在与未来的时间成为一种资源，被当下的人们所使用与组合，形成历史时间，并在人们展开实践的过程中又再次被创造为"历史"。

　　目前，中学教材主要还是以社会分期的五阶段论为主线来展

---

① 彼得·奥斯本:《时间的政治: 现代性与先锋》，王志宏译，商务印书馆 2017 年版，第 27 页。

② 弗朗索瓦·阿赫托戈:《历史性的体制: 当下主义与时间经验》，黄艳红译，中信出版社 2020 年版，第 9 页

③ 弗朗索瓦·阿赫托戈:《历史性的体制: 当下主义与时间经验》，黄艳红译，中信出版社 2020 年版，第 99 页。

开，而事实上，这是源于启蒙运动的线性时间观。自启蒙运动以来，伴随着进步主义兴起，线性的直线运动性的时间观与社会发展阶段的历史分期紧密地结合在一起，体现在历史分期上，则是人为地将各个民族、各个空间不同差异的历史进程编排进编写者的历史时间之中。这即意味着历史分期仅仅只是近代编写者特定时间观的体现与表达，也是历史单一性的体现。正是在这一维度上，我们需要从社会形态观念的时间观转向对多元复合历史时间观念的思考。这里可以有两个维度：一是时间成为一个场域，成为一种框架，然后在此基础上与社会的要素相结合，形成历史的内容；二是，人们在创造这些历史内容时，是带着自己既定的时间观，带着对过去、现在和未来三种关系的理解来进行实践，从而创造历史的。在此基础上，历史学家又带着自己的时间观进行了提炼总结，从而形成了社会分期，然后在权力的支配下，这又被编排为教材的内容，形成为主导性的并被用于知识生产和控制社会的一种秩序性资源。因此，为了获得对历史的丰富性理解，当下亟须从社会演进的线性时间观转向历史时间观。

目前一个不容忽视的一个现象是，不同的群体、不同空间里的人们冲突日益加剧，从表面看，这是价值观和社会经验所带来的差异所引发的，而在其背后，则是隐含着时间维度的差异。人们生活在不同的时间里，在用不同时代的经验和价值观来理解这个世界并建构这个世界。正是在理解与建构之间，形成了这一张力。正如德国学者考斯莱克所说，"时间经验"与"期望视域"之间的不协调，自然会带来危机。这无疑在提醒我们，时间塑造了我们，我们带着特定的时间观在创造历史，但我们在解释历史时不可忘记和丢失历史时间，或僵化历史时间。因此，为了丰富我们的历史，开阔我们的视野，我们需要重回历史的时间。

同样，历史时间也不是仅仅表现为记住历史所发生的时间，例如公元纪年，历史分期与断代，时间的刻度（例如钟表对于现代的意义，即时间规则与标准的确立等）。实际上，历史中的加速与减速，叠加与重合，延续与断裂，重演（复活）与逝去，错位与对位等才是我们应当重视的内容。秉持着这一主旨，对时间的研究将会改变我们对历史的认知，从而确立起新的历史观。另一方面，正是在复杂多样的时间历史化中，我们看到了人的多样性活动，从而理解明晓了那个时间段中人们如何形成自己的特性，并如何用自己的特性展开自己的喜怒哀乐来塑造自我的。进入历史也就意味着我们能够获取古人或者逝去的那些人物鲜活的个体多样性，从而丰富我们的多样性特质，并为其形成注入意义。当然，这是要经过当下的我们自身主体的选择与再造。在这里，历史与时间并非完全流逝一去不返，而是通过我们的理解得以复活。同样，历史的复活不是目的，也不是意义之所在，而是让当下的我们获得自知，从而为每个主体性的自我建构迎来一种宝贵的"时刻"与机遇。因此，与过去相遇或者进入历史并不是要机械呆板地记住什么，而是重在明晓那个时代的人们如何通过自我的选择、人事的纠葛，以及与自然的斗争和环境的相处让主体性获得了一种自主，或者自我意识的觉醒与确立。无论每个主体是积极主动还是妥协退让，无论是胜利与失败、荣耀与屈辱、幸福与苦难，这些都是主体性的表现与表达。同样，自主性和多样性也在历史中得以展现。历史在这里既是时间之维，又是主体性的体现。正是因为这一主体性的存在，才会使历史的时间与自然的时间相区别。正因如此，历史并非完全逝去了，它就存在于当下，历史既成为丰富的资源，映照着我们自身，也使当下我们的意义更加多样化。

后 记

端木美[①]

由中国法国史研究会会长沈坚教授与法国格勒诺布尔大学埃蒂安·布尔东教授共同主编的《时间再认识》即将问世。这是中国法国史研究会继 2010 年、2013 年与法国合作出版的第三部学术作品集。

自 2004 年起，中国法国史研究会与法国人文科学之家、巴黎第一大学等机构合作创立了"中法历史文化研讨班"，旨在培养年轻史学工作者并加强历史学国际合作，至 2021 年研讨班已经举办16 届。前两部论文集《时空契阔》（1、2，端木美和于格·戴和特共同主编），收集了之前的研讨班讲课内容。2021 年克服了多年的困难，在国家社科基金社团项目支持下、在法国使馆文化处和格勒诺布尔大学的补助下，中法双方终于能有条件选择 2019—2021年专门课题"历史与时间"的重要作品出版，可喜可贺！

2019 本届研讨班以"历史与时间：欧洲与中国之比较研究"为主题，思考比较了中欧之间的历史时间观。从古罗马的时间计算与测定的论述开始，学者们比较了不同时期、不同的国家、不同的人群，乃至历史学家对时间的感知和相互之间交错的视野，这

---

① 端木美，中国社会科学院世界历史研究所研究员，中国法国史研究会名誉会长。2011 年法兰西功绩军官勋章、2021 年法兰西学术棕榈骑士勋章获得者。

有助于深入认识中欧之间的天体观、时间观以及历史分期问题的差异，以及其在历史上、文化流通中的相互影响。这届研讨班在上海华东师范大学历史系支持下成功举办，中法双方学者的报告、对话受到来自全国各地学员的一致好评，这又一次扩大了研讨班的影响。

2020年因疫情无法实地举办研讨班，只得延期至第二年。2021年疫情依旧，经中法双方商议，研讨班只得缩短时间为半天，以线上线下结合的方式举行，请两位法国学者（莫里斯·埃玛尔、艾蒂安·布尔东）和一位中国学者（李宏图）授课，连线巴黎与上海，在北京、广州等地设置分会场。研讨班主题延续了2019年第十五届历史文化研讨班"历史与时间：欧洲与中国之比较研究"的讨论，进一步深入比较了中欧之间的历史时间观，并尝试通过对历史上"活动的时间"如生活的时间、思想流通的时间、旅行的时间及各种时间利用，分析阐述历史时间的理论在实践中的应用和印证。

这部作品集最终得以出版，要感谢多方的合力支持：国家社科基金对社团项目的设立、法国驻华使馆文化处对翻译工作的关注，以及法国格勒诺布尔大学的合作。浙江大学出版社的大力支持更是本作品集能够出版的关键。我们相信，随着中法历史文化研讨班的推进，今后与各方的合作将一直继续下去。

（2022年4月底于北京）

图书在版编目（CIP）数据

时间再认识：中法历史学者的对话 / 沈坚，（法）
艾蒂安·布尔东主编. -- 杭州：浙江大学出版社，
2023.12（2024.9重印）

ISBN 978-7-308-24168-7

Ⅰ. ①时… Ⅱ. ①沈… ②艾… Ⅲ. ①中法关系－国
际关系史－研究 Ⅳ. ①D829.565

中国国家版本馆CIP数据核字(2023)第167750号

时间再认识：中法历史学者的对话

沈　坚　（法）艾蒂安·布尔东　主编

责任编辑	谢　焕
责任校对	陈　欣
装帧设计	云水文化
出版发行	浙江大学出版社
	（杭州市天目山路148号　　邮政编码　310007）
	（网址：http://www.zjupress.com）
排　　版	杭州林智广告有限公司
印　　刷	杭州高腾印务有限公司
开　　本	710mm×1000mm　1/16
印　　张	18.5
字　　数	224千
版 印 次	2023年12月第1版　2024年9月第2次印刷
书　　号	ISBN 978-7-308-24168-7
定　　价	88.00元